21世纪经济管理新形态教材·电子商务系列

电子商务法律法规
（第3版）

温 智　魏彦珩 ◎ 主 编
罗佩华　张肖华 ◎ 副主编

清华大学出版社
北京

内 容 简 介

本书是根据国家新颁布实施的《民法典》以及近年新修订的电子商务相关法律法规与实施细则，结合司法实务而编写的。全书共10章，系统介绍了电子商务主体法、电子合同法、电子签名与电子认证法、电子支付法、电子商务税收法、电子商务安全法、电子商务中的知识产权法、电子商务市场秩序法、电子商务争议解决机制等电子商务相关法律知识，并注重案例教学，以培养和提高学生的实际应用能力。

本书具有实用性和通用性，既可作为普通高等院校本科法学、电子商务、经济管理等专业的教材，同时兼顾高职高专、高等教育自学考试、成人教育的教学，也可用于电子商务、IT企事业单位从业人员的岗位培训。另外，对于广大法律工作者和电子商务创业者也是一本有益和必备的指导手册。

本书封面贴有清华大学出版社防伪标签，无标签者不得销售。
版权所有，侵权必究。举报：010-62782989，beiqinquan@tup.tsinghua.edu.cn。

图书在版编目(CIP)数据

电子商务法律法规/温智，魏彦珩主编.—3版.—北京：清华大学出版社，2024.1
21世纪经济管理新形态教材.电子商务系列
ISBN 978-7-302-65035-5

Ⅰ. ①电⋯ Ⅱ. ①温⋯ ②魏⋯ Ⅲ. ①电子商务－法规－中国－高等学校－教材 Ⅳ. ①D922.294

中国国家版本馆CIP数据核字(2024)第000745号

责任编辑：贺　岩
封面设计：汉风唐韵
责任校对：宋玉莲
责任印制：宋　林

出版发行：清华大学出版社
　　　　网　　址：https://www.tup.com.cn，https://www.wqxuetang.com
　　　　地　　址：北京清华大学学研大厦A座　邮　编：100084
　　　　社 总 机：010-83470000　邮　购：010-62786544
　　　　投稿与读者服务：010-62776969，c-service@tup.tsinghua.edu.cn
　　　　质量反馈：010-62772015，zhiliang@tup.tsinghua.edu.cn
印 装 者：河北鹏润印刷有限公司
经　　销：全国新华书店
开　　本：185mm×260mm　　印　张：14.25　　字　数：328千字
版　　次：2002年9月第1版　2024年1月第3版　　印　次：2024年1月第1次印刷
定　　价：49.00元

产品编号：092920-01

第 3 版前言

"十三五"期间我国电子商务保持良好发展势头,已成为数字经济中发展规模最大、增长速度最快、覆盖范围最广、创业创新最为活跃的重要组成部分。到 2020 年,全国电子商务交易额已增长到 37.21 万亿元,中国网购用户规模达 7.82 亿,连续多年保持全球规模最大、最具活力的网络零售市场。特别是新冠疫情发生后,电子商务极大地助力实体经济与数字经济、线下与线上融合,促进了就业,到 2020 年全国电子商务从业人员已超过 6000 万。

虽然电子商务法治建设不断完善,电子商务诚信体系逐渐构建,但电子商务业态不断创新给法律带来挑战,诚信缺失问题依然严重。在 2021 年《民法典》实施后,国家为应对部分电子商务企业利用竞争优势形成垄断、滥用市场支配地位的局面,加大对其处罚力度;为维护数据安全和保障个人信息安全,制定实施《数据安全法》和《个人信息保护法》;此外,自 2018 年《电子商务法》实施后,经国家电子商务相关主管部门修订完善配套法规,完善了我国的电子商务法律制度和规则,以便更好地保障人民合法权益,更好地推进全面依法治国。

网络经济促进电子商务应用,电子商务应用促进网络新经济的快速发展,电子商务作为现代科技进步和网络经济发展催生出的新型生产力,不仅在拉动内需、解决就业、扩大经营、促进经济发展、加速传统产业升级、提高企业竞争力等方面发挥着重要作用,也在彻底改造企业的经营管理,并深刻地改变着企业商务活动的运作模式。但是电子商务应用也给社会带来了诸多的法律问题,如交易纠纷、安全保障、消费者权益保护等,本书的出版对促进电子商务持续、健康发展具有积极的作用和意义。

电子商务法规是电子商务、工商管理、经济管理等专业重要的核心课程,也是大学生就业创业必须学习掌握的关键法律知识。本书作为高等教育电子商务专业的特色教材,遵循"十四五"规划中提出的"建设高质量教育体系"目标,按照"增强职业技术教育适应性、提高高等教育质量"的要求,着眼于培养应用型、技能型人才,注重实操性、增强实用性。

本书自第 2 次出版以来,因写作质量好而深受全国各高等院校广大师生欢迎,目前已多次重印。在第 3 版中,作者根据读者建议,审慎地对原教材进行了去粗取精、更新案例、补充《民法典》及电子商务法规相关新知识等相应修改,以使其更贴近国际经济生活,更符合社会发展,更好地为我国网络经济和电子商务发展服务。

全书共 10 章,以学习者应用能力培养为主线,根据国家新颁布实施的《民法典》,以及近年新修订的电子商务相关法律法规与实施细则,结合司法实务,系统介绍了电子商务主体法、电子合同法、电子签名与电子认证法、电子支付法、电子商务税收法、电子商务安全法、电子商务中的知识产权法、电子商务市场秩序法、电子商务争议解决机制等电子商务相关法律知识，并注重案例教学，以培养和提高学生的实际应用能力。

本书融入了电子商务法规的最新实践教学理念，坚持改革创新，力求严谨，注重与时俱进，具有知识系统、理论适中、观点科学、案例真实、贴近实际、突出实用性、易于理解等特点，既可作为普通高等院校本科法学、电子商务、经济管理等专业的首选教材，同时兼顾高职高专、高等教育自学考试、成人教育的教学，也可用于电子商务、IT企事业单位从业人员的岗位培训，对于广大法律工作者和电子商务创业者也是一本有益和必备的指导手册。

本书由李大军筹划并具体组织，温智和魏彦珩主编，温智统改稿，罗佩华、张肖华为副主编，由牟惟仲教授审定。作者写作分工：温智（第一章、第二章、第五章、第六章、第九章），魏彦珩（第三章、第十章），罗佩华（第四章、第七章），张肖华（第八章），华燕萍（文字修改、版式整理），李晓新（课件制作）。

本次再版，我们参阅了国家新颁布实施的《民法典》与新修订的电子商务法规相关的最新书刊，收集了具有实用价值的典型案例，并得到业界专家教授的具体指导，在此一并致谢。为方便教学，配备了课件，读者可以扫描书后二维码免费下载。

因编者水平有限，书中难免存在疏漏或不足之处，恳请同行和读者批评指正。

编 者
2023 年 6 月

目 录

第一章　电子商务法律法规概述 ... 1
- 第一节　电子商务概述 ... 1
- 第二节　电子商务法的一般原理 ... 11
- 第三节　电子商务的立法概况 ... 14

第二章　电子商务主体法律制度 ... 25
- 第一节　电子商务主体概述 ... 25
- 第二节　网站设立法律制度 ... 31
- 第三节　网上商店的认定 ... 37

第三章　电子合同法律制度 ... 41
- 第一节　电子合同概述 ... 41
- 第二节　电子合同的订立 ... 45
- 第三节　电子合同的效力 ... 51
- 第四节　电子合同的履行 ... 55

第四章　电子签名和电子认证法律制度 ... 61
- 第一节　电子签名概述 ... 61
- 第二节　数字签名 ... 69
- 第三节　电子认证法律制度 ... 72

第五章　电子支付法律制度 ... 81
- 第一节　电子支付概述 ... 81
- 第二节　中国电子支付立法概述 ... 86
- 第三节　电子银行法律规范 ... 91
- 第四节　非金融机构支付服务法律规范 ... 96

第六章　电子商务税收法律制度 ... 106
- 第一节　电子商务税收概述 ... 106
- 第二节　电子商务发展对我国现行税法的影响 ... 114
- 第三节　我国《电子商务法》税收法律规定 ... 118
- 第四节　跨境电子商务税收法律规定 ... 121

第七章　电子商务中的知识产权法律制度 ... 124
- 第一节　知识产权与知识产权法概述 ... 124

第二节　电子商务中著作权的法律保护 ·················· 127
　　第三节　电子商务中商标权的法律保护 ·················· 135
　　第四节　域名的法律保护 ······························ 139
　　第五节　电子商务中专利权的法律保护 ·················· 144

第八章　电子商务市场秩序法律制度 ························ 148
　　第一节　电子商务主体的市场准入 ······················ 148
　　第二节　电子商务反不正当竞争的法律规定 ·············· 152
　　第三节　电子商务领域反垄断的法律规定 ················ 155
　　第四节　电子商务领域的消费者权益保护 ················ 163

第九章　电子商务安全法律制度 ···························· 170
　　第一节　电子商务安全概述 ···························· 170
　　第二节　计算机系统及联网安全法律制度 ················ 176
　　第三节　网络安全法律规定 ···························· 183
　　第四节　网络交易安全法律规定 ························ 190

第十章　电子商务争议解决机制 ···························· 196
　　第一节　电子商务争议管辖权概述 ······················ 196
　　第二节　电子商务争议的解决方式 ······················ 202
　　第三节　电子商务有关主体的法律责任 ·················· 208

参考文献 ··· 219

第一章

电子商务法律法规概述

【学习要点及目标】

1. 理解电子商务的概念及其特点,了解电子商务涉及的法律问题;
2. 掌握电子商务法的概念、特征和基本原则;
3. 了解国际组织和其他国家有关电子商务立法概况,掌握中国电子商务立法概况。

电子商务是利用电子信息技术、网络技术和现代通信技术,使商务交易涉及的各方当事人借助电子方式进行联系、完成交易的商务活动。电子商务以其交易范围大、交易成本低、交易周期短等优势对传统交易形式产生巨大的冲击,同时也为市场规范带来了新的法律问题。

第一节 电子商务概述

一、电子商务的概念和特点

(一) 电子商务的概念

《中华人民共和国电子商务法》(以下简称《电子商务法》)规定的电子商务是指通过互联网等信息网络销售商品或者提供服务的经营活动。电子商务随着计算机信息技术和网络通信技术的迅速发展而崛起并逐步完善,它以国际互联网为依托,并随着国际互联网的广泛应用而扩大影响。

信息技术、通信技术的进步使传统商务活动发生巨大变革,电子商务已经成为一种全新的商务方式,居民的消费购物、企业的商业贸易、各个领域的咨询服务等商务交易活动已经或正在实现电子化、网络化。电子商务已经使人类的经济活动和生活方式乃至社会文明发生了重大的改变。

狭义的电子商务中,交易涉及的各方当事人通过电子信息技术、网络互联技术以及现代通信技术,借助电子网络方式联系,而无须面对面协商,也不依靠纸质文件和单据的传输就可以完成整个交易。通过互联网进行在线销售活动和服务活动的交易内容可以是有形的产品,也可以是无形的服务。

广义的电子商务是以整个市场为基础的一切与数字化处理有关的商务活动。商务是核心,网络是手段。电子商务使整个商务活动的各个环节,包括产品制造、销售、交易洽谈、合同订立、结算和售后服务等方式发生了全新的变化。

综上所述,电子商务是利用计算机和国际互联网设备与基础设施,在电子网络环境下从事的各项商务活动。其组成要素包括两方面:一是电子方式,二是商务活动,即利用电子方式或电子信息技术进行商务活动。因此,对于电子商务概念应从以下几个方面理解。

(1) 电子商务是商务活动的电子化和网络化;

(2) 电子商务是利用电子信息技术进行商务活动的过程;

(3) 电子商务内容广泛,是以信息流、物资流、货币流为核心,包括销售、支付、运输、售后服务等在内的全方位的商务活动;

(4) 电子商务参与主体广泛,包括网络服务提供者、消费者、销售商、供货商、银行、金融机构和有关政府机构等;

(5) 电子商务是高效率、低成本的商务活动;

(6) 电子商务是跨越国界、跨越时空的全球性商务活动。

(二) 电子商务的特点

与传统的商务活动方式相比,电子商务具有以下特点。

1. 交易网络化

电子商务所依赖的各项技术中,最重要的是网络技术。电子商务必须通过电子网络系统来实现信息的交换和传输。

2. 交易虚拟化

电子商务利用电子网络技术或其他任何电信手段进行货物贸易、服务贸易、信息服务以及电子支付,交易双方无须面对面洽谈,而是通过计算机等终端设备与互联网络完成交易过程,交易过程虚拟化。

3. 交易成本低

电子商务为商家与消费者提供了信息交换平台,在提高商品交换数量和加快交易速度的同时,降低了生产、加工、销售和通信的成本,减少了交易的中间环节,大幅减少了文件处理费用,提高了效率。

4. 交易全球化

电子商务能够不受时间和空间的局限,真正实现贸易全球化。电子商务拓宽了国内及国际市场,使消费者和商家能以较低的成本支出,在世界范围内简单而又迅速地寻找到最合适的商品和交易伙伴。

5. 交易透明化

电子商务的买卖双方从交易的洽谈、签约到货款支付、交货通知等整个交易过程都在网络上进行,通畅、快捷的信息传输可以保证各种信息之间互相核对,防止伪造信息的流通。例如,在许可证电子数据交换(EDI)系统中,由于加强了发证单位和验证单位的通信、核对,假许可证就不易通过。海关通关 EDI 申报系统也能够杜绝边境的假出口、骗退税等行为。

二、电子商务的运营模式和应用形式

(一)电子商务的运营模式

电子商务运营模式是指电子化企业(e-business)如何运用资讯科技与互联网来经营企业。根据交易主体的不同,电子商务分为 B2B、B2C、C2B、C2C 四种运营模式,其中前两种是最常见的电子商务运营模式。

1. B2B(business to business)

B2B 是指企业与企业之间通过互联网进行产品、服务及信息的交换。进行电子商务交易的供需双方都是企业,企业之间使用互联网技术或各种商务网络平台进行供应链(SCM)的整合,完成商务交易。这些过程包括:发布供求信息,订货及确认订货,支付过程及票据的签发、传送和接收,确定配送方案并监控配送过程等。

2. B2C(business to consumer)

B2C 是企业通过网络销售产品或服务给自然人消费者。企业通过互联网为消费者提供一个新型的购物环境——网上商店,消费者通过网络在网上购物、在网上支付,由物流公司送货上门。B2C 模式是我国最早产生的电子商务模式,以 8848 网上商城正式运营为标志。这种模式节省了客户和企业的时间和空间,大大提高了交易效率,所以一经产生就得到了快速的发展。

2019 年,中国电子商务市场规模持续引领全球,服务能力和应用水平进一步提高。中国网民规模已超过 9 亿人,互联网普及率达 64.5%。据国家统计局电子商务交易平台调查显示,2019 年全国电子商务交易额达 34.81 万亿元,比上年增长 6.7%(如图 1-1 所示)。

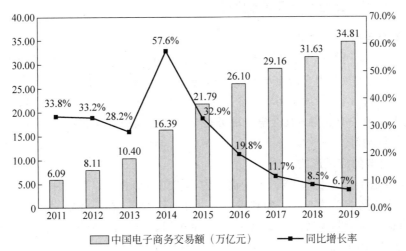

图 1-1 2011—2019 年中国电子商务交易额

资料来源:《中国电子商务报告》(2019)

2019 年中国网上零售额达 10.63 万亿元,比上年增长 16.5%,在网络零售交易额中 B2C 模式的占比达 78.0%,比上年提升 15.2 个百分点,同比增长 22.2%。

线上线下的融合也在持续。零售巨头通过联盟形成优势互补的融合模式,推动零售业资源优化配置。另一方面,云计算、无人仓、无人机、无人车、大数据、人工智能、虚拟现实和增强现实等新技术的应用正在推动电商平台的服务升级。

农村网购正在成为新的消费驱动力,2014年至2019年,中央1号文件连续六年提出要发展农村电子商务。2019年,中共中央和国务院《关于抓好"三农"领域重点工作 确保如期实现全面小康的意见》中提出"有效开发农村市场,扩大电子商务进农村覆盖面,支持供销合作社、邮政快递企业等延伸乡村物流服务网络,加强村级电商服务站点建设,推动农产品进城、工业品下乡双向流通"。农村电子商务步入新一轮创新增长空间,到2019年,全国农村网络零售额已达3975亿元,同比增长27.0%。

3. C2B(consumer to business)

C2B是将商品的主导权和先发权由厂商交给了消费者。传统的经济学认为,针对一个产品的需求越高,其价格就会越高。但由于消费者的集体议价,只要购买同一商品的消费者越多,购买的效率就越高,价格就越低,这就是C2B的主要特征。C2B模式强调用"汇聚需求"(demand aggregator)取代传统"汇聚供应商"的购物中心形态,被视为一种接近完美的交易形式。

4. C2C(consumer to consumer)

C2C是指消费者与消费者之间的互动交易行为。C2C商务平台通过为买卖双方提供在线交易平台,使卖方可以主动提供商品上网拍卖,买方可以自行选择商品进行竞价。消费者可同在某一竞标网站或拍卖网站中出价而由价高者得标,或者由消费者自行在网络新闻论坛或BBS上张贴布告以出售二手货品,甚至是新品,因消费者间的互动而完成交易。C2C的典型如淘宝网等。

(二)电子商务的应用层次和应用形式

1. 电子商务的应用层次

电子商务的应用有三个层次:市场电子商务、企业电子商务、社会电子商务。市场电子商务是以市场交易为中心的电子商务活动,包括网上展示、网上公关、网上洽谈、网上信息沟通、网上支付、网上售后服务等;企业电子商务是企业利用网络进行研、供、产、销活动,与市场电子商务有交融;社会电子商务是整个社会经济活动利用网络进行,如政府的活动、社团的活动等。

2. 电子商务的应用形式

从广义的电子商务概念来看,电子商务的具体应用形式有以下几种。

(1)企业的网上采购业务。如利用网络举办的订货会、洽谈会等。

(2)消费品网上购物活动。如以淘宝网、京东网、当当网等为代表的各种各样的网上商城、网上超市、网上商店等。

(3)旅游业网络应用。如利用网络进行机票预订、火车票预订、酒店预订、旅游线路预订、旅游产品网上销售、旅游企业网上发布广告、网上旅游咨询、网上举办旅游交易会等。

(4)网上房地产交易。如利用网络开展房产交易业务的中介服务、为商家和产品进行网上推广、向用户推荐安家产品、提供按揭业务和保险业务的详细咨询、提供信息的登记和查询服务、自动交易撮合系统、网上竞拍等。

(5) 网上支付结算。如利用支付宝、网银等方式完成转账、付款等。

(6) 网上证券交易。如在网上了解证券交易行情和进行证券的买卖等。

(7) 网上保险。如通过网络及时获得保险公司的信息和得到保险服务等。

(8) 网上税务。如通过网络获取税收信息、进行税务登记、纳税申报、进行税务文件下载等。

(9) 网上银行。如金融企业利用网络为企业和个人提供金融、理财等服务。

(10) 网上广告。如利用网络进行广告信息发布、广告网上交易、广告网上搜索等。

(11) 网上售后服务。如利用网络进行售后商品的使用指导、维护咨询以及电子产品的软件升级等。

(12) 网上远程教学。如利用网络平台建立师生交互教学、网上课件收看与下载等。

(13) 网上招聘与求职。如用人单位在网上发布信息和收取信息、求职者在网上查询和登记申请等。

(14) 网上订票。如通过网络进行各种演出、展览的门票预订与申购,飞机票、火车票、汽车票、船票的查询、预订与申购等。

(15) 网上医疗。如网上预约和挂号、远程诊断、疑难病会诊等。

(16) 网上调查。如利用网络进行企业的市场调查、政府的民意调查、各种社会统计等。

(17) 网上信息咨询。如通过网络提供各种公共信息服务,实现咨询服务的交易。

(18) 网上娱乐。如网上互动游戏、智力活动,网上阅读书刊等。

三、我国电子商务应用

随着电子与网络技术的普及与发展,中国的电子商务得到了迅速发展。1998年3月6日,我国国内第一笔互联网上电子商务由世纪互联通讯技术有限公司和中国银行共同携手完成,标志着我国电子商务已开始进入实用阶段。

1999年5月18日,北京珠穆朗玛(8848)电子商务网络服务有限公司正式成立,6月阿里巴巴成立,8月易趣网成立,11月当当网成立,年底卓越网上线,现在能够让人耳熟能详的电子商务巨头大部分是在1999年起步的,因此人们把1999年称为中国电子商务元年。

1998年4月16日,招商银行在国内率先推出了网上银行系统"一网通",成为国内首家通过网络提供服务的银行,中国电子商务翻开了崭新的一页。此后,国内各家银行相继开发网上支付业务。到2002年底,中国各家银行普遍开展了网上支付业务。

2005年,网上支付企业数量激增,催生了第三方平台的发展。快钱公司出现了基于邮件的平台,易拍网推出了易拍通。阿里巴巴推出了支付宝,以第三方支付的形式保障交易安全。2006年2月,招商银行推出了变革性的网上支付新模式"支付通",用户可以直接在招行合作方网站上完成支付,极大提高了支付业务的效率。

中国的网上支付方式中,既有以支付宝和财富通为代表的非独立第三方机构平台,也有以银联电子支付和快钱为代表的独立第三方,还有各大银行不断改进的网上银行支付平台。自1998年起,网上支付的交易量几乎以每年百分之百的速度在增加。截至2020年12月,我国网络支付用户规模达8.54亿,占网民整体的86.4%;其中,手机网络支付用户规模达8.53亿,占手机网民的86.5%。

《电子商务"十三五"发展规划》以"创新、协调、绿色、开放、共享"的发展理念贯穿全文,树立"发展与规范并举、竞争和协调并行、开放和安全并重"三大原则形成明确的政策导向,首次赋予电子商务服务经济增长和社会发展的双重目标,确立了2020年电子商务交易额40万亿元、网络零售总额10万亿元和相关从业者5000万人三个发展指标。自2013年起,我国已连续八年成为全球最大的网络零售市场,到2020年,我国网上零售额达11.76万亿元,较2019年增长10.9%。其中,实物商品网上零售额9.76万亿元,占社会消费品零售总额的24.9%。

随着以国内大循环为主体、国内国际双循环的发展格局加快形成,网络零售不断培育消费市场新动能,通过助力消费"质""量"双升级,推动消费"双循环"。在国内消费循环方面,网络零售激活城乡消费循环;在国际国内双循环方面,跨境电商发挥稳外贸作用。

四、电子商务涉及的基本法律问题

(一)电子商务交易中的信用保证

电子商务交易首先是一种商品交易,只是交易的形式产生了变化。电子商务的目的仍然是商业活动的有效完成,而商业活动必须遵循市场规范。市场经济是法治经济和信用经济,在交易主体无须面对面洽谈的电子商务交易中,信用保证显得尤为重要,可以说,信用制度在电子商务中具有基础作用。

我国调整市场交易行为的法律规范,如:《民法典》之总则编和合同法编,以及《产品质量法》《消费者权益保护法》等都是以诚信为首要原则,明确规定市场行为必须遵循的基本准则。

1. 信用制度在电子商务中的基础作用

电子商务利用互联网进行交易的特殊形式决定了信用制度是其生存和发展的根本基础。与传统的商务活动模式一样,信用是其健康发展的基石。市场信用危机、企业信用危机都会严重影响电子商务的生存与发展。

2. 电子商务的特点决定了信用制度的必要性

传统的贸易形式是以交易主体面对面的洽谈为主,双方经过反复面对面的磋商,最终达成协议。与传统的贸易形式相比,电子商务是通过互联网以极其快捷的手段完成交易,避免了人员往来所占用的时间,以达到高效的目的。而这种无须贸易主体见面的形式,就更需有完备的信用制度作保证。如果缺乏保障诚信的机制,电子商务大厦必然崩塌。

拓展阅读1.1 我国企业信用信息公示系统

我国加入 WTO 以后，在与世界经济并轨的过程中，建立与国际信用环境相适应的信用制度与社会信用体系正是我国完善市场法律环境的现实问题，也是大力发展网络经济亟待解决的问题，构建电子商务的良好市场环境应从信用开始，信用制度是发展电子商务的必要保证。

3. 电子商务的发展需要信用监督的保证

互联网在为电子商务提供方便快捷的交易手段的同时，为电子商务的信用监督提供了有效的途径。互联网的普及为企业合法经营身份的确认和身份管理提供了解决方案。

市场监督管理部门可以通过互联网以电子政务方式，利用互联网上身份确定技术，为企业之间的合法经营身份的查询提供有效的认定服务。各有关行政管理机构可以采用资源共享的方式建一个统一的数据库，为企业之间展开的信用调查提供有效的服务，更进一步可以通过电子认证、电子签名等技术对企业的信用调查提供服务管理。

（二）电子合同订立的法律保护

电子合同是通过电子网络系统订立的，以数据电文的方式来生成、储存或传递贸易信息的新式协议，是一种现代贸易方式。电子合同也是合同，并没有改变合同的意义和作用。以数据电文方式订立的电子合同是对传统合同法的一种挑战。这种挑战对合同订立的要约与承诺，合同的书面形式要求，以及签字生效、纠纷举证等都提出新的问题。

在电子商务中，合同的意义和作用没有发生改变，但与传统合同有所不同的是：首先，电子合同的双方当事人可能自始至终都不见面，所有的当事人都在虚拟市场上运作，当事人的信用依靠密码的辨认或认证机构的认证；其次，传统合同表示合同生效的签字盖章在电子合同中被数字签字所代替；最后，传统合同的生效地点一般为合同的成立地点，而电子合同是以接收人的主营业地或经常居住地为合同成立地点。

电子合同在当今世界商业贸易活动中已成为一种潮流，在发达国家，电子合同已成为贸易往来的主要途径，在许多大企业中绝大多数的合同是以电子合同的形式订立的。

小贴士

新加坡已经废除了所有的书面文件，成为世界上第一个在国际贸易中实现电子数据交换全面管理的国家。

我国于 1999 年 10 月 1 日实施的《中华人民共和国合同法》（以下简称《合同法》）明确将数据电文作为合同书面形式的一种，规定电子合同与传统书面合同具有同等效力，并对电子合同成立的时间、地点以及数据传输都作了规定，以法律的形式确立和规范了电子商务行为。《民法典》在"第二章　合同的订立"部分，再次确认了电子合同的书面形式属性，并对电子合同的成立时间、成立地点做出认定。此外，2018 年 8 月 31 日通过的《电子商务法》专章规定了电子商务合同的订立与履行。

（三）电子商务交易中的消费者保护

在电子商务高速发展的商业环境下，消费者权益保护面临着如何应对网络经济、电子商务这些新的交易方式给消费方式带来的问题。在电子商务中,出现了许多过去未曾有过的消费者权益保护问题。

1. **消费者风险增大、行使权利难度加大**

由于电子商务的虚拟性,消费者既不能与经营者面对面交易,也不能当面直接感知和使用商品,因此,在电子商务活动中,消费者权益面临更大的侵害风险,同时,给消费者维权也造成了更大的困难。

我国于 1994 年 1 月 1 日起施行的《中华人民共和国消费者权益保护法》(以下简称《消费者权益保护法》)是我国第一次以立法的形式全面确认消费者的权利。2014 年 3 月 15 日第二次修订的《消费者权益保护法》实施,对消费者通过网络交易平台购买商品或者接受服务的合法权益作出更具体的规定。《电子商务法》中明确提出保护消费者权益。

2. **广告欺诈与广告误导问题**

信息交易是电子商务的重要内容,如果信息的发布者利用信息进行欺诈或以虚假不实的广告误导消费者,就会使消费者合法权益受到损害。因为广告是消费者网上购物的主要依据,消费者在网上购物是根据广告文字和图像所提供的信息进行选择判断并做出决定,而不是像传统交易那样可以当面挑选,所以在电子商务中虚假广告更具有危害性。

2015 年 4 月 24 日修订的《中华人民共和国广告法》(以下简称《广告法》)第 44 条明确规定:"利用互联网从事广告活动,适用本法的各项规定。"《电子商务法》规定:"电子商务经营者向消费者发送广告的,应当遵守《广告法》的有关规定。"

3. **责任主体的界定与追究问题**

在电子商务交易中,一件商品最终送达消费者,可能需要经过生产者、销售者、储运者等多个主体,通过商品信息沟通、货物配送、货款支付等多个环节,其中任何一个环节出现问题,都会损害消费者合法权益。正是由于环节较多,诸如产品质量、消费者理解异义、商品损坏和假冒伪劣商品等方面都可能出现责任难于界定、难于追究的问题。

(四)电子商务中的知识产权保护

电子商务将传统商务活动的手段、途径引入虚拟世界,在这个虚拟的电子商务世界中,传统的知识产权保护制度受到了新的挑战和冲击,如域名保护、域名权与商标权的冲突、域名抢注、网上著作权及其邻接权的保护、专利权保护等方面。

知识产权是一种无形财产权,具有专有性、排他性、地域性的特点。知识产权自身的特点使其在电子商务活动中遇到了新问题,电子商务中的知识产权保护日益成为世界各国必须面对和解决的问题。

(1) 知识产权具有专有性的特点,而在互联网上本应受到知识产权保护的信息则是公开、公知、公用的,所有权人很难加以控制。

(2) 知识产权的地域性特点,与以互联网为基础的电子商务的国际化特点产生了矛盾,因为在互联网上信息的传输是无国界的,也给诉讼程序中的诉讼管辖提出新问题。在传统诉讼程序中,绝大多数纠纷的知识产权诉讼是以被告所在地或侵权行为发生地决定管辖权的。但在互联网上的侵权人,由于互联网的国际化特点往往难以确定。如在互联网上,侵权复制品只要一上网,世界上任何地点都可能成为侵权行为发生地,这就给确认知识产权侵权行为地制造了难题。

(五) 电子商务的税收管理

1. 电子商务给税收征管带来了新机遇

通过电子方式进行的交易,本质都是实现商品或劳务的转移,依据税收中性和公平税负原则,电子商务应与传统贸易方式一样征税。电子商务的发展给税收征管带来了新机遇。自互联网商业化以来,网上贸易得到了空前的发展,虚拟商场、网上服务贸易、网上结算都呈快速增长的趋势。但在四种电子商务经营模式中,除 C2C 外,B2B、B2C、C2B 通常都能正常交税,但 C2C 普遍存在不交税或少交税的情况。

近年来,为了鼓励、促进电子商务发展,国家实施了税收优惠政策。

 小贴士

2018 年 10 月 1 日起,财政部、国家税务总局、商务部、海关总署联合发文明确,对跨境电子商务综合试验区电商出口企业出口未取得有效进货凭证的货物,同时符合条件的,试行增值税、消费税免税政策。

2. 电子商务给税收征管带来了新挑战

电子商务以全新的交易形式代替了传统的贸易方式。传统商业流通形式、劳务提供方式、财务管理方式等都因此发生了重大的变化,因此,纳税环节、纳税地点、纳税方式、国际税收管辖权等都遇到新的问题。以传统的税收理论和税收原则建立起来的税收制度如何适应电子商务,也是税收管理面临电子商务时代的挑战。

(1) 纳税义务的确定出现了困难。在电子商务中,许多交易对象被数字化,如:软件、书籍、图像、音乐等都可以用数字化信息的形式传送,在其被转化为文字、图像以前,很难对数字化信息的内容加以确定。

(2) 纳税人的身份难以确定。互联网网址或网名与所有者身份并无必然联系,网址与网名并不能提供所有者的身份和所在地。

(3) 计算机加密技术加大了税务机构获取信息的难度。交易人可以用加密技术和用户双重保护来隐藏有关信息。税务机构对互联网经济活动进行监控,面临着获取信息的成本问题,以及与保护个人隐私和保护知识产权之间的协调问题。

(4) 互联网电子商务具有全球化的国际性特点,信息和价值的跨国流动借助于互联网可在瞬间完成,使建立在属地原则和属人原则基础上的国际税收管辖权制度面临新的挑战,同时,国际避税问题在电子商务中表现得更为突出。

(六) 电子商务的安全问题

实现电子商务的关键是要保证商务活动过程中系统的安全性。但随着信息技术的高速发展,许多信息安全问题也纷纷出现,如系统瘫痪、黑客入侵、病毒感染、网页改写、客户资料及公司内部资料的泄露等,给企业甚至国家安全都带来了损害。电子商务安全的法律问题主要有电子签名、安全认证和计算机犯罪。

1. 电子签名

电子商务以电子形式取代了纸张,保证电子形式的贸易信息的有效性和真实性是开展电子商务的前提。在现代技术条件下,公共钥匙加密技术的出现和认证中心系统的产生解决了交易当事人身份认证问题。《电子签名法》确认了电子签名、数据电文的法律效力,对制裁电子签名的伪造者、冒用者和盗用者,维护电子商务交易各方的合法权益发挥了重要作用。

2. 安全认证

电子商务是建立在开放的网络环境基础上的,在享用现代信息系统带来的快捷、方便的同时,如何充分防范信息的损坏和泄露,已成为当前企业迫切需要解决的问题。信息安全管理认证体系从预防控制的角度出发,保障互联网上的信息系统的安全和电子商务业务的正常运作。

3. 计算机犯罪

计算机犯罪是以计算机信息系统为客体的犯罪,以及以计算机信息系统为工具的犯罪,如利用计算机实施诈骗和诽谤等。我国刑法对涉及计算机网络犯罪作出了规定。

(七)与电子商务有关的其他法律问题

1. 网上隐私权保护问题

在互联网时代,人们隐私权受到泄露与传播的威胁更大,如所谓的"网上通缉""人肉搜索"等。消费者在电子商务交易过程中,个人资料被不正当获取及利用,个人的信用卡密码及其他一些属于隐私的个人资料容易被盗,如果这些资料数据被泄露、伪造、篡改,都会使进行电子商务交易的消费者遭受到难以预料的损失,也会导致对电子商务本身的严重损害。依法保护公民个人网络隐私权已经成为电子商务中的重要内容。

拓展阅读1.2 欧美主要发达国家网络隐私保护法

中国的网络隐私权保护立法逐渐完善,于2021年下半年开始施行的《中华人民共和国数据安全法》(以下简称《数据安全法》)和《中华人民共和国个人信息保护法》(以下简称《个人信息保护法》)对保护网络数据安全和维护个人信息安全做出了比较全面的法律规制。

《电子商务法》对在电子商务过程中个人信息的保护做出了比较具体的规定,其他如《计算机信息网络国际联网安全保护管理办法》和《计算机信息网络国际联网管理暂行规定实施办法》对维护网络安全和通信安全做出了专门规定。

2. 电子商务的反不正当竞争问题

电子商务的反不正当竞争涉及如何限制电子商务中的非法促销,以及侵犯商业秘密和商业信誉等问题。

第二节 电子商务法的一般原理

一、电子商务法的概念和特征

（一）电子商务法的概念

广义的电子商务法与广义电子商务相对应，包括了所有调整以数据电文方式进行的商务活动的法律规范，其内容广泛，将调整以电子商务为交易形式的和调整以电子信息为交易内容的规范都包括在内，如联合国《电子商务示范法》。狭义的电子商务法对应于狭义的电子商务，是调整以数据电文作为交易手段，以电子商务交易形式所引起的社会关系的法律规范的总称。

在我国，作为部门法意义上的电子商务法，不仅包括以电子商务命名的法律法规，如专门规范电子商务的《电子商务法》已自 2019 年 1 月 1 日起施行，还包括其他现有制定法中有关电子商务的法律规范，如《民法典》合同编中关于数据电文的规定，以及《刑法》中关于计算机犯罪的规定等。

（二）电子商务法的特征

1. **国际性**

电子商务法的显著特征是国际性。与电子商务的国际性相对应，电子商务法也以适应国际化的要求为特征，以此满足解决电子商务法律关系的需要。

2. **科技性**

电子商务是网络经济与现代高科技发展的产物，需要通过互联网进行商务活动。规范这种行为的电子商务法必须适应科学技术的发展。例如电子商务法应当对签字技术、确认技术等技术问题做出规定。

3. **开放性**

电子商务法是规范以数据电文形式进行意思表示的法律关系的，数据电文的形式呈现出多样化，而且相关技术、手段与方法的应用也不断推陈出新。因此，以开放的态度对待任何技术手段与信息媒介，让各种有利于电子商务发展的设想和技术都能充分发挥作用，已成为世界组织、国家和企业的共识。目前，国际组织及各国在电子商务立法中大量使用开放型条款，具体表现在电子商务法的基本定义、基本制度和电子商务法律结构方面。

4. **安全性**

电子商务的安全性也可以称为安全的脆弱性。电子商务在交易方式上给商务活动提供了高效快捷的便利，与此同时也给商家带来新的问题，其中最令商家感到担心的就是电子商务的安全问题。由于电子商务是以互联网为基础进行的，计算机黑客与计算机病毒、网络犯罪等都严重威胁着电子商务的安全，因此电子商务法必须通过对电子商务安全问题进行规范，有效地预防和打击各种利用互联网的违法与犯罪行为，保证电子商务和计算机信息系统的安全运行。

5．复杂性

电子商务的高科技化和互联网络技术的专业性、复杂性，造成了电子商务交易关系的复杂性，由此决定了电子商务法律法规的复杂性。在电子商务交易中，当事人之间的交易必须在第三方协助下才能完成，即在网络服务商和认证机构等提供的服务下完成。这就使电子商务的交易活动与传统交易相比，包含了多重法律关系。

二、电子商务法的基本原则

（一）自愿、公平、诚信原则

自愿、公平、诚信是传统民商法的基本原则，当然也适用于电子商务法。电子商务作为一种新型的商业业态，应当遵守公认的商业准则。同时，国家鼓励电子商务信用体系建设，鼓励建立健全电子商务信用记录、信用评价、信用管理制度，完善电子商务信用服务保障制度。

（二）安全原则

电子商务必须以安全为其前提，既需要技术上的安全措施，也离不开电子商务法的安全规范。国家致力于维护电子商务交易安全，保护电子商务用户信息，鼓励电子商务数据交换共享，保障电子商务数据依法有序流动和合理利用。

安全原则要求与电子商务有关的交易信息在传输、存储、交换等整个过程不被丢失、泄露、窃听、拦截、改变等，要求网络和信息应保持可靠性、可用性、保密性、完整性、可控性和不可抵赖性。我国《电子签名法》规范电子签名的标准和认证，就是为了在电子商务条件下形成一个较为安全的环境，维护有关各方的合法权益。

（三）中立原则

电子商务法的中立原则包括四个方面：技术中立、媒介中立、实施中立和同等保护。

1．技术中立

技术中立是指法律对电子商务的技术手段一视同仁，不限定使用或不禁止使用何种技术，也不对特定技术在法律效力上进行区别对待。技术中立是各国和组织所采取的电子商务立法的基本原则，尤其在有关电子签名的立法中表现得更为明显，如我国《电子签名法》规定"可靠的电子签名与手写签名或者盖章具有同等的法律效力"。

2．媒介中立

媒介中立与技术中立紧密联系，是中立原则在电子商务上的具体表现，是指法律对于交易是采用纸质媒介还是采用电子媒介（或其他媒介）都一视同仁，不因交易采用的媒介不同而区别对待或赋予不同的法律效力。

3．实施中立

实施中立是指在电子商务立法和司法实践中，强调本国电子商务活动与跨国电子商务活动在适用法律上一视同仁。电子商务法与其他相关法律法规在实施上不能偏颇，传统商务环境下的法律规范与电子商务法律规范在效力上并行不悖。

4．同等保护

同等保护是指电子商务法对交易双方乃至多方都同等保护,这是实施中立原则在商务交易主体上的延伸。电子商务法对商家与消费者、国内当事人与国外当事人等都应当尽量做到同等保护。

(四) 交易自治原则

交易自治原则是指参加电子商务交易的各方当事人完全可以按照自己的意愿与对方当事人协商,确定他们之间的协议条款,选择交易与履行方式,其中不能含有被强迫的成分和由国家强制执行。

电子商务交易当事人享有交易自治权。电子商务交易的当事人有权决定自己是否进行交易、与谁交易和如何进行交易,任何单位和个人不得非法干预。联合国国际贸易法委员会《电子商务示范法》第 4 条规定:"在参与生成、发送、接收、储存或以其他方式处理数据电文的当事方之间,除另有规定外,第三章的条款可经由协议做出改动。"其内在的含义是除了强制性的法律规范外,其余条款均可由当事人自行协商确定。《电子商务示范法》中的强行性规范数量很少,其目的在于消除传统法律对电子商务发展的障碍,为当事人在电子商务领域中充分行使其意思自治而创造条件。

(五) 监督管理与社会共治原则

我国《电子商务法》规定了国务院及各级政府对电子商务的监管职能。电子商务治理要充分发挥政府作用,国务院和县级以上地方人民政府应当将电子商务发展纳入国民经济和社会发展规划,制定科学合理的产业政策,完善标准体系建设,根据电子商务活动的特点完善和创新电子商务管理体制和管理方式。同时还要充分发挥行业自律和社会共治的作用,实现多管齐下、综合治理。即要体现电子商务管理创新,运用互联网思维、互联网管理办法。

电子商务行业组织和电子商务经营主体应当加强行业自律,建立健全行业规范和网络规范,引导本行业经营者公平竞争,推动行业诚信建设。国家鼓励、支持和引导电子商务行业组织、电子商务经营主体和消费者共同参与电子商务市场治理。

(六) 保护消费者合法权益原则

电子商务的完成涉及生产者、销售者、配送机构等多个主体,需要经过商品信息沟通、网上支付、货物配送等诸多环节,任何一个"供应链"出现问题,都将损害消费者合法权益。电子商务法维护市场秩序,必须以保护消费者合法权益为原则。

拓展阅读1.3　我国消费者权益保护法

三、电子商务法的调整对象和适用范围

(一) 电子商务法的调整对象

电子商务法的调整对象是电子商务交易活动中发生的各种社会关系。此类社会关系是以数据电文作为交易手段所形成的商事关系,是在广泛采用新型信息技术并将这些技术应用于商业领域后才形成的特殊的社会关系,它交叉存在于互联网的线上和线下、虚拟社会和实体社会之中,有别于实体社会中的社会关系。

(二) 电子商务法的适用范围

与电子商务交易形式、交易手段和交易环境相关的法律问题均是电子商务法的适用范围,其在实际应用中主要表现在以下两个方面。

1. 从交易手段上观察

电子商务法的适用范围是以数据电讯所进行的、无纸化的商事活动领域,仅仅以口头或传统的书面形式所进行的商事活动,都不属于电子商务法调整的范围。

随着电子通信技术的日益发展与创新,以及电子商务活动的多元化发展,电子商务法的适用范围也将越来越广。联合国国际贸易法委员会《电子商务示范法》第 1 条规定:"本法适用于在商务活动方面使用的、以一项数据电文为形式的任何种类的信息。"美国《统一电子交易法》第 3 条 A 款规定:"本法适用于与任何交易相关的电子记录与电子签名。"数据电信是电子信息、电子记录与电子签名的上位概念。

2. 从地域和行为主体上观察

我国《电子商务法》规定:"中华人民共和国境内的电子商务活动,适用本法。"但是,"金融类产品和服务,利用信息网络提供新闻信息、音视频节目、出版以及文化产品等内容方面的服务,不适用本法。"

商人与政府之间的有关电子商务管理关系是否属于电子商务法的适用范围,各国有不同规定。美国许多州的电子商务法都将这部分关系纳入了电子商务法的范畴,而联合国贸易法委员会的《电子商务示范法》则明显将这类活动排除在电子商务法的范围之外。

如果以商品交易法的观点来观察,这些商事管理活动并不是电子商务交易活动,而是行政管理活动,调整这些管理活动的法律也应当划归行政管理法律部门。为了立法和执法上的方便,很可能将两类不同性质的法律规范交叉规定在同一部法律中,这种情况在现代立法中并不鲜见。

第三节 电子商务的立法概况

一、国际组织电子商务的立法概况

(一) 联合国国际贸易法委员会(UNCITRAL)有关电子商务的立法

1. 《电子商务示范法》

(1)《电子商务示范法》的产生

联合国从 20 世纪 80 年代开始研究和探讨有关电子商务的法律问题。1982 年联合

国国际贸易法委员会的第十五届会议上,计算机记录的法律价值问题被正式提出。此后在其第十七届会议上,提出了计算机自动数据处理在国际贸易流通中所引起的法律问题,并将其优先列入工作计划。

此后,联合国国际贸易法委员会对电子商务的立法工作开始了全面的研究,终于在1996年6月提出了《电子商务示范法》蓝本,并于1996年12月在联合国大会通过。

▶ 小贴士

《电子商务示范法》是联合国国际贸易委员会为适应电子商务的快速发展而制定的法律,是目前世界上第一部关于电子商务的法律,给世界各国的电子商务立法工作提供了法律范本,解决了世界上许多国家在电子商务法律上的空白或不完善问题,为解决电子商务的法律问题奠定了基础,促进了世界电子商务的发展。

(2)《电子商务示范法》的主要内容

联合国国际贸易法委员会制定的《电子商务示范法》由两大部分组成:第一部分是电子商务法律的总原则,是《电子商务示范法》的核心,共分为三章十五条。其中第一章为一般条款,内容包括适用范围、定义、解释、经由协议的改动等四个条款;第二章为对数据电文的适用法律要求,内容包括对数据电文的法律承认、书面形式、签字、原件、数据电文的可接受性和证据力,以及数据电文的留存等六个条款;第三章为数据电文的传递,内容包括合同的订立和有效性、当事人各方对数据电子的承认、数据电文的归属、确认收讫、发出和收到数据电文的时间和地点等五个条款。第二部分电子商务的特定领域,有一章两个条款,仅对涉及货物运输中使用的电子商务做出规定。

2. 其他有关电子商务的立法

1982年,联合国国际贸易法委员会开始编写《电子资金划拨法律指南》,提出以电子手段划拨资金而引发的法律问题,并讨论了解决这些问题的方法,1986年获得大会批准,1997年正式公布。

1985年,联合国国际贸易法委员会在其第18次会议上通过了《计算机记录的法律价值报告》,建议各国政府确定以计算机记录作为诉讼证据的法律规则,并为法院提供评价这些记录可靠性的适当办法。

1993年10月,联合国国际贸易法委员会电子交换工作组第26次会议审议了《电子数据交换及贸易数据通信有关手段法律方面的统一规则草案》。

1999年6月,联合国国际贸易法委员会电子交换工作组第35次会议提出《电子签章统一规则》草案版本,并于2000年9月的第37次会议获得通过,提出除了建立在公钥加密技术(public key cryptosystems,PKC)之上的强化电子签章外,还有其他更多各种各样的设备,使得"电子签章"方式的概念更加广泛,这些正在或将要使用到的签字技术,都考虑到执行上述手写签字的某一个或未提及的功能。

2001年3月,联合国国际贸易法委员会电子交换工作组第38次会议通过的《电子签章示范法》也重新对电子签章下了定义:"电子签章系指在数据电文中,以电子形式所含、所附或在逻辑上与数据电文有联系的数据,它可用于鉴别与数据电文有关的签字人或表明此人认可数据电文所含信息。"

(二) 国际经济合作与发展组织(OECD)有关电子商务的立法

国际经济合作与发展组织在电子商务的立法方面也做了大量的工作。1980年提出了《保护个人隐私和跨国界个人数据流指导原则》,1985年发表了《跨国界数据流宣言》,1992年制定了《信息系统安全指导方针》,1997年发表了《电子商务:税务政策框架条件》《电子商务:政府的机遇与挑战》等报告。

1998年10月,国际经济合作与发展组织在加拿大渥太华召开了题为"一个无国界的世界:发挥全球电子商务的潜力"的电子商务部长级会议,公布了《OECD电子商务行动计划》《有关国际组织和地区组织的报告:电子商务的活动和计划》《工商界全球行动计划》,并通过了《在全球网络上保护个人隐私宣言》《关于在电子商务条件下保护消费者的宣言》《关于电子商务身份认证的宣言》《电子商务:税务政策框架条件》报告。

1999年12月,国际经济合作与发展组织制定了《电子商务消费者保护准则》,提出了保护消费者的三大原则和七个目标。保护消费者的三大原则是:确保消费者网上购物所受到的保护不低于日常其他购物方式;排除消费者网上购物的不确定性;在不妨碍电子商务发展的前提下,建立和发展网上消费者保护机制。保护消费者的七个目标是:广告宣传、市场经营和交易信守公平、诚实信用原则;保障消费者网上交易的知情权;网上交易应有必要的认证;网上经营者应使消费者知晓付款的安全保障;应有对纠纷行之有效的解决和救济的途径与方法;保护消费者的隐私;向消费者普及并宣传电子商务和保护消费者的法律知识。

2000年12月,国际经济合作与发展组织公布了一项关于电子商务经营场所所在地的适用解释,规定将来通过网上进行的电子商务,由该公司经营实际所在地的政府进行征税。2003年6月通过了《经合组织保护消费者防止跨境欺诈和欺骗性商业活动指南》,指出:为了防止那些从事诈骗活动和商业欺诈活动的人侵害广大消费者,OECD成员国应该联合起来共同提出快速而有效的办法来收集与共享信息。这些成员国应该在现有方案的基础上,通过网络工具和数据库来收集与共享信息,其中包括消费者投诉和一些悬而未决的调查和案件中的通知信息等。

(三) 世界贸易组织(WTO)有关电子商务的立法

1995年开始生效的世界贸易组织《服务贸易总协定》(GATS),为所有的金融服务贸易(包括电子贸易在内)提供了一个基本法律框架。

1996年12月,世界贸易组织在新加坡举行的第一次部长会议上签署了《关于信息技术产品贸易的部长宣言》,即《信息技术协议》,1997年3月开始生效,电子商务首次纳入了多边贸易体制。

1998年5月,132个世界贸易组织成员的部长们达成一致,签署了《关于全球电子商务的宣言》。1998年9月,世界贸易组织理事会通过了《电子商务工作计划》,其中涵盖了服务贸易、货物贸易、知识产权保护、强化发展中国家的参与等问题。

(四) 世界知识产权组织(WIPO)有关电子商务的立法

电子商务与知识产权保护有着极为密切的关系,世界知识产权组织为电子商务的发展也做了许多工作。1996年12月,世界知识产权组织通过了《世界知识产权组织著作权条约》《世界知识产权组织表演和录音制品条约》,被称为"网络环境下的"著作权条约,为解决电子商务所涉及的知识产权保护问题奠定了基础。

1999年4月,公布了有关域名问题的《互联网名称和地址管理及其知识产权问题》报告,针对互联网上由域名而引发的问题,包括域名与现有知识产权的冲突,提出了解决建议。

1999年11月,国际互联网名址分配公司(ICANN)指定世界知识产权组织作为第一个"纠纷处理服务提供者",世界知识产权组织其后也公布了《统一域名争议解决政策补充规则》。

(五) 欧盟有关电子商务的立法

欧盟始终将规范电子商务活动作为发展电子商务的一项重要工作,为此制定了一系列有关电子商务发展的规范与相关的法律制度。

1997年4月欧盟委员会提出著名的《欧洲电子商务行动方案》,为欧洲的电子商务立法确定了立法宗旨和立法原则,明确指出欧洲究竟能在多大程度上受益于电子商务的关键取决于是否具备满足企业和消费者需要的法律环境。

《欧洲电子商务行动方案》将欧洲电子商务的立法确立为两个目标:

一是建立起消费者和企业对电子商务的信任和信心,即通过立法工作建立合法、安全和规范化的电子商务交易环境。电子商务交易中的身份、信用程度的确认,数据信息的安全,个人隐私的保护,合同的履行,支付的可靠性以及签名和认证制度等列为立法重点。

二是保证电子商务充分进入单一市场,即在欧盟成员国的范围内建立一个以欧洲统一市场的法律制度为基础的电子商务管理框架,以此保证电子商务的发展能最大限度地利用统一市场的良好环境和市场潜力,避免成员国各自为政,法出多国,保证欧盟范围内电子商务法律制度的统一性。

1. 互联网服务的法律制度

欧盟委员会在《关于内部市场中与电子商务有关的若干法律总指令建议案》中对欧盟范围内网络服务的法律制度做了以下几个方面的规定。

(1) 目的与适用范围

本指令的目的是保证内部市场的良好运行,重点在于保障信息服务得以在成员国之间自由流通。本指令致力于在如下一些领域使各成员国关于信息服务的国内立法趋于统一:内部市场制度、服务供应商的设立、商业信息传播、电子合同、服务中间商的责任、行业行为准则、争议的诉讼解决、司法管辖和成员国间的合作。

(2) 无须预先批准原则

各成员国须在其国内立法中规定,从事提供信息营业活动无须预先批准,亦不受其他任何来自有关当局的决定、办法或认可的限制。但是服务供应商有义务向消费者和有关管理当局提供证明其身份的信息资料。

(3) 商业信息传播

各成员国必须在其国内立法中规定商业信息传播应符合以下条件:商业信息传播应

易于识别,从事商业信息传播的自然人或法人应易于识别,各种促销优惠措施,包括各折扣奖励及赠予都应易于识别,且参与活动的条件和规则应易于达到且须详细无误的予以说明。

(4) 电子合同

各成员国须调整其国内立法以使电子合同合法化,各成员国应特别保证其关于合同缔结的法律制度不得妨碍电子合同的实际应用,也不得因合同是通过电子方式缔结的这一事实而剥夺其生效权利和法律效力。

(5) 服务中间商的责任

各成员国须在其国内立法中规定:在信息服务的提供限于通过通信网络传输,服务获取者的信息限于提供通信网络接入服务的情况,提供此类服务的服务供应商在符合指令规定的情况下,对所传输的信息不承担责任;在信息服务的提供限于通过通信网络传输来获取信息时,服务供应商在满足指令规定条件下,对其应其他服务获取者的要求,出于日后更有效地传输信息的唯一目的,而对所传输信息进行自动、临时性和过渡性的存储不承担责任;在信息服务的提供限于存储信息获得者提供的信息时,信息服务供应商在满足指令规定条件时,不对应信息服务获得者的要求而存储的信息承担责任。

(6) 行业自律准则

各成员国和欧盟委员会鼓励行业协会成员团体或消费者组织制定适用于全欧盟范围的行业行为自律准则,以保证欧盟成员国立法的良好执行。

2. 电子签名的法律制度

欧盟议会和理事会共同制定和颁布了《关于欧盟范围内建立有关电子签名共同法律框架的指令》,为在欧盟范围内电子签名的法律制度协调一致的运转和发展提供了保障。

指令的立法目的有两个:一是在欧洲联盟范围内建立一个有利于电子签名推广运用的统一的法律环境;二是建立一个完整的关于电子签名的法律认证体系,以便使电子签名法律效力得到法律上的承认。

该指令的立法重点是规范电子签名的认证服务,制定了关于认证和认证服务的共同标准,以保证电子签名及其认证得以在欧盟成员国范围内相互得到承认。1999年又发布了《数据签名统一规则草案》。

3. 消费者权益保护法律制度

欧盟在其通过的《关于远距合同订立过程中对消费者保护的指令》中,为消费者网上交易的合法权益保护规定了多项措施,明确规定在远程合同订立前,货物或服务供应商有义务向消费者提供供应商身份、货物或服务性能特点、价格、送货费用、付款及送货方式、消费者撤销订购的权利、报价的有效期、合同的期限等情况,并通过书面或其他持久的载体向消费者确认,消费者至少可以在 7 个工作日内有权退货或撤销合同。

4. 著作权保护的法律制度

欧盟委员会在《关于信息社会著作权及邻接权的指令草案》中,对欧盟成员国范围内统一协调著作权及邻接权保护的法律规范做出了相应的规定,以适应电子商务条件下与知识产权有关的产品及服务的发展需要。《草案》规定:作品的作者、表演者、音像节目和电影的制作者、广播电台、电视台对作品享有专属的复制权,著作权人所享有的对公众传播权并不随着传播或提供作品的行为完成而丧失。

此外,《草案》对于某些出于纯粹技术需要而进行的不存在任何经济意图的复制行为做了例外规定,以避免对网络发展造成限制和危害,既顾及了网络服务商和接入商的产业发展利益,又对著作权人的合法权益给予了法律上的保障。

二、外国电子商务立法概况

(一)美国的电子商务立法

在这场电子商务革命中,美国的电子商务发展在世界上处于领先地位。美国政府在促进电子商务发展方面制定了一系列积极的政策,其中著名的"信息高速公路"计划,为美国电子商务的发展奠定了关键性的基础。

由于政府大力推行电子商务这种新的交易形式,电子商务成了美国国民经济新的增长点。为了使电子商务在法律的保护和规范下健康发展,美国早在20世纪90年代中期就开始了有关电子商务的立法准备工作。由于美国是联邦制国家,联邦和州两级均有立法权。虽然美国国会有权规范跨州的商贸活动,但是传统上交易法的规则(尤其是《合同法》)一直属于各州立法的范围。

作为协调各州合同法的模范法《统一商法典》(UCC)是由美国统一州法委员会和美国法学会联合组织制定的,它是一部非官方的立法,1952年正式公布。美国各州都已经采用了《统一商法典》的内容,但又结合本州情况稍加修改。由于电子商务的发展呈现出与传统的商贸活动不同的特点,因此《统一商法典》在电子商务领域已显过时。为此,美国法律研究所等机构着手修订《统一商法典》,在其中增加有关调整电子商务的法律规则的内容,这就是所谓《统一商法典》第2条B项(UCC Article 2B)的由来。同时,美国的许多州都制定了电子商务法。

1997年9月15日颁布的《全球电子商务纲要》是美国电子商务发展的一个里程碑,正式形成美国政府系统化电子商务发展政策和立法规则。美国政府支持所有国家采用联合国《电子商务示范法》作为制定电子商务法时使用的国际统一商务法规,支持联合国国际贸易法委员会以及其他国际组织进一步努力制定出示范法律条款。

《全球电子商务纲要》的主要内容分为一般原则和问题处理建议两大部分。美国对未来在互联网上进行的商业交易提出了五项基本原则:

(1)私营企业应起主导作用。互联网的快速发展,将依靠私营企业带动,政府应尽可能鼓励私营企业自行建立交易规则,政府采取少干预、少限制的原则。

(2)政府应当避免不恰当的限制。政府避免对网上发生的商业活动给予不必要的限制而影响交易双方交易活动,阻碍电子商务的发展。

(3)政府参与建立和谐的商业法制环境。其目的应是支持与加强一个可预测的、简明的和一致的电子商务实行环境,政府机构只在必要时介入电子商务的市场管理。这种管理应当主要着眼于支持加强建立一个和谐的商业法制环境,保护消费者、保护知识产权,确保竞争,以及制定解决纠纷的办法。

(4)政府必须认清互联网的特征。政府需要调整无法适用的传统法律法规。

(5) 制定的法律法规应有利于促进电子商务发展。电子商务法律法规的制定,应当有利于促进互联网上的电子商务。

在草拟的《统一商法典》第 2 条 B 项的基础上形成了 1999 年 7 月公布的《统一计算机信息交易法》(VCITA)。《统一计算机信息交易法》与《统一商法典》一样属于模范法的性质,并没有直接的法律效力,其能否转化为生效法律取决于各州是否通过立法途径对其予以采纳。《统一计算机信息交易法》将美国电子商务立法推进了一大步,美国各州正在积极采纳该法,《统一计算机信息交易法》将会成为调整美国电子商务的基本法。

美国《统一电子交易法》(UETA)由统一州法全国会议委员会起草,于 1999 年 7 月通过并建议在各州实施,此法案旨在统一各州关于确认交易中电子记录和电子签名的立法。

2000 年 6 月 30 日美国总统克林顿签署了《电子签名法》,为在商贸活动中使用电子文件和电子签名扫清了法律障碍,使电子签名和传统方式的亲笔签名具有同等法律效力。

小贴士

《全国及全球商务电子签名法》(ESIGN,简称《电子签名法》)于 2000 年 10 月 1 日在美国各州生效,该法是规范电子合同的重要法律,着重对电子签章做出了规定。该法第一章主要规定了电子签章和电子记录的效力的一般原则和具体例外事项,同时还规定了对联邦机构的可适用性问题及调查;后三章在可转让记录、国际电子商务的促进和在线儿童保护委员会三个方面进行了规范。

(二) 新加坡的电子商务立法

新加坡是世界上较早制定电子商务法律的国家。1998 年新加坡制定的《电子交易法》内容广泛,规范了电子商务中出现的多方面问题,该法中的许多规定以联合国国际贸易法委员会《电子商务示范法》为基础,与国际标准保持一致,可以促使新加坡融入日益兴起的全球电子商务之中。

新加坡的《电子交易法》共分为序言、电子记录和电子签名的一般规定、网络服务提供者的责任、电子合同、可靠电子记录和电子签字、数字签字的效力、与数字签字相关的一般义务、认证机构的义务、订户的义务、认证机构的规定、政府使用电子记录与电子签字、一般规定 12 个部分。概括起来,《电子交易法》的内容可包括如下几个方面。

1. 立法目的与法律解释

《电子交易法》的立法目的是促进电子交易,对电子商务中出现的新问题能够予以有效的解决。

2. 数据电文和电子签名的法律效力

《电子交易法》规定了数据电文和电子签名的法律效力,该法规定,不得仅仅以某项信息采用数据电文形式作为理由否定其法律效力、有效性与可执行性。该法还规定了证实电子签名的方法以及在满足一定安全保护要求的前提下,可以要求以数据电文方式复制保存某些文件、记录或信息。同时,该法也规定了对于数据电文和电子签名的承认不适用的某些方面,如遗嘱、流通票据、所有权文据、不动产买卖合同等。

3. 网络服务提供商的责任

《电子交易法》规定,网络服务提供商根据任何法律规定都不会仅仅因为提供了通道,为第三者传输的数据电文资料承担民事责任或刑事责任,某些例外情况除外。因为在多数情况下,网络服务提供商无法控制通过其网络所传输的资料和内容。

4. 电子合同

《电子交易法》对电子合同所涉及的一些具体问题做出了规定:明确规定合同订立的程序可以采用数据电文形式;对当事人在订立合同中使用的数据电文也予以承认其法律效力;明确数据电文的归属问题;规定了数据电文信息的确认收讫的规则;规定了确定数据电文发送和接收的时间及地点的规则。

5. 认证机构

《电子交易法》对保证认证机构的可靠性规定了一定的标准和管理规则,包括:所有认证机构都应履行的义务,对外国认证机构的承认问题,持有执照经营的认证机构的责任问题。

6. 数据电文与电子签名在商务公务中的作用

《电子交易法》承认政府部门和法定机构的电子存档、颁发的电子许可证、电子执照和电子批准书以及进行的电子支付,以此承认和促进政府对个人的电子商务活动,目的是鼓励无纸公用事业,提高公用事业的效率。

7. 计算机数据的保密与使用

《电子交易法》为了保护计算机数据的秘密,对于那些有可能接近数据电文的人员规定了保密义务,禁止他们出于罪行检控和遵守法庭要求以外的其他目的泄露信息,但管理人员为查明是否有违反《电子交易法》的行为时,有权检查任何计算机及数据。

(三) 澳大利亚的电子商务立法

1998年澳大利亚颁布了《私权利保护法》,确立信息私权保护原则。1998年3月澳大利亚电子商务专家小组公布了《电子商务:法律框架的构造》报告。1999年通过了《电子签章法》。1999年12月,颁布了《电子交易法》(ETA),提出了在电子商务中的媒体中立性原则和技术中立性原则。

(四) 韩国的电子商务立法

韩国的《电子商务基本法》于1999年7月正式生效,共分为总则、电子通信信息、电子商务安全、电子商务的促进、消费者保护以及附则六章,内容较为全面。《电子商务基本法》总的特点与该法第一条所规定的目的是一致的,即旨在促进电子商务的发展。

该法不仅对电子商务、电子通信信息、发送人、接收人、数字签名、电子商店认证机构等基本概念做出定义,对通信信息的有效性和电子商务的安全问题做出规定,并且对消费者的保护以专门章节做了规定。

该法兼容了欧洲国家与美国在电子商务立法方面的特点,既有美国电子商务法着重于技术问题解决的内容,又有欧洲国家电子商务法偏重于消费者保护的内容,两者功效相辅相成。为具体实施其《电子商务基本法》,韩国制定了《电子签名法》。

三、中国电子商务立法概况

中国于1994年出现电子商务模式。进入21世纪后,我国电子商务得到迅猛发展。由于将电子商务作为社会经济发展新增长点,电子商务改变传统商业经营方式,促进经济发展,因此,要确保电子商务健康发展,就必须以健全的法律保障为基础和前提。

面对迅速发展的电子商务这种新交易形式,要保证电子商务健康有序发展,就必须通过立法加以保护,以保证电子商务交易的正常进行。《电子商务法》的出台是我国电子商务发展史上具有里程碑意义的重要事件,遵循了保障权益、规范行为、维护秩序、促进发展的立法宗旨,在充分保障各方主体合法权益前提下,为维护市场秩序、促进行业健康发展发挥了积极作用。

以《电子商务法》为电子商务领域的基础性法律,结合《民法典》《电子签名法》《网络安全法》《数据安全法》《个人信息保护法》等法律,以及行政法规与规章、地方性法规等,构建了我国电子商务法律体系。

目前,中华人民共和国主要的电子商务相关法律法规有以下几个:

(一)《中华人民共和国电子商务法》

《电子商务法》是我国电子商务领域的基本法,自2019年1月1日起施行。《电子商务法》包括总则、电子商务经营者、电子商务合同的订立与履行、电子商务争议解决、电子商务促进、法律责任和附则等七个部分,共7章89条。

(二)《民法典》之合同编

原《合同法》将数据电文作为一种合同书面形式,明确规定了电子合同与书面合同具有同等的法律效力,并对有关电子合同的订立过程及有关内容做了具体规定。《民法典》合同编在原《合同法》之上完善了电子合同订立规则,增加了电子合同标的的交付时间条款,这些规定更有利于电子商务的实际操作。

(三)《中华人民共和国电子签名法》

《电子签名法》自2005年4月1日起施行。该法规范了电子签名行为,确立电子签名的法律效力。《电子签名法》的颁布与实施对我国电子商务的发展有很大的推动和保障作用。

(四)《中华人民共和国网络安全法》

《网络安全法》自2017年6月1日起实施。该法是为了保障网络安全,维护网络空间主权和国家安全、社会公共利益,保护公民、法人和其他组织的合法权益,促进经济社会信息化健康发展而制定的。《网络安全法》适用于在中国境内建设、运营、维护和使用网络,以及网络安全的监督管理,是保障电子商务安全的基本法。

(五)《中华人民共和国数据安全法》

《数据安全法》自2021年9月1日起施行。《数据安全法》是为了规范数据处理活动,保障数据安全,促进数据开发利用,保护个人、组织的合法权益,维护国家主权、安全和发展利益,制定的法律。数据安全不仅关系国家安全,也关系经济安全和个人安全。

(六)《中华人民共和国个人信息保护法》

《个人信息保护法》自 2021 年 11 月 1 日起施行,是一部保护个人信息的法律。

 小贴士

大数据杀熟近年来被广泛讨论。在同一网站上,相同的商品或服务不同的人购买价格却不一样,这就可能是被"杀熟"了。大数据杀熟是指一种个性化定价,商家通过分析消费者个人信息形成画像,利用算法对每个消费者的支付意愿进行精准评估和预测,预测消费者最高保留价格,并以此就同一商品或服务向不同消费者设置不同价格。《个人信息保护法》第二十四条针对大数据杀熟问题作出了明确的规定。

(七)《互联网信息服务管理办法》

《互联网信息服务管理办法》于 2000 年 9 月 25 日由国务院发布实施。为了规范互联网信息服务活动,《互联网信息服务管理办法》将互联网信息服务分为经营性和非经营性两类。

从事经营性互联网信息服务,应当向省、自治区、直辖市电信管理机构或者国务院信息产业主管部门申请办理互联网信息服务增值电信业务经营许可证,即对经营性互联网信息服务采用许可制度;对从事非经营性互联网信息服务的,实行备案制,应当向省、自治区、直辖市电信管理机构或者国务院信息产业主管部门办理备案手续。

(八)《信息网络传播权保护条例》

2006 年,国务院发布实施《信息网络传播权保护条例》,保护著作权人、表演者、录音录像制作者的信息网络传播权,鼓励有益于社会主义精神文明、物质文明建设的作品的创作和传播。对网络著作权的合理使用、法定使用,网络服务提供者的法定义务,信息网络传播权领域的"避风港"原则等内容作出了规定。

(九)《计算机软件保护条例》

现行《计算机软件保护条例》自 2002 年 1 月 1 日起施行,后经过两次修订。该条例对保护计算机软件著作权人的权益,调整计算机软件在开发、传播和使用中发生的利益关系,鼓励计算机软件的开发与应用十分重要,起到了促进软件产业和国民经济信息化发展的作用。

(十)《计算机信息系统安全保护条例》

《计算机信息系统安全保护条例》于 1994 年 2 月由国务院发布并实施,于 2010 年 12 月 29 日修订。其中明确规定由公安部主管全国计算机信息系统安全保护工作;任何组织或个人,不得利用计算机系统从事危害国家利益、集体利益和公民合法权益的活动,不得危害计算机信息系统的安全。该条例详细规定了计算机信息系统的安全保护制度、安全监察及相关的法律责任。

(十一)《网络交易监督管理办法》

《网络交易监督管理办法》由国家市场监督管理总局制定,自2021年5月1日起施行。该办法制定了一系列规范交易行为、压实平台主体责任、保障消费者权益的具体制度规则。

有关行业主管部门对一些特殊行业网络经营行为进行规定,如原国家食品药品监督管理总局公布的《互联网药品信息服务管理办法》,原中国银行业监督管理委员会发布的《电子银行业务管理办法》,中国人民银行颁布的《非金融机构支付服务管理办法》等。

此外,地方性法规中对电子商务也有规定,如《上海市促进电子商务发展规定》。

作为电子商务法的重要补充,一些行业标准和行业规范陆续出台,如《电子商务模式规范》(SB/T 10518—2009)和《信息安全技术个人信息安全规范》(GB/T 35273—2020),以及由中国电子商务协会制定的《网络交易平台服务规范》和中国互联网协会制定的《抵制恶意软件自律公约》等。

【思考题】

1. 电子商务涉及的法律问题有哪些?
2. 简述电子商务法的概念、特征。
3. 简述电子商务法的基本原则。
4. 《电子商务示范法》的产生原因和主要内容是什么?
5. 《欧洲电子商务行动方案》的立法目标是什么?
6. 简述我国电子商务的立法概况。

第二章

电子商务主体法律制度

【学习要点及目标】

1. 了解电子商务主体的概念、特征,掌握我国电子商务主体的种类;
2. 了解网站、域名、网站种类及法律管理制度;
3. 了解网上商店的意义、认定原则,掌握网上商店的认定。

第一节 电子商务主体概述

一、电子商务主体的概念与特征

(一)电子商务主体的概念

电子商务主体是指参与电子商务法律关系,并在其中享有权利和承担义务的组织或个人。电子商务主体法律制度是电子商务法中需要研究的基础领域。

电子商务主体有广义、狭义之分。狭义的电子商务主体是指电子商务经营主体,包括电子商务第三方平台和电子商务经营者。广义的电子商务主体,指凡是通过电子网络手段参与电子商务活动的主体,既包括狭义的电子商务主体,也包括消费者、各种网络服务提供商、第三方支付机构以及认证机构等。

按照《电子商务法》第9条规定,电子商务经营者是指通过互联网等信息网络从事销售商品或者提供服务的经营活动的自然人、法人和非法人组织,包括电子商务平台经营者、平台内经营者以及通过自建网站、其他网络服务销售商品或者提供服务的电子商务经营者。电子商务平台经营者是指在电子商务中为交易双方或者多方提供网络经营场所、交易撮合、信息发布等服务,供交易双方或者多方独立开展交易活动的法人或者非法人组织。平台内经营者是指通过电子商务平台销售商品或者提供服务的电子商务经营者。

(二)电子商务主体的特征

1. **主体的虚拟性**

电子商务主体本身应该是真实的,不是虚拟的,但是由于电子商务是借助于信息网络实现的一种交易方式,这种交易方式使主体的存在方式看起来具有一定的虚拟性,因此更容易发生虚假情形。

电子商务主体有的是通过自己设立的网站来进行交易活动,有的是借助于第三方所设立的网络平台而开展交易活动,但是,网上商家信息是否就是他的真实身份信息,交易各方不能面对面通过感官加以判断,消费者在交易时也存在担心和顾虑,因此,电子商务主体的身份需要认定,电子商务法中必须建立起有关主体认定的制度。

2. 主体的广泛性、复杂性

传统的商事交易往往有买卖双方参与即可顺利进行,而电子商务活动自身的特点决定了其必须通过网络平台进行,其支付方式必然是网上支付,因此,参加电子商务的主体就不仅仅是买卖双方,还包括网络平台的服务机构、第三方支付机构以及认证机构等,这么广泛的主体以及它们之间所形成的复杂关系,以及对各方责任的认定,都是电子商务法中必须解决的问题。

3. 主体的发展性

电子商务是随着互联网技术的发展和运用而产生的,未来网络技术的发展将更深刻地影响并决定着电子商务的发展,因此,可以预言,电子商务是一个变化着的、开放性的交易模式,存在着无限广阔的创新前景,电子商务的交易主体也必将随之有所发展和变化,可能会有更多、更新型的主体参与到电子商务法律关系之中来。

二、电子商务主体的种类

电子商务主体不同于传统的商务活动主体,除了直接参与交易的双方,还包括对特定电子商务行为的完成具有重要影响的参与者。以下把电子商务主体分为电子商务经营主体和为电子商务经营提供服务的其他主体两大类予以介绍。

(一)电子商务经营主体

1. 电子商务经营者

电子商务经营者应当依法办理市场主体登记。但是,个人销售自产农副产品、家庭手工业产品,个人利用自己的技能从事依法无须取得许可的便民劳务活动和零星小额交易活动,以及依照法律、行政法规不需要进行登记的除外。

电子商务经营者应当依法从事经营活动。需要取得相关行政许可的,应当依法取得行政许可。电子商务经营者销售的商品或者提供的服务应当符合保障人身、财产安全的要求和环境保护要求,不得销售或者提供法律、行政法规禁止交易的商品或者服务。

电子商务经营者应当依法履行纳税义务,并有依照专门税收法律规定享受税收优惠的权利。依照规定不需要办理市场主体登记的电子商务经营者在首次纳税义务发生后,应当依照税收征收管理法律、行政法规的规定申请办理税务登记,并如实申报纳税。

电子商务经营者销售商品或者提供服务应当依法出具纸质发票或者电子发票等购货凭证或者服务单据。电子发票与纸质发票具有同等法律效力。

 小贴士

2018年8月28日,国家税务总局深圳市税务局在其官网上发布了《关于推行通过区块链系统开具的电子普通发票有关问题的公告》(公告2018年第11号),于同年8月10日,在深圳国贸旋转餐厅开出全国首张区块链电子发票。到2021年8月10日,区块链电子发票迎来在深圳落地三周年。截至目前,深圳市区块链电子发票系统累计开票超5800万张,日均开票超12万张,累计开票金额近800亿元,覆盖零售、餐饮、交通、房地产、医疗、互联网等百余行业领域,接入企业超3.2万家。

电子商务经营者应当在其首页显著位置,持续公示营业执照信息、与其经营业务有关的行政许可信息、属于依照《电子商务法》第10条规定的不需要办理市场主体登记情形等信息,或者上述信息的链接标识。电子商务经营者的营业执照信息或者行政许可信息发生变更,应当及时更新公示信息。

电子商务经营者自行终止从事电子商务的,应当提前30日在首页显著位置持续公示有关信息。电子商务经营者应当全面、真实、准确、及时地披露商品或者服务信息,保障消费者的知情权和选择权。电子商务经营者不得以虚构交易、编造用户评价等方式进行虚假或者引人误解的商业宣传,欺骗、误导消费者。

有关主管部门依照法律、行政法规的规定要求电子商务经营者提供有关电子商务数据信息的,电子商务经营者应当提供。有关主管部门应当采取必要措施保护电子商务经营者提供的数据信息的安全,并对其中的个人信息、隐私和商业秘密严格保密,不得泄露、出售或者非法向他人提供。

电子商务经营者从事跨境电子商务,应当遵守进出口监督管理的法律、行政法规和国家有关规定。

 小贴士

自然人、法人、非法人组织

《民法典》第二条规定,民法调整平等主体的自然人、法人和非法人组织之间的人身关系和财产关系。自然人包括个人、个体工商户和农村承包经营户;法人包括营利法人、非营利法人和特别法人,营利法人包括有限责任公司、股份有限公司和其他企业法人等,非营利法人包括事业单位、社会团体、基金会、社会服务机构等,特别法人包括机关法人、农村集体经济组织法人、城镇农村的合作经济组织法人、基层群众性自治组织法人;非法人组织包括个人独资企业、合伙企业、不具有法人资格的专业服务机构等。

2. 电子商务平台经营者

(1) 分类

2018年国家市场监督管理总局和中国国家标准化管理委员会发布的《电子商务模式规范》(GB/T 36310—2018)将电子商务平台模式分为四类:

① B2C(business to customer):组织与个人之间进行交易的一种电子商务模式。

② B2B(business to business):组织与组织之间进行交易的一种电子商务模式。

③ C2C(consumer to consumer):个人与个人之间进行交易的一种电子商务模式。

④ O2O(online to offline):线上交易与线下体验、营销和服务相结合的一种电子商

务模式。

(2) 电子商务平台经营者应当履行的义务和承担的法律责任

电子商务平台经营者应当要求申请进入平台销售商品或者提供服务的经营者提交其身份、地址、联系方式、行政许可等真实信息，进行核验、登记，建立登记档案，并定期核验更新。这是对电子商务经营者身份进行核验和管理的主要环节。电子商务平台经营者发现平台内的商品或者服务信息存在违反法定情形的，应当依法采取必要的处置措施，并向有关主管部门报告。

电子商务平台经营者应当按照规定向市场监督管理部门报送平台内经营者的身份信息，提示未办理市场主体登记的经营者依法办理登记，并配合市场监督管理部门，针对电子商务的特点，为应当办理市场主体登记的经营者办理登记提供便利。

电子商务平台经营者应当依照税收征收管理法律、行政法规的规定，向税务部门报送平台内经营者的身份信息和与纳税有关的信息，并应当提示依法不需要办理市场主体登记的电子商务经营者依规定办理税务登记。

电子商务平台经营者应当采取技术措施和其他必要措施保证其网络安全、稳定运行，防范网络违法犯罪活动，有效应对网络安全事件，保障电子商务交易安全。电子商务平台经营者应当制定网络安全事件应急预案，发生网络安全事件时，应当立即启动应急预案，采取相应的补救措施，并向有关主管部门报告。

电子商务平台经营者应当记录、保存平台上发布的商品和服务信息、交易信息，并确保信息的完整性、保密性、可用性。商品和服务信息、交易信息保存时间自交易完成之日起不少于3年；法律、行政法规另有规定的，依照其规定。

电子商务平台经营者应当遵循公开、公平、公正的原则，制定平台服务协议和交易规则，明确进入和退出平台、商品和服务质量保障、消费者权益保护、个人信息保护等方面的权利和义务。

电子商务平台经营者依据平台服务协议和交易规则对平台内经营者违反法律、法规的行为实施警示、暂停或者终止服务等措施的，应当及时公示。

电子商务平台经营者在其平台上开展自营业务的，应当以显著方式区分标记自营业务和平台内经营者开展的业务，不得误导消费者。电子商务平台经营者知道或者应当知道平台内经营者销售的商品或者提供的服务不符合保障人身、财产安全的要求，或者有其他侵害消费者合法权益行为，未采取必要措施的，依法与该平台内经营者承担连带责任。

电子商务平台经营者应当建立健全信用评价制度，公示信用评价规则，为消费者提供对平台内销售的商品或者提供的服务进行评价的途径。电子商务平台经营者不得删除消费者对其平台内销售的商品或者提供的服务的评价。

除法律规定以外，电子商务平台经营者可以按照平台服务协议和交易规则，为经营者之间的电子商务提供仓储、物流、支付结算、交收等服务。电子商务平台经营者为经营者之间的电子商务提供服务，应当遵守法律、行政法规和国家有关规定，不得采取集中竞价、做市商等集中交易方式进行交易，不得进行标准化合约交易。

拓展阅读 2.1 最高人民法院关于审理食品药品纠纷案件适用法律若干问题的规定

案例 2.1 全国首例电商平台诉差评师案宣判！淘宝胜诉获赔 1 元，3 人被判刑

（二）电子商务服务主体

电子商务活动的开展离不开各种服务主体。所谓电子商务的服务主体，是指为电子商务的运行提供技术支持、网络服务、电子认证、网上金融服务和物流服务的主体，其活动目的是促使双方更快、更有效地达成交易。电子商务的服务主体可以分为以下几类。

1. 网络服务提供商

网络服务提供商（internet service provider, ISP），是向广大用户提供互联网接入业务、信息业务和增值业务的电信运营商。ISP 是经国家主管部门批准的网络运营企业，受法律保护。ISP 为电子商务活动构建一个最为基础的互联网络环境，是其能够有效运行的关键环节。

ISP 应当履行的义务和承担的法律责任如下：

ISP 在网上交易过程中同时为交易的买卖双方提供服务。ISP 提供的服务内容可以是信息发布服务，即接受他人委托提供通道、空间或技术，为他人在网上发布针对不特定受众的某种信息；也可以是信息传输服务，向特定受众发送电子邮件、发送订购单或确认函等；还可以是提供信息存储服务；或者提供信息检索或用户索取的特定信息服务。所有这些信息服务既可能通过用户的注册登记建立起来，也可能通过明示的合同建立起来。

一般情况下，用户请求提供某种信息传输服务，必须将名称、住址、电话、国籍等信息进行登记或注册，这种登记或注册意味着用户和 ISP 之间达成了一种信息服务合同。这种信息服务合同一般是有偿的，ISP 按合同约定向用户提供信息交流通道、存储空间等中介服务，通常都收取一定费用，如网络登录费、平台使用费、信息传递费、网页制作或维护费、网络注册费等，也有可能是无偿的。

不管是有偿还是无偿，在 ISP 和用户之间都构成一种服务合同关系。而那些要求 ISP 提供较为复杂信息服务的用户，也可通过协商签订合同建立服务关系。ISP 既然和用户之间成立了合同关系，就应依法履行为用户提供安全、有效的网络服务的义务，否则就要承担合同责任。

拓展阅读 2.2 《民法典》对网络服务者侵权责任的规定	

2. 网络内容提供商

网络内容提供商(internet content provider,ICP),是互联网上的内容提供商,即向广大用户综合提供互联网信息业务和增值业务的电信运营商。ICP 同样是经国家主管部门批准的正式运营企业,受国家法律保护。

 小贴士

中国 ICP 的主要种类

目前按照主营的业务划分,中国 ICP 主要有以下几类。

(1) 搜索引擎 ICP。目前中国国内搜索引擎市场 ICP,比如百度,已经超过以 Google 为首的海外 ICP,成为主要的市场占有者。提供的搜索服务也越来越丰富,包括地图搜索、论坛搜索、博客搜索等越来越多的细分服务。

(2) 即时通信 ICP。即时通信 ICP 主要提供基于互联网和基于移动互联网的即时通信业务。

(3) 移动互联网业务 ICP。移动互联网业务 ICP 主要提供移动互联网服务,包括 WAP 上网服务、移动即时通信服务、信息下载服务等。

(4) 门户 ICP。门户 ICP 提供新闻信息、文化信息等信息服务,以向公众提供各种信息为主业,具有稳定的用户群。比如:新浪、搜狐、网易和雅虎等门户网站(包括行业门户)。

网络内容提供商(ICP)的义务和法律责任如下:

ICP 拥有自己的主页,通过互联网定期或不定期的向上网用户提供信息服务。ICP 通常通过选择和编辑加工自己或他人创作的作品,将其登载在互联网上或者通过互联网发送到用户端,供公众浏览、阅读、使用或者下载。网络内容提供商的法律责任也分为合同责任与侵权责任两类。

ICP 与用户间的合同责任与 ISP 的类似。ICP 一般也是通过用户登录注册与其建立合同关系,抑或通过专门的合同来建立合同关系,这样,ICP 就有义务向用户提供安全、合法的网络信息服务,否则就要依法承担合同责任。

ICP 承担的侵权责任,主要是因其通过网络向社会公众上传信息过程中,未经知识产权人的允许擅自利用他人的知识制作信息产品而引起的,其中最主要的是著作权侵权责任。法律在对 ICP 的侵权行为进行有效制裁时,也需要平衡各方利益,既能合理保护权利人的利益,同时又能够保证网络产业的健康发展。

3. 电子认证服务提供商

电子认证服务是指为电子签名相关各方提供真实性、可靠性验证的活动,主要解决的是网络交易中双方对真实身份的顾虑。根据我国颁布的《电子认证服务管理办法》,电子认证服务提供商,是指为需要第三方认证的电子签名提供认证服务的机构。

4. 在线金融服务提供商

网上金融服务商也称为在线金融服务商,是指为网络交易的支付与安全提供专业性金融服务的机构。网络金融机构主要有两种形式:一是传统的金融服务商,逐渐开通网上银行,买卖双方只要有银行账号,就可以通过网络进行转账结算;二是虚拟金融服务,如支付宝、微信支付等,它们以第三者的身份为网络交易提供安全保证。

案例 2.2　默认勾选侵权,支付宝发文认错自称"愚蠢至极",已调整相应页面

5. 物流配送服务提供商

《物流术语》(GT/T 18354—2021)对物流的定义为:根据实际需要,将运输、储存、装卸、搬运、包装、流通加工、配送、信息处理等基本功能实施有机结合,使物品从供应地向接收地进行实体流动的过程。对配送的定义为:根据客户要求,对物品进行分类、拣选、集货、包装、组配等作业,并按时送达指定地点的物流活动。

在电子商务交易中,尽管购买商品或服务是在网上交易并支付,但仍离不开传统的物流体系,只有通过物流配送机构将货物送达,商品或服务真正转移到买家手中,才能实现电子商务交易的完成。

第二节　网站设立法律制度

一、网站概述

(一)网站与域名

1. 网站

网站(website)指的是互联网上的站点,通常指 Web 服务器。网站是一种通信工具,人们可以通过网站来发布自己想要公开的资讯,或者利用网站来提供相关的网络服务。人们可以通过网页浏览器访问网站,获取自己需要的资讯或者享受网络服务。

电子商务活动离不开网站,电子商务交易中的双方都必须通过网站来发布、管理或获取商品及服务的资讯。可以说,网站是电子商务商家展示、经销其产品或服务的虚拟经营场所。随着互联网的发展,网站已经从最初的信息传递功能,发展到可以处理信息和传递信息的多种功能,电子商务主体间的信息发布、管理,信息交流以及市场营销活动、售后服务等都可以借助网站来进行。

2. 域名

域名(domain name),是由一串用点分隔的名字组成的互联网上某一台计算机或计

算机组的名称,用于在数据传输时标识计算机的电子方位。网络是基于 TCP/IP 协议进行通信和连接的,每一台主机都有一个唯一的标识固定的 IP 地址,以区别在网络上的成千上万的用户和计算机。由于 IP 地址是数字标识,使用时难以记忆和书写,因此在 IP 地址的基础上又发展出一种符号化的地址方案,这个与网络上的数字型 IP 地址相对应的字符型地址就被称为域名。

电子商务主体设立网站,首先必须取得一个域名。它是互联网上企业或机构间相互联络的网络地址。应该说,域名是电子商务主体在网络上的重要标识,起着识别作用,便于他人识别和检索其信息资源,另外在虚拟环境下,域名还可以起到引导、宣传和代表等作用。

(二)注册域名

注册域名是设立网站的第一项工作。域名注册可自行办理,也可委托代理机构或 ISP 办理。由国务院信息化工作领导小组发布的《中国互联网络域名注册管理暂行办法》规定,在域名注册上我国采用国际通行的"先申请先注册原则",因此,电子商务主体应尽早以自己的名称或具有代表性的产品或服务商标注册域名,以免被他人抢注。

1. 我国互联网络域名的体系结构

我国互联网络域名的体系结构分为三个层次,也就是顶级域名、二级域名和三级域名。中国在国际互联网络信息中心(InterNIC)正式注册并运行的顶级域名是 CN。中国互联网络二级域名分为"类别域名"和"行政区域名"两类。"类别域名"6 个,分别为:

AC——适用于科研机构;

COM——适用于工、商、金融等企业;

EDU——适用于教育机构;

GOV——适用于政府部门;

NET——适用于互联网络、接入网络的信息中心和运行中心;

ORG——适用于各种非营利性的组织。

"行政区域名"34 个,适用于我国的各省、自治区、直辖市,例如:BJ——北京市;SH——上海市;HE——河北省;TW——台湾省;HK——香港特别行政区;MO——澳门特别行政区;等等。

以上两个层次的域名是由域名管理和注册机构来确定的,三级域名则由申请人自行确定。

拓展阅读 2.3 ".中国"等非英文域名后缀快速通道实施计划

2. 三级域名的命名原则

(1) 三级域名的命名原则主要有

① 三级域名用字母(A~Z,a~z,大小写等价)、数字(0~9)和连接符(-)组成,各级域

名之间用实点(.)连接,三级域名长度不得超过20个字符;

② 如无特殊原因,建议采用申请人的英文名(或者缩写)或者汉语拼音名(或者缩写)作为三级域名,以保持域名的清晰性和简洁性。

(2) 三级以下(含三级)域名命名的限制原则

① 未经国家有关部门正式批准,不得使用含有"CHINA""CHINESE""CN""NATIONAL"等字样的域名;

② 不得使用公众知晓的其他国家或者地区名称、外国地名、国际组织名称;

③ 未经各级地方政府批准,不得使用县级以上(含县级)行政区划名称的全称或者缩写;

④ 不得使用行业名称或者商品的通用名称;

⑤ 不得使用他人已在中国注册过的企业名称或者商标名称;

⑥ 不得使用对国家、社会或者公共利益有损害的名称。

3. 域名注册的管理机构

目前,我国国内域名注册统一由中国互联网络信息中心(CNNIC)进行管理,负责运行和管理国家顶级域名.CN中文域名系统及通用网址系统,以专业技术为全球用户提供不间断的域名注册、域名解析和WHOIS[①]查询等服务。CNNIC是亚太互联网络信息中心(APNIC)的国家级IP地址注册机构成员(NIR)。以CNNIC为召集单位的IP地址分配联盟,负责为我国的网络服务提供商(ISP)和网络用户提供IP地址和AS[②]号码的分配管理服务。

国际上的域名管理机构是ICANN(the Internet Corporation for Assigned Names and Numbers),中文名称是互联网名称与数字地址分配机构。它成立于1998年10月,是一个非营利性的国际组织,其主要职能包括管理因特网域名及地址系统,负责互联网协议(IP)地址的空间分配、协议标识符的指派、通用顶级域名(GTLD)以及国家和地区顶级域名(CCTLD)系统的管理以及根服务器系统的管理。

4. 域名注册的申请和审批

注册域名需提出申请,申请人在提交申请书的同时,还要提交有关的文件和证书。注册申请人可以用电子邮件、传真、邮寄等方式提出注册申请,随后在30日内以其他方式提交所要求的全部文件。若申请注册的域名和提交的文件符合规定,域名管理单位应当在收到所需文件之日起的10个工作日内完成批准注册和开通运行,并发放域名注册证。

各级域名管理单位不负责解决域名冲突引起的纠纷,由申请人自己负责处理并承担法律责任。注册的域名可以变更或撤销,但禁止转让或买卖。

 小贴士

申请域名注册应当提交的文件、证件

申请域名注册的,应当提交下列文件、证件:①域名注册申请表。②本单位介绍

---

① WHOIS(读作"Who is",非缩写)是用来查询域名的IP以及所有者等信息的传输协议。简单来说,WHOIS就是一个用来查询域名是否已经被注册,以及注册域名的详细信息的数据库(如域名所有人、域名注册商等)。

② AS(application server),中文为应用服务器,是指通过各种协议把商业逻辑暴露给客户端的程序。它提供了访问商业逻辑的途径以供客户端应用程序使用。

信。③承办人身份证复印件。④本单位依法登记文件的复印件。⑤在COM下申请域名注册的企业，必须提交在我国注册的营业执照复印件；在GOV下申请域名注册的政府部门，必须提交相应主管部门的批准文件复印件；在ORG下申请域名注册的组织，必须提交相应主管部门的批准文件复印件。⑥若是代理注册，则另需提交代理委托书原件。

5. 域名注册合同

域名注册合同是约定域名注册人与域名注册组织之间权利与义务的协议。开放型的域名注册政策是目前国际上普遍采用和积极鼓励的，在民间争议解决机构处理域名纠纷时的主要依据是域名注册合同。因此，域名注册合同对防止域名纠纷的发生具有非常积极的作用。

拓展阅读2.4　关于委任域名注册管理机构的规则

二、网站的种类与法律管理制度

（一）网站的种类

依据不同的标准，网站的种类划分也不同。例如，按网站主体性质的不同，可以将其分为政府网站、企业网站、商业网站、教育网站、科研机构网站、个人网站等类型。按网站服务模式的不同，网站可以分为综合类门户网站和专业网站等。

我国《互联网信息服务管理办法》是我国目前对互联网信息服务进行管理的主要行政法规。《互联网信息服务管理办法》中所称互联网信息服务，是指通过互联网向上网用户提供信息的服务活动。其中第3条规定："互联网信息服务分为经营性和非经营性两类。经营性互联网信息服务，是指通过互联网向上网用户有偿提供信息或者网页制作等服务活动。非经营性互联网信息服务，是指通过互联网向上网用户无偿提供具有公开性、共享性信息的服务活动。"

（二）网站管理法律制度

1. 对经营性网站实行许可制度

《互联网信息服务管理办法》第7条规定，从事经营性互联网信息服务，应当向省、自治区、直辖市电信管理机构或者国务院信息产业主管部门申请办理互联网信息服务增值电信业务经营许可证（以下简称经营许可证）。省、自治区、直辖市电信管理机构或者国务院信息产业主管部门应当自收到申请之日起60日内审查完毕，作出批准或者不予批准的决定。予以批准的，颁发经营许可证；不予批准的，应当书面通知申请人并说明理由。获得许可的，申请人应当持经营许可证向企业登记机关办理登记手续。

根据《中华人民共和国电信条例》第13条的规定及《互联网信息服务管理办法》第6

条的规定,经营性网站应当具备以下条件:

(1) 经营者为依法设立的公司;

(2) 有与开展经营活动相适应的资金和专业人员;

(3) 有为用户提供长期服务的信誉或者能力;

(4) 有业务发展计划及相关技术方案;

(5) 有健全的网络与信息安全保障措施,包括网站安全保障措施、信息安全保密管理制度、用户信息安全管理制度;

(6) 服务项目属于《互联网信息服务管理办法》第 5 条规定的从事新闻、出版、教育、医疗保健、药品和医疗器械等互联网信息服务范围的,已取得有关主管部门同意的文件;

(7) 国家规定的其他条件。

2. 非经营性网站实行备案制度

《互联网信息服务管理办法》第 4 条规定,国家对非经营性网站实行备案制度,未履行备案手续的,不得从事互联网信息服务。第 8 条规定,从事非经营性互联网信息服务,应当向省、自治区、直辖市电信管理机构或者国务院信息产业主管部门办理备案手续。办理备案时,应当提交下列材料:

(1) 主办单位和网站负责人的基本情况;

(2) 网站网址和服务项目;

(3) 服务项目属于本《互联网信息服务管理办法》第 5 条规定范围的,已取得有关主管部门的同意文件。

省、自治区、直辖市电信管理机构对备案材料齐全的,应当予以备案并编号。

3. 特殊互联网信息服务的审核、专项备案制度

《互联网信息服务管理办法》第 5 条规定,从事新闻、出版、教育、医疗保健、药品和医疗器械等互联网信息服务,依照法律、行政法规以及国家有关规定须经有关主管部门审核同意,在申请经营许可或者履行备案手续前,应当依法经有关主管部门审核同意。

《互联网信息服务管理办法》第 9 条规定,从事互联网信息服务,拟开办电子公告服务的,应当在申请经营性互联网信息服务许可或者办理非经营性互联网信息服务备案时,按照国家有关规定提出专项申请或者专项备案。

4. 互联网信息提供者的义务与责任

《互联网信息服务管理办法》中明确了互联网信息提供者法定的义务和责任,包括:

(1) 互联网信息服务提供者依法开展服务的义务

《互联网信息服务管理办法》第 11 条规定,互联网信息服务提供者应当按照经许可或者备案的项目提供服务,不得超出经许可或者备案的项目提供服务。非经营性互联网信息服务提供者不得从事有偿服务。互联网信息服务提供者变更服务项目、网站网址等事项的,应当提前 30 日向原审核、发证或者备案机关办理变更手续。

未取得经营许可证,擅自从事经营性互联网信息服务,或者超出许可的项目提供服务的,根据《互联网信息服务管理办法》第 19 条规定,由省、自治区、直辖市电信管理机构责令限期改正,有违法所得的,没收违法所得,处违法所得 3 倍以上 5 倍以下的罚款;没有违法所得或者违法所得不足 5 万元的,处 10 万元以上 100 万元以下的罚款;情节严重的,责令关闭网站。未履行备案手续,擅自从事非经营性互联网信息服务,或者超出备案的项目提供服务的,由省、自治区、直辖市电信管理机构责令限期改正;拒不改正的,责令关闭网站。

(2) 互联网信息服务提供者标明其身份的义务

《互联网信息服务管理办法》第12条规定,互联网信息服务提供者应当在其网站主页的显著位置标明其经营许可证编号或者备案编号。未在其网站主页上标明其经营许可证编号或者备案编号的,由省、自治区、直辖市电信管理机构责令改正,处5000元以上5万元以下的罚款。

(3) 互联网信息提供者所提供内容合法的义务

《互联网信息服务管理办法》第13条规定,互联网信息服务提供者应当向上网用户提供良好的服务,并保证所提供的信息内容合法。第15条规定,互联网信息服务提供者不得制作、复制、发布、传播含有下列内容的信息:

① 反对宪法所确定的基本原则的;
② 危害国家安全,泄露国家秘密,颠覆国家政权,破坏国家统一的;
③ 损害国家荣誉和利益的;
④ 煽动民族仇恨、民族歧视,破坏民族团结的;
⑤ 破坏国家宗教政策,宣扬邪教和封建迷信的;
⑥ 散布谣言,扰乱社会秩序,破坏社会稳定的;
⑦ 散布淫秽、色情、赌博、暴力、凶杀、恐怖内容或者教唆犯罪的;
⑧ 侮辱或者诽谤他人,侵害他人合法权益的;
⑨ 含有法律、行政法规禁止的其他内容的。

制作、复制、发布、传播《互联网信息服务管理办法》第15条所列内容之一的信息,构成犯罪的,依法追究刑事责任;尚不构成犯罪的,由公安机关、国家安全机关依照《治安管理处罚条例》《计算机信息网络国际联网安全保护管理办法》等有关法律、行政法规的规定予以处罚;对经营性互联网信息服务提供者,并由发证机关责令停业整顿直至吊销经营许可证,通知企业登记机关;对非经营性互联网信息服务提供者,并由备案机关责令暂时关闭网站直至关闭网站。

(4) 互联网信息提供者的记录义务

《互联网信息服务管理办法》第14条规定,从事新闻、出版以及电子公告等服务项目的互联网信息服务提供者,应当记录提供的信息内容及其发布时间、互联网地址或者域名;互联网接入服务提供者应当记录上网用户的上网时间、用户账号、互联网地址或者域名、主叫电话号码等信息。互联网信息服务提供者和互联网接入服务提供者的记录备份应当保存60日,并在国家有关机关依法查询时,予以提供。

未履行以上规定的义务的,由省、自治区、直辖市电信管理机构责令改正;情节严重的,责令停业整顿或者暂时关闭网站。

(5) 互联网信息提供者停止非法信息传输并报告的义务

互联网信息服务提供者发现其网站传输的信息明显属于《互联网信息服务管理办法》第15条所列内容之一的,应当立即停止传输,保存有关记录,并向国家有关机关报告。违反该义务的,由省、自治区、直辖市电信管理机构责令改正;情节严重的,对经营性互联网信息服务提供者,并由发证机关吊销经营许可证,对非经营性互联网信息服务提供者,并由备案机关责令关闭网站。

第三节 网上商店的认定

网上商店,也称为"虚拟商店""网上商场"或"电子商场",是建立在互联网上的商场。网上商店可分为两种情况:

一是由企业自己设立网站或网上商店直接利用网络进行产品销售活动,其实质是将传统商务模式中的商店直接搬到了网上,产品的制造商可以运营这种电子商务模式,中间商也可以运营这种电子商务模式。

二是企业或个人利用网上已有的交易平台来开设自己的网上商店或专营店,以销售商品或服务,不需要自己去设立或管理网站,只需在交易网站拥有自己的网页即可实现网上交易。

拓展阅读2.5 关于"网上商店"的界定

一、网上商店认定的意义

电子商务活动是在互联网上开展的交易活动,从网上了解商家及其商品或服务的相关信息,网上磋商、下订单,又从网上完成付款等流程,应该说电子商务活动为交易双方提供了很大的方便,节省了大量的人力、物力和财力。但同时由于网络的虚拟性,使得网上交易本身也存在着较大的风险性,当事人对商务活动缺少安全感,彼此之间缺乏信任。

从维护电子商务活动的健康、有序发展出发,对于网上商店的认定就显得非常重要,只有通过建立网上商店的实体认证机制,确保电子商务主体的真实性,使网上交易活动的法律后果现实地落实到具体的责任人,才能使交易双方的顾虑与不安得以削除。因此,需要建立电子商务主体认证制度。

二、网上商店认定的原则

网上商店的认定须遵循以下三个基本原则:

1. 主体真实原则

主体真实原则,是指民事法律关系的主体必须是真实存在的。电子商务法律关系实质也是一种民商事法律关系,这种法律关系的主体尽管是借助于网络开展交易活动的,但它们不应当是虚拟的,而应是一种现实的实体存在。这种实体存在可以是现实经济活动中某个合法的经营实体,具备营业场所或实体商店、注册资本、组织机构及从业人员等,亦可以是某种纯粹的网络营销企业,但它仍然具有经营者、经营地址等现实要素。

2. 主体资格法定原则

商事主体资格必须依法确定。电子商务作为网上商事活动,也要符合主体法定原则。根据我国有关民商事法律的规定,法人资格的企业以商事主体身份从事商事交易,必须获得企业登记,领取营业执照;不具有法人资格的独资企业、合伙企业或个体工商户等,只要取得营业执照或进行营业登记,也可以具有从事商事交易的主体资格。

电子商务活动主体也应首先领取营业执照或进行营业登记,才能取得电子商务主体的法定资格,进而才能开展电子商务交易活动。

3. 主体公示原则

主体公示原则,就是要求网上商店的主体必须在网上真实地标注其身份。我国《网络交易监督管理办法》第12条就明确规定了网络交易经营者应当亮照经营。主体公示,也意味着责任的承担者明晰化,保障了电子商务活动的安全性。尤其是在网络平台模式中,许多企业集中在一个网站交易平台的统一管理和经营下,以谁的名义进行交易就显得非常重要。

在交易过程中,应当向交易相对人显示网上商店设立人或真实的交易主体,网络平台上显示的是谁,谁即成为交易的主体。如果网络平台不能向客户提供真实的、现实存在的交易主体的姓名或名称,那么即可推定该网站为合同的主体。所以,主体公示原则要求网上商店必须在网上显示其真实主体,这一点特别适用于在网络平台上开设网上商店的情形。

 小贴士

依照《电子商务法》第十条规定不需要进行登记的经营者公示内容

依照《中华人民共和国电子商务法》第十条规定不需要进行登记的经营者应当根据自身实际经营活动类型,如实公示以下自我声明以及实际经营地址、联系方式等信息,或者该信息的链接标识:

(一)"个人销售自产农副产品,依法不需要办理市场主体登记";

(二)"个人销售家庭手工业产品,依法不需要办理市场主体登记";

(三)"个人利用自己的技能从事依法无须取得许可的便民劳务活动,依法不需要办理市场主体登记";

(四)"个人从事零星小额交易活动,依法不需要办理市场主体登记"。

三、网上商店的认定

根据电子商务交易主体是否以独立的网站来开设网上商店,其认定也有所不同。按照国家市场监督管理总局制定的《网络交易监督管理办法》第7条规定,网络交易经营者是指组织、开展网络交易活动的自然人、法人和非法人组织,包括网络交易平台经营者、平台内经营者、自建网站经营者以及通过其他网络服务开展网络交易活动的网络交易经营者。

(一)以自建网站开设网上商店的认定

电子商务主体以独立的网站开设网上商店的,显然其性质属于经营性网站,应当满足我国《电信条例》及《互联网信息服务管理办法》中关于经营性网站的规定,依法向省、自治区、直辖市电信管理机构或者国务院信息产业主管部门申请办理互联网信息服务增值电信业务经营许可证(以下简称经营许可证)。申请人取得经营许可证后,应当持经营许可证向企业登记机关办理登记手续。

(二)在第三方电子商务平台开设网上商店的认定

第三方电子商务平台即网络交易平台经营者,是指在网络交易活动中为交易双方或者多方提供网络经营场所、交易撮合、信息发布等服务,供交易双方或者多方独立开展网络交易活动的法人或者非法人组织。

在第三方电子商务平台开设网上商店,一般就是网络交易经营者中的平台内经营者,即通过网络交易平台开展网络交易活动的网络交易经营者。对于借助第三方交易平台开设网上商店的认定,主要是对交易主体身份的认定,是通过对平台内经营者的登记管理来进行的。

仅通过网络开展经营活动的平台内经营者申请登记为个体工商户的,可以将网络经营场所登记为经营场所,将经常居住地登记为住所,其住所所在地的县、自治县、不设区的市、市辖区市场监督管理部门为其登记机关。同一经营者有两个以上网络经营场所的,应当一并登记。

平台内经营者申请将网络经营场所登记为经营场所的,由其入驻的网络交易平台为其出具符合登记机关要求的网络经营场所相关材料。

在电子商务活动中,作为交易平台的提供者会要求从事网络商品或服务交易的主体进行实名认证。一方面要求有意开网店者注册并输入有关的身份信息,如企业或个体工商户的营业执照信息,如是自然人则需要输入个人的身份证信息;另一方面通过开通网上支付功能,要求输入个人的有关银行账户信息,经核实认证后才给予网上开店的资格。

拓展阅读 2.6 淘宝网开店规范:创建店铺须通过身份认证

(三)通过其他网络服务开展网络交易活动的网络交易经营者

网络社交、网络直播等网络服务提供者为经营者提供网络经营场所、商品浏览、订单生成、在线支付等网络交易平台服务的,应当依法履行网络交易平台经营者的义务。通过上述网络交易平台服务开展网络交易活动的经营者,应当依法履行平台内经营者的义务。

案例 2.3　情侣直播带货，分手后平台账户归谁

【思考题】

1. 电子商务主体的特征有哪些？
2. 我国电子商务主体如何进行分类？
3. 我国网站的分类及法律管理制度是什么？
4. 网上商店的认定原则有哪些？网上商店如何认定？

第三章

电子合同法律制度

【学习要点及目标】
1. 掌握电子合同的概念、特征和类型,理解电子合同和传统合同的区别;
2. 掌握电子合同的订立程序,理解电子合同要约和要约邀请的不同;
3. 明确电子合同的生效要件,熟悉电子合同的履行过程。

"互联网+"时代,电子网络使用越来越普及,很多商务活动都可以通过电子网络完成,签订合同也不例外。无论是商业领域还是生活领域,使用电子合同的频率越来越高,通过电子合同完成的交易甚至超过了传统的合同形式。无纸化的电子合同与数字化的订立方式改变了传统合同形式,产生了新的法律问题,需要我们正视并合理解决。但是,电子合同形式并未改变合同的基本法律制度,传统的合同法律制度仍然适用于电子合同,只不过需要结合合同的电子形式灵活适用。

可以说,电子手段改变了合同的形式,并没有改变合同的本质。本章根据我国《民法典》《电子商务法》《消费者权益保护法》等法律法规的一般规定,结合网络交易的特点,对电子合同的相关法律问题进行讨论。

第一节 电子合同概述

一、电子合同的含义

电子合同,又称电子商务合同,是当事人之间通过计算机和互联网,以数据电文形式达成的设立、变更、终止财产性民事权利和义务关系的协议。根据我国《电子签名法》第3条第2款规定,下列事项的设立不适用电子合同形式:①涉及婚姻、收养、继承等人身关系的;②涉及停止供水、供热、供气、供电等公用事业服务的;③法律、行政法规规定的不适用电子文书的其他情形。

数据电文是指经由电子手段、光学手段或者类似手段生成、储存或者传递的信息。数据电文包括但并不只限于电子数据交换(electronic data interchange,EDI)、电子邮件(electronic mail,E-mail)、电报或者传真所传递的信息。在电子合同中,合同的文本是以可读形式存储在计算机磁性介质上的一组电子数据信息,该信息首先通过一方计算机键入内存,然后自动转发,经过互联网到达对方计算机中。

随着电子技术的发展,电子合同以其传输方便、节约等特点得到普遍认可。电子合同通过电子脉冲传递信息,不再以纸张为原始凭据,而只是一组电子信息。电子数据交换和电子邮件是电子合同的两种基本形式。电子合同与传统合同相比,其本质是相同的,但是由于缔约方式和合同载体发生了革命性的变化,因此表现出与传统合同显著不同的特征。

 小贴士

电子签名法生效后首份电子合同问世

《电子签名法》颁布后首份电子合同在北京正式签署。首份电子合同是顺天府超市与联合利华公司签署的,由北京书生国际信息技术有限公司智能文档和电子印章技术与天威诚信公司的数字签名技术联合开发成功。

据专家介绍,数字签名和电子印章可与合约文本捆绑,有利于信息保密,具有不可更改、不可抵赖的特性,电子印章有双重密码,比纸质合同更安全。通过网络签约可提高企业效率。中国电子签名法的实施和电子合同系统的诞生将极大促进中国电子商务发展。

(资料来源:摘自秦京午《电子签名法生效后 首份电子合同在北京问世》https://business.sohu.com/20040929/n222290086.shtml.2004.9.29)

二、电子合同的特征

电子合同虽然与传统合同的本质相同,同样是合同当事人意思表示达成一致的协议,但因电子合同的载体和操作过程不同于传统的书面合同,所以它具有以下特点。

(一)意思表示方式的电子化

电子合同的意思表示,无论是要约还是承诺都是以数据电文方式通过网络和计算机设备发出的,合同内容以数据电文的形式储存在电脑的终端设备中,不再以纸面的合同书为凭据,而只是一组一组的电子信息,人体感官不能直接感知,须经机器解读后才能为人所感知和理解。这是电子合同和传统书面合同相区别的关键特征。电子合同需要一系列的国际国内技术标准予以规范,如电子签名、电子认证等。这些具体的标准是电子合同存在的基础,如果没有相关的技术与标准,电子合同是无法实现和存在的。

(二)电子合同具有易改动性

电子合同的内容等信息记录在计算机磁盘中介载体中,其修改流转、储存等过程均在计算机内进行。电子数据以磁性介质保存,是无形物,订立合同无须签字,被称为"点击合同",缺点是合同内容的改动、伪造不易留痕迹,不像纸面合同书的"白纸黑字"那样确定,所以必须通过完善电子签名和电子认证制度加以规范,以保证电子合同的安全。

(三)订立合同的间接性

电子合同中的意思表示采用数据电文形式,必须通过计算机等终端设备发送,合同的谈判和签订过程中,当事人无须像传统合同那样通过面对面的方式进行,所以意思表示的表达和传递呈现出间接性。

(四) 电子合同的成本低、效率高

利用网络订立合同,不受时空限制,交易速度快,手续简便,交易费用大大降低。信息传递能够以光速在网络上进行,从而使订立合同需要的时间大大减少、空间被大大压缩。电子合同订立的整个过程采用电子形式,通过电子邮件、电子数据交换等方式进行电子合同的谈判、签订,大大节约了交易成本,提高了经济效益。

(五) 电子合同主体的虚拟性和广泛性

订立合同的各方当事人通过在网络上的运作,虽远隔千里,互不谋面,却可以进行谈判和签订各种各样的合同。因此可以说,电子合同的主体可以是世界上的任何自然人、法人或者其他组织,而且用于订立合同的名称不一定是真实的姓名或名称,给订立合同带来了新的安全挑战。

拓展阅读3.1　我国的电子合同立法

拓展阅读3.2　国际电子合同立法

三、电子合同的类型

电子合同作为合同的形式之一,可以按照传统合同的分类方式进行划分,但基于其特殊性,可以将电子合同分为以下几种类型:

(一) 利用电子数据交换订立的电子合同和利用电子邮件订立的电子合同

从电子合同订立的具体方式角度,可分为利用电子数据交换订立的合同和利用电子邮件订立的合同。电子数据交换和电子邮件是电子合同订立的两种最主要的形式。

电子数据交换是使用统一的标准编制资料,利用电子方法形成结构化的事务处理或文档数据格式,将商业资料或者行政事务由一台独立的电脑应用程序传送到其他独立电脑的应用程序。电子数据交换的特点是:电子数据交换可以产生纸张的书面单据,也可以被储存在磁的或者其他非纸张中介物上(如磁带、磁盘、激光盘等)。

小贴士

生产企业的电子数据交换

生产企业的电子数据交换系统,通过网络收到订单,可以自动处理订单,检查订单是

否符合要求,向订货方发确认报文,通知企业管理系统安排生产,向零配件供应商订购零配件,向交通部门预订货运集装箱,到海关、商检等部门办理出口手续,通知银行结算并开具电子数据交换发票,从而将整个订货、生产、销售过程贯穿起来。

相对于传统的交易方式,电子数据交换的突出价值在于取消了传统的书面贸易文件,代之以电子资料交换,大大节约了交易的时间和费用,使贸易流转更为迅速,从而实现了低费用、高效益的基本商业目的。

电子邮件是以网络协议为基础,从终端机输入信件、便条、文件、图片或者声音等,最后通过邮件服务器传送到另一终端机上的信息。电子邮件是互联网最频繁的应用之一。电子邮件具有快捷、方便、低成本的优势,在许多方面都超过了传统的邮件投递业务。

较之电子数据交换合同,以电子邮件方式所订立的合同更能清楚地反映订约双方的意思表示。但电子邮件在传输过程中易被截取、修改,故安全性较差。为此,在电子交易中,应当鼓励订约双方使用电子签名,以确保电子邮件的真实性。当然,对于现实生活中大量存在的双方在交易过程中均认可的未使用电子签名的邮件,仍应依当事人的约定确认其效力。

(二) 网络服务电子合同、软件授权电子合同、物流配送电子合同

从电子合同标的物的属性角度,可分为网络服务电子合同、软件授权电子合同、物流配送电子合同等。

(三) 电子代理人订立的电子合同和合同当事人订立的电子合同

从电子合同当事人的角度,可分为电子代理人订立的电子合同和合同当事人亲自订立的电子合同。

电子代理人是指在没有人参与的情况下,独立采取某种措施对某个电子信息作出反应的某个计算机程序、电子的或其他的自动手段。例如,EDI 交易就是交易双方事先约定交易的条件并以之为基础制作程序,通过网络的传输,一方向另一方发出订单,另一方的程序则自动审单,并向对方反馈,对方程序再自动化审阅,如此交替进行,直至完成交易。

这些自动交易的执行者就是电子代理人。电子代理人的出现使合同的缔结过程可以在无人控制的情况下自动完成。合同可通过双方电子代理人的交互作用形成,也可以通过电子代理人和自然人之间的交互作用形成。电子代理人的要约和承诺行为可以导致一个有约束力的合同产生。

案例 3.1 刘健诉陈菲借款合同纠纷案

(四) B-C 合同、B-B 合同和 B-G 合同

从电子合同当事人之间的关系角度,可分为 B-C 合同、B-B 合同和 B-G 合同。

B-C 合同是企业与个人在电子商务活动中订立的合同。

B-B 合同是企业之间从事电子商务活动过程中订立的合同。

B-G 合同是企业与政府在进行电子商务活动中订立的合同。

第二节　电子合同的订立

电子合同的订立是缔约人利用数据电文方式做出意思表示并通过互联网发出以达成合意的过程。电子合同的缔结过程和传统合同一样,也是通过要约、承诺的方式完成的,只不过做出要约、承诺的方式不同而已。《电子商务法》第 50 条规定,电子商务经营者应当清晰、全面、明确地告知用户订立合同的步骤、注意事项、下载方法等事项,并保证用户能够便利、完整地阅览和下载。电子商务经营者应当保证用户在提交订单前可以更正输入错误。

一、电子要约

1. 要约和电子要约的概念

要约是希望和他人订立合同的意思表示,又称订约提议、发盘、发价、出价等。在要约关系中,发出要约的一方称为要约人,接受要约的一方称为受要约人。要约一般向特定对象发出,有时也向非特定对象发出(如悬赏广告等)。电子要约,是指缔约方以缔结合同为目的,通过网络向对方当事人作出希望订立合同的意思表示。

关于电子要约的形式,联合国的《电子商务示范法》第 11 条规定:"除非当事人另有协议,合同要约及承诺均可以通过电子形式来表示,并不得仅仅以使用电子形式表示为理由否认该合同的有效性或者是可执行性。"电子要约的形式既可以是明示的,也可以是默示的。

2. 电子要约的生效

电子要约通常都具有特定的形式和内容,一项电子要约要发生法律效力,必须具备以下的有效要件。

(1) 电子要约须由有订约能力的特定人作出

电子要约人必须有订立合同的相应的民事行为能力。无民事行为能力人或者限制民事行为能力人发出要约,签订电子合同,也属于效力待定的电子合同。

(2) 电子要约须有订立合同的意思表示

电子要约人发出要约的目的是订立合同。只有以订立合同为目的的意思表示,才构成要约。如果一方向对方发出提议,但该提议并不能发生订立合同的法律后果,则该提议就不是电子合同的要约。

(3) 电子要约须向受要约人发出

电子要约人只有向受要约人发出要约,要约才能成立。

(4) 电子要约内容须明确具体

电子要约必须包括能够决定合同成立的主要内容,因为要约具有一经受要约人承诺,合同即告成立的效力。

(5) 电子要约须送达受要约人

电子要约到达受要约人时生效。电子要约到达受要约人前,要约人可以撤回要约,但撤回要约的通知必须在要约到达受要约人之前或者与要约同时到达受要约人。

电子要约一旦生效,就对要约人具有法律约束力。电子要约被承诺后,电子要约人必须按照要约的内容履行电子合同,否则要承担相应的法律责任。

3. 电子要约邀请

与电子要约容易混淆的是电子要约邀请。电子要约邀请是指希望他人向自己发出要约的意思表示。要约邀请在内容上不具体、不明确,只是希望对方发出要约,作为要约引诱,没有法律约束力。在电子商务活动中,从事电子交易的商家在互联网上发布广告的行为属于电子合同的要约邀请。但是,如果这些广告所包含的内容是具体确定的,如包括价格、规格、数量等完整的交易信息的,就应当视为电子要约。

4. 电子要约的撤回和撤销

电子要约可以撤回。撤回要约的通知应当在要约到达受要约人之前或者与要约同时到达受要约人。电子要约的传输方式决定了电子要约一旦发出很难撤回。

电子要约到达受要约人生效后,可以有条件地撤销。撤销要约的通知应当在受要约人发出承诺通知之前到达受要约人。但有下列情形之一的,要约不得撤销:

(1) 要约人确定了承诺期限或者以其他方式明示要约不可撤销的;

(2) 受要约人有理由认为要约是不可撤销的,并已经为履行合同做出了准备工作。

电子要约撤回或者撤销,应严格遵守《民法典》的有关规定,否则要约人必须承担违约责任。由于电子交易采取电子方式进行,电子要约的内容表现为数字信息在网络传播,往往要约人在自己的计算机上按下确认键,对方计算机几乎同时收到要约的内容,这种技术改变了传统交易中的时间和地点观念。

为了明确电子交易中何谓要约的到达标准,我国《民法典》第137条第2款规定:"以非对话方式作出的采用数据电文形式的意思表示,相对人指定特定系统接收数据电文的,该数据电文进入该特定系统时生效;未指定特定系统的,相对人知道或者应当知道该数据电文进入其系统时生效。当事人对采用数据电文形式的意思表示的生效时间另有约定的,按照其约定。"至于收件人何时实际检索识别,在所不问。因为电子要约的发送具有点击即到的特点,所以电子合同缔结过程中要约的撤回或撤销在实际操作中有别于传统合同,特别是电子要约的撤回,几乎是不可能的。

5. 电子要约的失效

根据《民法典》第478条的规定,有下列情形之一的,电子要约失效:

(1) 要约被拒绝;

(2) 要约被依法撤销;

(3) 承诺期限届满,受要约人未作出承诺;

(4) 受要约人对要约的内容作出实质性变更。

二、电子承诺

1. 承诺和电子承诺的概念

我国《民法典》第479条规定:"承诺是受要约人同意要约的意思表示。"电子承诺,是指受要约人以数据电文方式通过互联网作出的,接受要约并愿意与要约人缔结合同的意思表示。

电子承诺是针对网络上发出的电子要约而作出的。电子承诺人既可以用电子邮件的形式,也可以用点击的方式作出承诺。如果仅仅只是在网上进行谈判,在网下通过面对面的签约或者以电话、电报等方式作出承诺,仍然属于传统合同订立中的承诺,而不是在订立电子合同中作出的承诺。

2. 电子承诺的生效

以数据电文方式作出的意思表示是否构成承诺需具备以下几个要件。

(1) 电子承诺须由受要约人作出

受要约人是要约人选定的,只有受要约人才有权作出承诺,受要约人以外的第三人没有承诺的资格,不能对要约作出承诺。即使第三人向要约人作出同意要约的意思表示,也不是承诺,而是新的要约。

(2) 电子承诺的内容须与电子要约的内容一致

电子承诺的内容与电子要约的内容一致,并非所有的内容都一致,只要实质内容一致即可。承诺只要在实质内容上与要约的内容一致,电子合同即可成立。受要约人对要约的内容作出实质性变更的,为新要约。承诺对要约的内容作出非实质性变更的,除要约人及时表示反对或者要约表明承诺不得对要约的内容作出任何变更的以外,该承诺有效,合同的内容以承诺的内容为准。

承诺对有关合同标的、数量、质量、价款或者报酬、履行期限、履行地点和方式、违约责任和解决争议方法等的变更,是对要约内容的实质性变更。

(3) 电子承诺在承诺期限内作出

电子要约如果规定了承诺期限,受要约人应在承诺期限内作出承诺。电子要约没有规定承诺期限的,承诺应当在合理期限内作出并送达要约人,当事人另有约定的从其约定。电子要约的承诺期限自要约到达受要约人时开始计算。

(4) 电子承诺须送达受要约人

电子承诺到达要约人时生效。依据《民法典》第137条第2款的规定,相对人指定特定系统接收数据电文的,电子承诺进入该特定系统时生效;未指定特定系统的,相对人知道或者应当知道电子承诺进入其系统时生效。当事人对采用数据电文形式的意思表示的生效时间另有约定的,按照其约定。

3. 电子承诺的撤回

电子承诺的撤回是指受要约人在发出承诺通知以后,在承诺正式生效之前撤回承诺。根据《民法典》第485条、第141条规定,电子承诺可以撤回。撤回电子承诺的通知应当在电子承诺通知达到要约人之前或者与电子承诺通知同时达到要约人,撤回才能生效。如果承诺通知已经生效,合同已经成立,受要约人不能再撤回承诺。而作为数据电文形式的承诺具有点击即时到达的特点,所以实践中电子承诺的撤回几乎是不可能的。

三、电子合同的成立

电子合同的成立是指当事人以数据电文做出的意思表示通过互联网发送后彼此达成意思表示一致的状态。《电子商务法》第 49 条第 1 款规定:电子商务经营者发布的商品或者服务信息符合要约条件的,用户选择该商品或者服务并提交订单成功,合同成立。当事人另有约定的,从其约定。

电子合同成立的时间和地点对电子合同当事人有着重大的意义。电子合同成立的时间决定电子合同效力的起始和法律关系的确立。电子合同成立的地点对诉讼时管辖法院的确定也有着重大的影响。

(一) 电子合同成立的时间

电子合同成立的时间是指电子合同开始对当事人产生法律约束力的时间。与传统合同一样,受要约人发出的电子承诺生效时,电子合同就成立。

由于各种法律制度的差异,加上受到通信手段的限制,因此,对合同的成立时间,因各国合同法律制度的不同而存在差异。《联合国国际贸易物买卖合同公约》确定了到达生效原则,即:不论何种传递,只有在被对方适当地"收到了",才具有法律意义。这就要求传递的信息必须能够进入对方在协议中指定的数据终端。在电子数据交换中,"收到"的意义也与各国法律的规定一致,即当传递进入接收方的数据终端时,即为收到,而不管接收方是否已了解其内容。至于由于接收方自身的原因,延误对进入信息的反应而产生的风险责任则由接收方承担。

我国《民法典》的规定和联合国《电子商务示范法》基本相同,采用到达生效原则。作出承诺的通知到达要约人时即发生法律效力。采用数据电文形式订立合同,收件人指定系统接收数据电文的,该数据电文进入该特定的系统时间视为到达时间;未指定特定系统的,该数据电文进入收件人的任何系统的首次时间视为到达时间。如果根据交易习惯或者要约的要求以履行方式做出承诺的,履行开始时,承诺即发生法律效力。如果承诺是以数据电文方式作出,则承诺到达的时间适用前述《民法典》的规定。

若收件人为接收数据电文而指定了某一信息系统,该数据系统进入该特定系统的时间视为收到时间。收件人没有指定某一特定信息系统的,则数据电文进入收件人的任一信息系统的时间为收到时间。一项数据电文进入某一信息系统,其时间应是在该信息系统内可投入处理的时间,而不管收件人是否检查或者是否阅读传送的信息内容。当事人采用信件、数据电文等形式订立合同要求签订确认书的,签订确认书时合同成立。

(二) 电子合同成立的地点

针对合同成立的地点,联合国贸易法委员会《电子商务示范法》第 15 条规定:"除非发端人与收件人另有协议,数据电文应以发端人设有营业地的地点为其发出地点,而以收件人设有营业地的地点视为其收到地点。"如发端人或者收件人有一个以上的营业地,应以对基础交易具有最密切联系的营业地为准;如果并无任何基础交易,则以其主要营业地为准;如发端人或者收件人没有营业地,则以其惯常居住地为准。之所以以"营业地"作为发出或者收到地,主要是基于使合同等行为与行为地有实质的联系,从而避免以"信息系统"作为发出或者收到地可能造成的不稳定性。

我国《民法典》第 492 条第 2 款与示范法的规定颇为相似,规定:"采用数据电文形式订立合同的,收件人的主营业地为合同成立的地点;没有主营业地的,其住所地为合同成立的地点。当事人另有约定的,按照其约定。"根据以上规定,采用数据电文形式订立合同成立的地点,首先受制于当事人意思自治原则,当事人可以约定,在缺乏约定时以主营业地为第一标准,以住所地为替代标准。

(三) 实际履行与合同成立的关系

合同法规定了两种特殊情况下对合同成立的确认。

第一,法律、行政法规规定或者当事人约定采用书面形式订立合同,当事人未采用书面形式,但一方已经履行主要义务,对方接受的,该合同成立。

第二,法律、行政法规规定或者当事人约定采用合同书形式订立合同,在签字或者盖章之前,当事人一方已经履行主要义务,对方接受的,该合同成立。

此外,最高人民法院司法解释规定,商品房的认购、定购、预购等协议具备《商品房销售管理办法》规定的商品房买卖合同的主要内容,并且出卖人已经按照约定收受购房款的,该协议应当认定为商品房买卖合同。这些规定在电子合同中也适用。

(四) 输入错误的更正和撤回

根据《电子商务法》的规定,电子合同当事人使用自动交易信息系统订立或者履行合同的行为对使用该系统的当事人具有法律效力。在使用自动交易系统时,在人机互动中用户发生输入错误,电子商务经营者应当保证用户在提交订单前可以更正输入错误。如果系统未提供更正错误的方式,用户有权获得适当的救济。比如,同时符合以下要求的,用户有权撤回输入错误的部分:①该用户在发生错误后立即通知对方当事人有输入错误发生;②该用户没有从对方当事人处获得实质性的利益或者价值。

四、电子合同的内容

(一) 电子合同的一般条款

电子合同的订立与传统合同一样,也应当遵循当事人意思自治原则,《民法典》对合同内容和条款没有作强制性规定。但合同主要内容应当具体确定,达到能够履行的程度。电子合同一般包括以下条款:①当事人的名称或者姓名和住所;②标的;③数量;④质量;⑤价款或者报酬;⑥履行期限、地点和方式;⑦违约责任;⑧解决争议的方法等。

(二) 电子格式合同或格式条款

1. 概念

电子格式合同或格式条款是指当事人(特别是一些垄断性企业)为了重复使用而预先

拟定,并在订立合同时未与对方协商并不允许对其内容进行修改的合同条款。

2. 对格式合同的法律限制

由于格式合同或格式条款是单方面提供的,未经双方平等协商,与民法的平等、自愿、意思表示真实等基本原则有所不合,但是格式合同或格式条款的使用能够大大提高订立合同的效率,所以法律并不禁止使用,只是对其法律效力做了如下一些限制,以平衡合同当事人之间的利益关系。

(1) 采用格式条款订立电子合同的,提供格式条款的一方应当遵循公平原则确定当事人之间的权利和义务,并采取合理的方式提示对方注意免除或者减轻其责任等与对方有重大利害关系的条款,按照对方的要求,对该条款予以说明。提供格式条款的一方未履行提示或者说明义务,致使对方没有注意或者理解与其有重大利害关系的条款的,对方可以主张该条款不成为合同的内容。

(2) 电子合同中,有下列情形之一的,该格式条款无效:①具有《民法典》第一编第六章第三节规定的民事法律行为无效的情形;②提供格式条款一方不合理地免除或者减轻其责任、加重对方责任、限制对方主要权利;③提供格式条款一方排除对方主要权利;④造成对方人身损害或因故意或者重大过失造成对方财产损失的。

(3) 对格式条款的理解发生争议的,应当按照通常理解予以解释。对格式条款有两种以上理解的,应当作出不利于提供格式条款一方的解释。格式条款和非格式条款不一致的,应当采用非格式条款。

五、电子合同的形式

合同的形式是指合同的外在表现形式,是合同内容的载体。合同的电子形式,也称为数据电文形式,是指以电子形式、光学形式或类似形式表达合同内容的合同表现形式。电子技术的发展和电子合同的出现,改变了"书面形式"的传统含义。

我国《电子签名法》第 4 条规定:"能够有形地表现所载内容,并可以随时调取查用的数据电文,视为符合法律、法规要求的书面形式。"《民法典》第 469 条第 3 款规定:"以电子数据交换、电子邮件等方式能够有形地表现所载内容,并可以随时调取查用的数据电文,视为书面形式。"

可见,随着科技的发展,作为合同载体的方式的变革,立法与时俱进,已经认可了电子合同的书面性质。合同的书面形式实际上是确定合同内容的比较确实可靠的证据,因此,司法实践中只认可合同原件的法律效力,因为复制件的真实性难以认定。对于电子合同的原件如何确定,要依据《电子签名法》第 5 条的规定予以确认。

六、缔约过失责任

缔约过失责任,是指一方当事人在订立合同过程中,因为过错给对方当事人造成损失时应当承担的责任。它发生在合同成立之前,所以不能以违约责任对待。缔约过失责任在电子合同的缔约过程中也适用。缔约过失责任主要包括以下情形:

(1) 假借订立合同,恶意进行磋商;

(2) 故意隐瞒与订立合同有关的重要事实或者提供虚假情况(如未经登记注册的企

业主体资格、财产状况、履约能力、瑕疵、性能、使用方法等);

(3) 有其他违背诚实信用原则的行为(如违反要约或要约邀请、初步协议或许诺;因一方过错合同被宣告无效或撤销;无权代理等)。

 小贴士

电子合同生效与传统合同生效的区别

电子合同生效的方式、时间和地点与传统合同有所不同。

传统合同一般以当事人签字或者盖章的方式表示合同生效,而在电子合同中,传统的签字盖章方式被电子签名所代替。

传统合同的生效地点一般为合同成立的地点,而采用数据电文等形式所订立的电子合同,以收件人的主营业地为电子合同成立的地点;没有主营业地的,以其住所地为电子合同成立的地点。

传统合同一般以要约到达受要约人作为要约生效的时间,以承诺通知到达要约人作为合同生效的时间,而采用数据电文形式订立的电子合同,收件人指定特定系统接收数据电文的,该数据电文进入该特定系统的时间视为到达时间(即生效时间);未指定特定系统的,该数据电文进入收件人的任何系统的首次时间视为到达时间。

第三节　电子合同的效力

合同的效力问题就是指合同是否具有法律约束力的问题。一般来说,合同成立后,其法律后果可能有以下四种情况:有效;效力待定;可撤销;无效。电子合同也不例外。

一、有效的电子合同

1. **合同生效的条件**

合同作为民事法律行为之一种,其生效的一般条件包括:①行为人具有相应的民事行为能力;②意思表示真实;③不违反法律、行政法规的强制性规定,不违背公序良俗。

2. **合同的生效**

(1) 依法成立的合同,自成立时生效。

(2) 法律、行政法规规定应当办理批准、登记等手续的,依照其规定。如《民法典》规定,房屋抵押合同自办理登记手续之日起生效。

(3) 附条件的合同。附生效条件的合同,自条件成就时生效;附解除条件的合同,自条件成就时失效。当事人为自己的利益不正当地阻止条件成就的,视为条件已成就;不正当地促成条件成就的,视为条件不成就。

(4) 当事人可以约定对合同的效力附期限。附生效期限的合同,自期限届至时生效;附终止期限的,自期限届满时失效。

3. **电子合同的生效要件**

电子合同的成立意味着当事人之间已经就合同内容的意思表示达成了一致,但电子合同的成立并不等于电子合同的生效,电子合同能否产生法律效力,是否受法律保护还需要看它是否符合法律规定的生效要件。电子合同的生效须同时具备以下几个条件。

(1) 电子合同的订约主体必须具有相应的民事行为能力

电子合同的订约主体是指实际订立电子合同的当事人，既可以是电子合同的实际履约方，也可以是电子合同当事人的代理人。电子合同的订约主体必须具有相应的民事行为能力，就是要求订立电子合同的当事人必须具备正确理解自己行为的性质和后果，独立地表达自己意思的能力。

由于电子合同订立是利用终端机、通过互联网以点击的方式完成的，合同当事人不能面对面判断对方的民事行为能力状况，如果非拘泥于以传统的方式确定对方当事人的民事行为能力才订立合同，会大大降低电子商务活动的效率，甚至使电子商务活动无法进行。所以《电子商务法》第48条规定，在电子商务中推定当事人具有相应的民事行为能力。但是，有相反证据足以推翻的除外。作为民事法律行为生效要件之一，如果事后有证据证明当事人不具备相应民事行为能力的，应当对其所做电子商务行为的效力做出否定性评价，以维护民事法律关系的公正性。

对于不具备相应民事行为能力的自然人订立的电子合同的效力，不能仅仅从保护无过错方当事人利益的角度考虑，将使用电子合同的无行为能力人或者限制行为能力人视为有民事行为能力的人，这样做无疑会鼓励互联网上不负责任行为的产生和泛滥，非但不能保护无过错方的当事人，反而会损害其他电子合同当事人的利益。这样就违背了无民事行为能力、限制民事行为能力制度的设计初衷。因此，电子合同一方当事人缺乏相应的民事行为能力时，应当确定为无效的电子合同或者效力待定的电子合同。

案例 3.2　未成年人订立的电子合同是否有效

(2) 电子意思表示真实

电子意思表示真实是指利用数据电文形式而为的意思表示是当事人真实的意思表示。电子意思表示的形式是多种多样的，包括但不限于电话、电报、电传、传真、电子邮件、电子数据交换和互联网数据等。

随着科技的进步，当事人可能运用机械的或者自动化的方式来为要约或者承诺作出意思表示。在网络日益发达的今天，计算机程序或者主机在其程序设计的范围内自行"意思表示"，而当事人则完全不介入意思表示的过程，此为"电子代理人"，电子代理人应当独立代表个人的意思表示或者接受意思表示，其所代表的个人应该承担相应的法律责任。如果通过技术手段能够证明电子要约或承诺不是当事人真实的意思表示，则应当允许撤销。

(3) 不违反法律、行政法规的强制性规定，不违背公序良俗

有效的电子合同内容不仅不能违反法律、行政法规的强制性规定，而且不得违背公序良俗，不得违反社会公共利益。

依照法律、行政法规的规定，电子合同应当办理批准等手续的，依照其规定。未办理

批准等手续影响电子合同生效的,不影响合同中履行报批等义务条款以及相关条款的效力。应当办理申请批准等手续的当事人未履行义务的,对方可以请求其承担违反该义务的责任。依照法律、行政法规的规定,合同的变更、转让、解除等情形应当办理批准等手续的,适用此规定。

扩展阅读 3.3　如何签订电子合同

二、效力待定的电子合同

效力待定合同,是指合同虽然已经成立,但因其不完全符合合同的生效要件,因此其效力能否发生,尚未确定,一般须经有权人表示承认才能生效,如果在法定的时限内有权决定的人不表示认可或者拒绝认可,则合同归于无效。根据《民法典》的规定,以下几种情况下订立的电子合同效力待定。

(1) 限制民事行为能力人订立的合同,经法定代理人追认后,该合同有效,但纯获利益的合同或者与其年龄、智力、精神健康状态相适应而订立的合同,无须经法定代理人追认即为有效。电子合同的订立方式决定了合同当事人各方互不见面,无从直观地判断对方的行为能力状况,所以这种情形更容易出现。

合同相对人可以催告法定代理人在 30 日内予以追认。法定代理人未作表示的,视为拒绝追认。合同被追认前,善意相对人有撤销的权利。撤销应当以通知的形式作出。

(2) 行为人没有代理权、超越代理权或者代理权终止后以被代理人名义订立合同,未经被代理人追认,对被代理人不发生效力。但是相对人有理由相信行为人有代理权的,该代理行为有效,即表见代理。

相对人可以催告被代理人在 30 日内予以追认。被代理人未作意思表示的,视为拒绝追认。合同被追认之前,善意相对人有撤销的权利。撤销应以通知的方式作出。

无权代理人以代理人名义订立合同,被代理人已经开始履行合同义务或者接受相对人履行的,视为对合同的追认。

行为人订立的合同未被追认的,善意相对人有权请求行为人履行债务或者就其受到的损害请求行为人赔偿。但是,赔偿的范围不得超过被代理人追认时相对人所能获得的利益。

三、可撤销的电子合同

可撤销的合同,是指合同成立后,存在法定事由,当事人有权请求人民法院或者仲裁机构撤销的合同。被撤销的合同,自始无效。

1. 申请撤销电子合同的法定事由

依据《民法典》的规定,电子合同存在以下情形的,当事人有权请求人民法院或者仲裁机构撤销。

(1) 基于重大误解订立的电子合同。所谓重大误解,一般是指当事人对电子合同的标的、质量、数量、价款、履行期限和方式等因素发生的误解。

(2) 在订立电子合同时显失公平的。订立电子合同的一方利用对方处于危困状态、缺乏判断能力等情形,致使电子合同成立时显失公平的,受损害方有权请求人民法院或者仲裁机构撤销该电子合同。

(3) 一方以欺诈手段使对方在违背真实意思的情况下订立的电子合同。电子合同的一方以欺诈手段,使对方在违背真实意思的情况下订立电子合同的,受欺诈方有权请求人民法院或者仲裁机构撤销该电子合同。第三人实施欺诈行为,使电子合同一方在违背真实意思的情况下订立合同,对方知道或者应当知道该欺诈行为的,受欺诈方有权请求人民法院或者仲裁机构撤销该电子合同。

(4) 一方以胁迫手段使对方在违背真实意思的情况下订立的电子合同。电子合同的一方或者第三人以胁迫手段,使对方在违背真实意思的情况下订立电子合同,受胁迫方有权请求人民法院或者仲裁机构撤销该电子合同。

2. 撤销权的消灭

有下列情形之一的,当事人对电子合同的撤销权消灭:

(1) 因重大误解订立电子合同的当事人自知道或者应当知道撤销事由之日起 90 日内没有行使撤销权。

(2) 其他情形下有撤销权的当事人自知道或者应当知道撤销事由之日起 1 年内没有行使撤销权。

(3) 当事人受胁迫,自胁迫行为终止之日起 1 年内没有行使撤销权。

(4) 当事人知道撤销事由后明确表示或者以自己的行为表明放弃撤销权。

当事人自订立电子合同的行为发生之日起 5 年内没有行使撤销权的,撤销权消灭。

四、无效电子合同

无效合同是指不发生法律效力的合同。电子合同一旦被确认为无效,从订立时起就没有法律效力,不受法律保护,即自始无效。合同尚未履行的不再履行;正在履行的停止履行;已经履行的恢复原状,不能恢复原状的,根据各自的责任折价补偿或者承担其他法律后果。

(一) 无效的电子合同

依据《民法典》的规定,下列电子合同无效:

(1) 无民事行为能力人签订的电子合同。

(2) 电子合同的当事人以虚假的意思表示签订的电子合同。

(3) 违反法律、行政法规的强制性规定的电子合同。但是,违反管理性强制性规定不导致电子合同无效。

(4) 行为人与相对人恶意串通签订电子合同,损害他人合法权益。

(5) 内容违背公序良俗的电子合同。

电子合同无效区分为全部无效和部分无效。电子合同部分无效,不影响其他部分效力的,其他部分仍然有效。

(二) 电子合同中的无效条款

依据《民法典》的规定,电子合同中的下列免责条款无效:
(1) 造成对方人身伤害的。
(2) 因故意或者重大过失造成对方财产损失的。
《电子商务法》第49条第2款规定:电子商务经营者不得以格式条款等方式约定消费者支付价款后合同不成立;格式条款等含有该内容的,其内容无效。

(三) 无效或被撤销电子合同的处理

电子合同被依法确认为无效,或者电子合同被依法撤销后的法律后果如下:
(1) 返还财产或折价补偿。电子合同被确认无效或被撤销后,当事人因此取得的财产应当予以返还,不能返还或者没有必要返还的,应当折价补偿。
(2) 赔偿损失。过错方应当赔偿对方因此所受到的损失。双方都有过错的,依过错大小各自承担相应的责任。双方恶意串通损害他人利益的,应当赔偿。
(3) 电子合同无效或者被撤销后,合同中解决争议方法条款的效力不受影响。

第四节 电子合同的履行

一、电子合同履行的基本原则

根据我国《民法典》的规定,电子合同的当事人应当按照约定全面履行自己的义务。在合同履行的过程中,当事人应当遵循诚实守信原则,根据合同的性质、目的和交易习惯履行通知、协助、保密等义务。

1. 诚信履行原则

电子合同当事人在履行合同过程中应当始终遵循诚实守信原则,这是最基本的要求。

2. 适当履行原则

适当履行原则是指当事人应依电子合同约定的标的、质量、数量,由适当主体在适当的期限、地点,以适当的方式,全面完成合同义务的原则。

3. 协作履行原则

协作履行原则是指在电子合同履行过程中,双方当事人应相互合作共同完成合同义务的原则。合同是双方民事法律行为,不仅仅是债务人一方的事情,债务人实施给付,需要债权人积极配合受领给付,才能达到合同目的。由于在合同履行的过程中,债务人比债权人更多地应受诚实信用、适当履行等原则的约束,因此协作履行往往是对债权人的要求。

协作履行原则也是诚实信用原则在合同履行方面的具体体现。协作履行原则具有以下几个方面的要求:

(1) 债务人履行合同债务时,债权人应适当受领给付;

(2) 债务人履行合同债务时,债权人应创造必要条件、提供方便;

(3) 债务人因故不能履行或不能完全履行合同义务时,债权人应积极采取措施防止损失扩大,否则,应就扩大的损失自负其责。

4. 绿色原则

电子合同当事人在履行合同过程中,应当避免浪费资源、污染环境和破坏生态。特别是通过快递物流方式交付标的物的履行方式中,绿色环保原则尤为重要。

5. 情势变更原则

电子合同成立后,合同的基础条件发生了当事人在订立合同时无法预见的、不属于商业风险的重大变化,继续履行合同对于当事人一方明显不公平的,受不利影响的当事人可以与对方重新协商;在合理期限内协商不成的,当事人可以请求人民法院或者仲裁机构变更或者解除合同。人民法院或者仲裁机构应当结合案件的实际情况,根据公平原则变更或者解除合同。

二、电子合同内容约定不明确时的履行

电子合同生效后,当事人就有关内容没有约定或约定不明确的,可以协议补充,不能达成补充协议,按照合同有关条款或者交易习惯仍不能确定的,适用下列规定:

(1) 质量要求不明确的,按照国家标准、行业标准;没有国家标准、行业标准的,按照通常标准或者符合合同目的的特定标准履行。

(2) 价款或者报酬不明确的,按照订立合同时履行地的市场价格履行;依法应当执行政府定价或指导价的,依其规定。

(3) 履行地点不明确,给付货币的,在接受货币一方所在地履行;交付不动产的,在不动产所在地履行;其他标的,在履行义务一方所在地履行。

(4) 履行期限不明确的,债务人可以随时履行,债权人也可以随时要求履行,但应当给对方必要的准备时间。

(5) 履行方式不明确的,按照有利于实现合同目的的方式履行。

(6) 履行费用的负担不明确的,由履行义务方负担。

执行政府定价或者指导价的,在合同约定的交付期限内政府进行价格调整时,按照交付时的价格计价。逾期交付标的物的,遇价格上涨时,按照原价格执行;价格下降时,按照新价格执行。逾期提取标的物或者逾期付款的,遇价格上涨时,按照新价格执行;价格下降时,按照原价格执行。

三、电子合同履行中的抗辩权

(一) 概念

合同履行中的抗辩权,是指在双务合同中,一方当事人有依法对抗对方要求或者否认对方要求的权利。

(二) 抗辩权的种类

1. 同时履行抗辩权

电子合同没有约定先后履行顺序的,双方当事人应当同时履行。一方在对方履行之前有权拒绝其履行要求。一方在对方履行义务不符合约定时,有权拒绝其相应的履行要求。

2. 顺序履行抗辩权(先履行抗辩权)

电子合同约定了先后履行顺序,先履行一方未履行的,后履行一方有权拒绝其履行要求。先履行一方履行义务不符合约定的,后履行一方有权拒绝其相应的履行要求。

3. 不安抗辩权

电子合同中约定的应当先履行义务的当事人,有确切证据证明对方有下列情形之一的,可以中止履行:

(1) 经营状况严重恶化;

(2) 转移财产、抽逃资金,以逃避债务;

(3) 丧失商业信誉;

(4) 有丧失或者可能丧失履行债务能力的其他情形。

电子合同当事人行使不安抗辩权中止履行的,应当及时通知对方。对方提供适当担保时,应当恢复履行。中止履行后,对方在合理期限内未恢复履行能力并且未提供适当担保的,中止履行的一方可以解除合同。当事人没有确切证据中止履行的,应承担违约责任。

四、电子合同履行中的代位权和撤销权

(一) 代位权

代位权是指债务人怠于行使(应行使且能行使而不行使)其到期债权,对债权人造成损害的,债权人可以向人民法院请求以自己的名义代位行使债务人的债权,但该债权专属于债务人自身的除外。

(二) 撤销权

撤销权是因债务人放弃其到期债权或者无偿转让财产,对债权人造成损害;或者债务人以明显不合理的低价转让财产,对债权人造成损害,并且受让人知道该情形的,债权人可以请求人民法院撤销债权人的行为。撤销权自债权人知道或者应当知道撤销事由之日起1年内行使。自债务人的行为发生之日起5年内没有行使撤销权的,该撤销权消灭。

代位权、撤销权的行使范围以债权人的债权为限。债权人行使代位权、撤销权的必要费用,由债务人承担。

五、电子合同的履行

从我国当前电子商务开展的情况来看,电子合同履行的方式基本有三种:一是在线

付款,在线交付;二是在线付款,离线交付;三是离线付款,离线交付。

在线交付合同的标的一般是信息产品,例如音频、视频的在线下载等。合同标的为采用在线传输方式交付的,合同标的进入对方当事人指定的特定系统并且能够检索识别的时间为交付时间。合同标的为提供服务的,生成的电子凭证或者实物凭证中载明的时间为交付时间;前述凭证没有载明时间或者载明时间与实际提供服务时间不一致的,实际提供服务的时间为交付时间。当然,信息产品也可以选择离线交付。采用在线付款和在线交货方式完成电子合同履行的,与离线交货相比,其履行环节比较简单。合同当事人对交付方式、交付时间另有约定的,从其约定。

《电子商务法》规定,电子商务当事人可以约定采用电子支付方式支付价款。

电子支付服务提供者为电子商务提供电子支付服务,应当遵守国家规定,告知用户电子支付服务的功能、使用方法、注意事项、相关风险和收费标准等事项,不得附加不合理交易条件。电子支付服务提供者应当确保电子支付指令的完整性、一致性、可跟踪稽核和不可篡改。电子支付服务提供者应当向用户免费提供对账服务以及最近三年的交易记录。电子支付服务提供者提供电子支付服务不符合国家有关支付安全管理要求,造成用户损失的,应当承担赔偿责任。

用户在发出支付指令前,应当核对支付指令所包含的金额、收款人等完整信息。支付指令发生错误的,电子支付服务提供者应当及时查找原因,并采取相关措施予以纠正。造成用户损失的,电子支付服务提供者应当承担赔偿责任,但能够证明支付错误非自身原因造成的除外。

电子支付服务提供者完成电子支付后,应当及时准确地向用户提供符合约定方式的确认支付的信息。

用户应当妥善保管交易密码、电子签名数据等安全工具。用户发现安全工具遗失、被盗用或者未经授权的支付的,应当及时通知电子支付服务提供者。未经授权的支付造成的损失,由电子支付服务提供者承担;电子支付服务提供者能够证明未经授权的支付是因用户的过错造成的,不承担责任。电子支付服务提供者发现支付指令未经授权,或者收到用户支付指令未经授权的通知时,应当立即采取措施防止损失扩大。电子支付服务提供者未及时采取措施导致损失扩大的,对损失扩大部分承担责任。

案例 3.3　网络购物合同纠纷案

六、快递物流与交付

如果电子合同标的是有形商品,就不可能在线交货,必须选择线下物流的方式交货。离线交付往往要选择快递物流的方式,下面结合《邮政法》和《电子商务法》的规定,对快递物流和电子合同的离线交付问题做一些介绍。

(一)快递物流服务提供者

根据《邮政法》的规定,快递物流业的经营实行许可制度。经营快递业务,应当取得快递业务经营许可;未经许可,任何单位和个人不得经营快递业务。

申请快递业务经营许可,应当具备下列条件:

(1) 符合企业法人条件;

(2) 在省、自治区、直辖市范围内经营的,注册资本不低于人民币五十万元,跨省、自治区、直辖市经营的,注册资本不低于人民币一百万元,经营国际快递业务的,注册资本不低于人民币二百万元;

(3) 有与申请经营的地域范围相适应的服务能力;

(4) 有严格的服务质量管理制度和完备的业务操作规范;

(5) 有健全的安全保障制度和措施;

(6) 法律、行政法规规定的其他条件。

申请快递业务经营许可,在省、自治区、直辖市范围内经营的,应当向所在地的省、自治区、直辖市邮政管理机构提出申请,跨省、自治区、直辖市经营或者经营国际快递业务的,应当向国务院邮政管理部门提出申请;申请时应当提交申请书和有关申请材料。受理申请的邮政管理部门应当自受理申请之日起 45 日内进行审查,作出批准或者不予批准的决定。予以批准的,颁发快递业务经营许可证;不予批准的,书面通知申请人并说明理由。

邮政管理部门审查快递业务经营许可的申请,应当考虑国家安全等因素,并征求有关部门的意见。申请人凭快递业务经营许可证向管理部门依法办理登记后,方可经营快递业务。外商不得投资经营信件的国内快递业务。国内快递业务,是指从收寄到投递的全过程均发生在中华人民共和国境内的快递业务。

邮政企业以外的经营快递业务的企业(以下称快递企业)设立分支机构或者合并、分立的,应当向邮政管理部门备案。快递物流服务提供者以加盟方式为电子商务提供服务的,在加盟地域和业务范围内均应当具备经营资质,并签订书面协议约定权利和义务。加盟,是指两个以上快递物流服务提供者依照有关法律、行政法规的规定采用统一的商标、商号或者运单等,共同组成服务网络,遵守共同的服务约定提供快递物流服务的行为。

(二)快递物流服务的范围

快递物流服务提供者应当向社会公示服务承诺事项。服务承诺事项发生变更的,应当及时公示。快递物流服务提供者进行作业时,应当加强服务信息化、网络化和标准化建设,规范数据处理和数据管理程序,保证作业信息准确和可追溯。

快递企业不得经营由邮政企业专营的信件寄递业务,不得寄递国家机关公文。快递企业经营邮政企业专营业务范围以外的信件快递业务,应当在信件封套的显著位置标注"信件"字样。快递企业不得将信件打包后作为包裹寄递。

经营国际快递业务应当接受邮政管理部门和有关部门依法实施的监管。邮政管理部门和有关部门可以要求经营国际快递业务的企业提供报关数据。

（三）快递企业的物流义务和责任

快递物流服务提供者应当建立并严格实施作业技术规范，确保作业过程的安全性。快递物流服务提供者在揽收电子商务交易物品时应当履行查验义务，不得违法揽收国家规定的禁止和限制寄递、运输的物品。

快递物流服务接受者应当如实填写快递物流运单。快递物流服务提供者应当核对运单信息，对于运单填写不完整或者信息填写不实的，不予揽收。

对于与快递物流服务接受者有特殊约定或者提供代收货款服务的，快递物流服务提供者应当与快递物流服务接受者在合同中明确电子商务交易物品交付验收的权利和义务。快递物流服务提供者在提供快递物流服务的同时，可以接受电子商务经营者的委托提供代收货款服务。快递物流服务提供者提供代收货款服务的，应当建立严格的现金管理、安全管理和风险管控制度。

快递物流服务提供者应当与电子商务经营主体签订协议，对收费标准、服务方式、争议处理等作出约定。所谓代收货款，是指快递物流服务提供者利用服务网络和资源，在提供快递物流服务的同时，为电子商务经营主体代收货款并结算的快递物流增值业务。

电子商务经营主体向消费者专项收取的快递物流服务费用不得高于快递物流服务提供者公示的服务价格，不得利用自身经营优势限定消费者选择快递物流服务提供者的范围。

电子合同的标的为交付商品并采用快递物流方式交付的，以快递物流服务接受者签收时间为交付时间。快递物流服务提供者在交付商品时，应当提示收货人当面查验；交由他人代收的，应当经收货人同意。迟延交付的，依据物流合同约定承担违约责任。

如果物流合同是快递物流服务提供者与电子商务经营主体之间签订的，由快递物流服务提供者向电子商务经营主体承担违约责任，电子商务经营主体向电子合同的购买方承担违约责任。这种情况下，快递物流服务提供者与电子商务合同的购买方之间不存在合同关系。

快递物流服务提供者在服务过程中，电子商务交易物品发生延误、丢失、损毁或者短少的，应当依法赔偿。以加盟方式提供快递物流服务的，加盟方与被加盟方承担连带赔偿责任。

快递物流服务提供者应当按照规定使用环保包装材料，实现包装材料的减量化和再利用。

快递企业停止经营快递业务的，应当书面告知邮政管理部门，交回快递业务经营许可证，并对尚未投递的快件按照国务院邮政管理部门的规定妥善处理。

【思考题】

1. 简述电子合同与传统合同的区别和联系。
2. 简述电子合同的类型。
3. 简述电子合同的订立程序。
4. 简述电子合同的生效要件。
5. 电子合同是如何履行的？

第四章

电子签名和电子认证法律制度

【学习要点及目标】

1. 了解签名的功能和在商务活动中的重要性,理解电子签名的法定概念、特征;
2. 了解电子认证的概念与作用,掌握我国《电子签名法》中所规定的基本制度;
3. 了解我国对于电子认证机构设立条件以及设立程序的规定;
4. 掌握我国法律对于电子认证活动的基本规定。

在传统的信息传递领域中,书面形式是主要的一种意思表达方式,当事人以书面文本为意思表示,并以签名或印章进行确认。可以说,签名已经成为大多数社会活动的法定要件。意思表示的电子形式的出现,使以纸面形式作为依托的签名失去了存在的依据。从技术上保障电子意思表示签名的可靠性、在法律上确认电子签名的效力,就必须建立电子签名法律制度和电子认证法律制度。因此,电子签名法律制度和电子认证法律制度是电子商务活动能够正常开展和发展的基础性制度。

第一节 电子签名概述

一、签名的概念和功能

(一)签名的概念

传统上,签名是指一个人亲笔在一份文件上写下名字或留下印记、印章或其他特殊符号,以确定签名人的身份,并确定签名人对文件内容予以认可。传统的信息传递方式主要有口头形式和纸面形式;在录音录像技术出现以前,口头形式无法保存和重复,也无法签署。而纸面形式既可以以有形的方式保存,也可以在需要的时候反复拿出来再现,还可以通过有关当事人签署以防止篡改。

《美国统一商法典》对签名的范围作了扩大性规定,从当事人的姓名扩大到任何符号,即当事人为鉴别某书面文书而作出或采用的任何符号都视为签名。传统上,一个有效的签名应同时具备三方面要求:一是正确的名字或符号,二是书面形式,三是本人亲手书写。实践中,签名方式还扩大到盖印章、捺指印,以及特殊场合只要签署姓、名、别号、商号、堂名等文字即可。

《1978年联合国海上货物运送公约》第14条规定:"于不抵触海运提单签发国法律的情况下,海运提单的签名可以手写、传真、影印、打孔、印章、代号等方式,或以任何其他机械或电子方法作出。"总而言之,只要能确认文件签署人的身份,并且从法律上能够足以将文件责任归属于其人的符号,都可以认定为有效的签名。

(二)签名的功能

签名是把被签署的文件及其内容与签名人联系起来的一种法律制度。签名主要具有以下三项功能。

1. 表明签名人对文件内容的确认

签名人在纸面文件上亲手签署自己的姓名或约定的特殊符号,意味着其对文件内容的认可,这是签名的基本含义。

2. 能够表明文件的来源,即识别签名人

传统的纸面签名都由当事人亲手为之,由于每个人的书写习惯具有独一无二的特殊性,因此通过这种特殊性可以鉴定、确定签名人。

3. 防止文件内容被篡改

纸面形式的文件加上当事人各方亲手书写的独特的签名相互制约,足以防止文件被篡改。

以上三项功能相结合,能够构成签名人对文件内容的真实性、完整性的确认并承担法律责任的根据。

二、电子签名的概念和种类

传统的签名必须依附于纸张等有形的介质,当民事活动进入电子网络空间,在电子交易过程中,文件通过数据电文发送、交换、传输、储存形成,没有有形介质;数据电文非经电脑等设备转化,人体感官不能直接感受和识别,这就需要通过一种技术手段来识别交易当事人、保证交易安全以达到与传统的手写签名相同的功能,这种技术手段就是电子签名。

电子签名在技术上是一种加密技术,能够确保签名不能被篡改,或者被篡改后能够被及时发现。在法律上,电子签名具有能够确认主体身份和文件真实、完整并确定责任归属的可靠性。自从竹简、木简、纸张等书写发明以来,在人类社会的漫长发展过程中,这些书写工具逐渐被赋予了法律意义。世界各国法律大都要求文件须具备"书面""原本""原件"或者"签名"等形式或要素才认可其法律效力,不具备这些条件的,法律会否认其效力。

随着电子商务的出现,文件的数据电文形式和电子签名也必须被赋予特定的法律效力,电子商务才能开展下去。2001年,联合国国际贸易法委员会通过了《电子签名示范法》,在国际领域赋予电子签名以法律意义。2004年8月28日,《中华人民共和国电子签名法》(以下简称《电子签名法》)的颁布,使电子签名在我国也成为一个法律概念。电子签名及其相应的社会关系开始接受法律的调整。

（一）电子签名的概念

电子签名的概念有广义和狭义之分。广义的电子签名包括使用各种电子手段的电子签名，是从功能等同的角度进行界定的，而不考虑签名是以什么技术形式出现。狭义的电子签名是指以一定的电子签名技术为特定手段的签名，通常指数字签名。

联合国国际贸易法委员会《电子签名示范法》规定，电子签名"系指在数据电文中，以电子形式所含、所附或在逻辑上与数据电文有联系的数据，它可用于鉴别与数据电文相关的签名人和表明签名人认可数据电文所含信息"。美国《统一电子交易法》对电子签名的定义是："电子签名是指由意图签署一项记录的人实施或采用的，附属于或逻辑上与该电子记录相联系的电子声音、符号或过程。"

我国《电子签名法》第2条规定："本法所称电子签名，是指数据电文中以电子形式所含、所附用于识别签名人身份并表明签名人认可其中内容的数据。""本法所称数据电文，是指以电子、光学、磁或者类似手段生成、发送、接收或者储存的信息。"由此可见，我国对电子签名概念的规定与联合国电子签名示范法相类似，采取的都是广义电子签名的概念。据此，电子签名的概念包含以下内容：

（1）电子签名是以电子形式出现的数据。这种电子形式的数据非借助机械的转化不能为人体感官所感知。

（2）电子签名附着于数据电文。电子签名可以是数据电文的一个组成部分，也可以是数据电文的附属，与数据电文具有某种逻辑关系，能够使数据电文与电子签名相联系。

（3）电子签名必须能够识别签名人身份并表明签名人认可与电子签名相联系的数据电文的内容。

（二）电子签名的特点

1. 电子签名与传统签名的区别

电子签名具有非直观性。与传统的纸质材料上的签名不同，电子签名作为一种签字方式，所表现出来的是一组数码，通过计算机来记录、传输、保存，并通过计算机处理后才能够被识别，它不像手写签名那样可以直接被人们识别。电子签名与传统的在纸面上的手书签名的主要区别有以下几点：

（1）传统签名应用于物理空间，电子签名是网络空间的签名。以人的感官为标准衡量，可以说传统签名是有形的，电子签名是无形的。

（2）电子签名是一种跨越地理空间的远距离认证方式，传统的签名不具备这种特点。电子签名的传递和识别不受物理空间的限制，签名人在点击发送签名的瞬间，对方无论位于多么遥远的位置都可以即时收到并识别。

（3）传统的手书签名一般都是签署者自己的姓名或其他特定的符号。每个人都会养成其特有的书写习惯，不会有大幅度的改变，同时，手书签名不可能每次都写得完全一样，但这种差异性在实践中并不影响其法律效力。电子签名是一组数字、字母或者符号构成的，是一种计算机程序，因此签名者每次录入其签名内容时，必须保证签名内容完全相同，否则就不能完成签名，除非通过解密程序得到签名者签名的数字内容，而且签名一般不能被仿冒。而传统的手书签名,因为是一种有形字体,所以有可能被仿冒得很相似。从这个意义上说,手书签字、印章的可靠性只是相对的,比如笔迹鉴定的可靠性。

(4) 传统的手书签名可直接通过人的肉眼感知,电子签名不能直接通过人的肉眼观看,只有通过机器的转化显示后才能被人眼感知、识别,所以电子签名可靠性的验证也只能通过电子技术和机器手段的认证才能确定。

2. 电子签名应满足的基本条件

电子签名虽然与传统手书签名的形式存在着很大的差异,但这种差异不影响电子签名在社会关系和法律调整中发挥与手写签名相同的功能。这是因为电子技术确保了网络空间的电子签名能够满足签名所应当具备的以下基本条件。

(1) 电子签名人事后不能否认自己签名的事实。电子签名可以把该信息与信息的发出者联系起来,证明信息是从何处发出的,从而可以有效地防止拒绝承认的问题。

(2) 任何其他人无法伪造其签名。通过电脑作出的电子签名与所发送信息相联系,一方面保证所发出的信息没有被篡改,另一方面保证签名本身没有被篡改,两方面相结合,以保证信息的完整性、真实性。

(3) 签名能够由第三方通过技术手段公正地验证其真伪。电子签名的真伪可以由依法设立的机构通过电子计算机技术加以验证。电子签名是由掌握电子签名的认证机构指令计算机系统通过数据比较来认证的。电子签名存在的一个特殊问题是电子签名和电子签名认证系统容易受到"黑客"的攻击,因此,维护其安全性是一个持久的技术课题和法律课题。

由于电子签名是数据,因此在适用传统的证据法规则方面存在一定困难。但是,电子签名作为网络空间的一种特殊签名手段,只要能够起到与传统手写签名一样的功能,就应该享有与传统手写签名相同的法律地位。电子签名法所解决的正是电子签名的法律效力问题。

(三) 电子签名的种类

1. 电子化签名

电子化签名是手写签名与数字化技术结合起来的签名,使用者在特别设计的感应板上手写输入其亲自签写的名字,由计算机程序加以识别并作出反应后再经过密码化处理,然后该签名资料与其所要签署的文件相结合,以完成原先以纸面为媒介物的情况下亲手签名所要完成的签署及证明动作。

电子技术的发展使电子签名只要签署一次,存入电脑以后就可以重复使用。电子化签名与被签署的文件相结合,在未经授权的情况下,他人无法看到签名。这种电子化签名经过特殊的加密处理,他人无法轻易复制签名或修改已经签署过的文件;如果遭到修改,就会留下记录,并通过计算机技术被发现,安全性比较高。电子化签名的伪造或欺诈与传统手写签名被仿冒的问题相似,仍需利用传统的笔迹鉴定技术进行确定。

2. 生理特征签名

生理特征签名,是利用每个人的指纹、声波纹、视网膜结构、脑波等生理特征各不相同的特征,以使用者的指纹、声波纹、视网膜结构以及脑波等生理特征作为辨别使用者的工具的签名。由于每个人的指纹、声波纹、视网膜结构、脑波等生理特征各不相同,因此只要技术上可以将其存储在资料库,通过对比就可以用来识别相应的主体,发挥与传统签名一样的功能。但是,建立这种资料库的成本比较高昂,使用起来程序比较烦琐,加之有被复制的可能,所以没有得到推广。

3. 数字签名

数字签名是指以对称密钥加密、非对称加密、数字摘要等加密方法产生的电子签名。数字签名产生于1978年,在20世纪90年代后被大量采用。与电子签名的其他种类相比较,数字签名发展较为迅速并且较为成熟,是电子签名的主要形式,也是电子签名法调整的重点对象。

 小贴士

在ISO 7498—2标准中,数字签名被定义为:"附加在数据单元上的一些数据,或是对数据单元所作的密码变换,这种数据和变换允许数据单元的接收者用以确认数据单元来源和数据单元的完整性,并保护数据,防止被人(例如接收者)进行伪造。"

美国电子签名标准(DSS,FIPS186-2)对数字签名解释为:"利用一套规则和一个参数对数据计算所得的结果,用此结果能够确认签名者的身份和数据的完整性。"

三、国外关于电子签名的立法

(一)国外关于电子签名法律的立法

世界上第一部电子签名法是美国犹他州1995年制定的《数字签名法》。该法规定:电子签名符合手写签名的要求,并且可在法院诉讼中接纳为证据,电子合同得以强制执行。此后,有关电子商务和电子签名的法律开始在各个国家陆续制定。

2000年10月,美国国会通过《全球和国内商业法中的电子签名法案》,并由总统克林顿以电子方式签署为法律。它是一项重要的电子商务立法,其突出特点是,采纳了"最低限度"模式来推动电子签名的使用。该《法案》将重点放在查证签名人的意图上,并赋予电子签名、电子合同和电子记录与传统形式和手写签名相同的法律效力和可执行力。它不仅承认了"数字签名技术",而且授权在未来可使用其他任何类型的签名技术。

新加坡于1998年颁布了《电子交易法》,对数据电文、电子签名、电子商务合同和认证机构等电子交易中的重点问题都进行了规定。该法关于电子签名的内容占据了大量篇幅,是该法的核心内容。该法还赋予数据电文和电子签名与书面形式和传统签名同等的法律效力。

日本在2000年5月颁布《电子签名及认证业务的法律》,并颁布与之相配套的《电子签名法的实施》《电子签名法有关指定调查机关的省令》和《基于商业登记的电子认证制度》等相关法律,对电子签名的立法原则、立法宗旨、电子签名的效力、认证机关等做出明确的规定。2000年6月,日本又颁布了《数字化日本之发端——行动纲领》。该纲领重申了电子签名认证系统对发展电子商务的重要意义,并分析了几类具体认证系统及日本应采取的态度。《行动纲领》建议立法要明确"电子签名"的法律地位,保障"电子签名"所使用技术的中立性等。

德国在2001年5月16日公布了《关于电子签名框架的立法》,对电子签名效力的规定严格遵循了技术中立性的原则,规定了"高级电子签名"和"合格电子签名"。所谓"高级电子签名"主要用于识别签名人的身份并表明其认可所签署文件的内容。所谓"合格电子签名"是指其生成时以有效合格证书为基础。被视为"合格电子签名"的电子签名必须符合一定条件。

 小贴士

"高级电子签名"与"合格电子签名"

根据《关于电子签名框架的立法》,"高级电子签名"是指符合下列条件的电子签名:
(1) 只属于签名密钥持有人;
(2) 可用于鉴别签名密钥持有人;
(3) 可通过签名密钥持有人单独控制的手段制作;
(4) 与相关的数据相联系,使得它可辨别数据的任何嗣后变化。

根据《关于电子签名框架的立法》,"合格电子签名"是指符合下列条件的电子签名:
(1) 该签名的制作以有效合格证书为依据;
(2) 由安全的签名制作单位制作。

1996年,联合国国际贸易法委员会推出了《电子商务示范法》,其中第7条对"签字"问题做了具体规定。由于《电子商务示范法》的规定过于简单,缺乏可操作性,于是联合国国际贸易法委员会于2001年通过《电子签名示范法》。该法共有12条,对电子签名的一般效力、签名各方当事人的义务、可靠系统等方面内容作了规定。

欧盟委员会1997年4月提出《欧洲电子商务行动方案》之后,欧盟各国又于同年7月在波恩召开了有关全球信息网络的部长级会议,并通过了支持电子商务发展的部长宣言。随着电子商务的发展,为了在欧洲的层面上制定一个统一的电子签名法律框架,欧盟委员会于1999年12月13日制定了《关于建立电子签名共同法律框架的指令》。

目前,世界上已有60多个国家和地区制定了相关的法律法规。这些立法对规范电子签名活动,保障电子安全交易,维护电子交易各方的合法权益,促进电子商务的健康发展起到了重要作用。

(二) 国外主要电子签名法律的立法模式

国外关于电子签名的立法大致可以分为三种类型。

1. 技术特定型立法模式

技术特定型立法模式是指由法律指定某种特定的技术作为电子签名的法定技术,并且只赋予由这种技术所产生的电子签名的法律地位。这种模式的立法将数字签名技术作为电子签名的法定技术,只承认数字签名的法律地位,规定只有通过非对称密钥加密技术做出的电子签名才具有与传统手写签名同等的法律效力,这实际上是数字签名的立法。

技术特定型立法模式起源于美国犹他州的《数字签名法》,该法明确规定,以数字方式签署的文件如同纸面书写的一样有效。采用这种立法模式的还有意大利、俄罗斯、马来西亚等国。

2. 技术中立型立法模式

技术中立型立法模式主要关注签名相应的功能以及这些功能所借以转化为技术应用的方法，是对广义范围的电子签名给予法律承认，也称为功能等同方式。这种立法模式没有具体确定实现电子签名的技术方案，而是规定只要达到一定的要求，任何电子签名技术手段都享有与传统手写签名同等的法律地位。

技术中立型立法模式的代表是联合国国际贸易法委员会制定的《电子签名示范法》。该法的第3条规定，该法任何条款的适用概不排除、限制或剥夺满足一定要求或者符合适用法律要求的制作电子签名的任何方法的法律效力。采用这种立法模式的国家有澳大利亚、美国、加拿大等国。

3. 折中型立法模式

技术特定型立法模式和技术中立型立法模式都存在一定的局限性，折中型立法模式主要是试图解决以上两种立法模式存在的缺陷。折中型立法模式一方面对电子签名规定了技术要求，对使用数字签名或以数字签名为代表的安全电子签名的效力做出具体规定，规定了有关当事人的权利和义务关系；另一方面规定了广义电子签名的一般效力，为新的技术发展留下空间，使立法更加具有持久性。

技术中立型立法模式的代表是新加坡的《电子交易法》。采用这种立法模式的还有欧盟等。

国外通过以上方法对电子签名方式提出了法律上的要求，使电子签名具有某种最低法律地位，同时，又赋予某种电子认证技术更大的法律效力。

 小贴士

新加坡《电子交易法》阐明的立法目的

新加坡《电子交易法》在序言部分阐明了立法目的：

(1) 通过可靠的电子记录便利电子信息的交流；

(2) 便利电子商务，消除电子交易中因书面形式、签字要求产生的不确定性，并促进保障实施电子商务所必需的法律和商业设施的发展；

(3) 便利向政府和法定代表人进行文件的电子备案，并通过可靠记录的方式促进政府提供高效服务；

(4) 较少伪造电子记录、故意或非故意的更改记录以及在电子商务和其他电子交易中欺诈的发生；

(5) 帮助建立关于电子记录的确定性和完整性的统一的规则、规定和标准；

(6) 促进各种建立对电子记录和电子商务的完整性与可靠性的自信心，通过使用电子签字给予相应的任何形式的电子媒介以确定性和完整性，推动电子商务的发展。

四、我国电子签名法的立法概况

2004年8月28日，第十届全国人民代表大会常务委员会第十一次会议通过了《电子签名法》，自2005年4月1日起施行。这是我国电子商务领域的第一部法律，被业界人士看作"中国首部真正意义上的信息化法律"。

《电子签名法》的颁布,对商务、政务活动都产生了深远的影响,并大大促进了我国电子商务的发展。2015年4月24日,第十二届全国人民代表大会常务委员会第十四次会议第一次修正。2019年4月23日,根据第十三届全国人民代表大会常务委员会第十次会议《关于修改〈中华人民共和国建筑法〉等八部法律的决定》修正。《电子签名法》共五章:第一章总则,第二章数据电文,第三章电子签名与认证,第四章法律责任,第五章附则。

在立法上,电子签名有广义和狭义之分。广义的电子签名,是指不限定技术形式和技术范围的电子签名,包括电子化签名、生理特征签名和数字签名等。狭义的电子签名,只限定于数字签名。联合国《电子签名示范法》和我国《电子签名法》都采取了广义电子签名的立场。世界上第一部电子签名法——美国犹他州的《数字签名法》采取了狭义电子签名的立场,即仅针对数字签名立法调整。

(一) 我国《电子签名法》的立法目的

我国《电子签名法》的第1条开宗明义阐明其立法目的是:"为了规范电子签名行为,确立电子签名的法律效力,维护有关各方的合法权益,制定本法。"

在各国关于电子签名的立法中,一般都首先明确规定其立法目的。综合来看主要有以下几个方面:承认数据电文以及电子签章的法律地位,保障电子交易安全,维护各方当事人的合法权益,并且通过电子签名立法来推动电子商务的发展。

(二) 我国《电子签名法》的适用范围

《电子签名法》第3条规定:"民事活动中的合同或者其他文件、单证等文书,当事人可以约定使用或者不使用电子签名、数据电文。当事人约定使用电子签名、数据电文的文书,不得仅因为其采用电子签名、数据电文的形式而否定其法律效力。"但是,以下文书不适用于《电子签名法》:

(1) 涉及婚姻、收养、继承等人身关系的;
(2) 涉及停止供水、供热、供气等公用事业服务的;
(3) 法律、行政法规规定的不适用电子文书的其他情形。

这是因为涉及人身关系、不动产权益转让和共用服务事业的领域事关重大,电子商务的普及还远远未达到对全社会的覆盖,还有相当一部分国民并不适应电子签名这种新兴事物,而且电子技术还存在不稳定性的问题,所以在这些事关重大的领域排除电子签名的使用在当前是适宜的。随着电子技术的发展和普及,法律会随着社会需求的变化和技术的发展而作出相应的调整。

另外,《电子签名法》第35条规定:"国务院或者国务院规定的部门可以依据本法制定政务活动和其他社会活动中使用电子签名、数据电文的具体办法。"随着信息化水平的提高,在政府部门实施的经济、社会管理活动中也开始使用电子手段,如电子报关、电子报税、电子年检等,依据行政许可法规定而采用数据电文方式所提出的行政许可申请等活动都涉及电子签名的法律效力问题。

第二节 数字签名

一、数字签名的概念

数字签名是指以非对称加密方法进行的电子签名。新加坡的《电子交易法》规定:"数字签名是由利用非对称性加密系统、杂凑函数所转换的电子记录。"德国《多媒体法》规定:"数字签名,为一以秘密金钥对数字资料制作的封印,该封印以一相配属的公开金钥解密后,得以辨识该签名金钥之拥有人及该资料之未篡改性。"

美国犹他州的《数字签名法》规定:"数字签名,是某人欲以一串比特字节签署,而生成相关的清晰的标志信息。该信息是通过单项函数运算,然后对生成的信息摘要以非对称性加密术和其私钥进行加密的。"

二、电子签名的可靠性和法律效力

(一) 电子签名的可靠性

电子签名的法律效力即通过法律规定或当事人约定,赋予电子签名合法性、有效性,从而对当事人产生法律拘束力。电子签名要取得与传统签名同等的法律地位,可以通过立法、司法、合同约定等途径来实现,其中最重要的是立法途径。《电子签名法》第 14 条规定:"可靠的电子签名与手写签名或者盖章具有同等的法律效力。"

《电子签名法》第 13 条规定,可靠电子签名需要满足以下条件:
(1) 电子签名制作数据用于电子签名时,属于电子签名人专有;
(2) 签署时电子签名制作数据仅由电子签名人控制;
(3) 签署后对电子签名的任何改动能够被发现;
(4) 签署后对数据电文内容和形式的任何改动能够被发现。

当事人也可以选择使用符合其约定的可靠条件的电子签名。

伪造、冒用、盗用他人的电子签名,构成犯罪的,依法追究刑事责任;给他人造成损失的,依法承担民事责任。

 小贴士

联合国《电子签名示范法》规定可靠电子签名的条件

联合国《电子签名示范法》第 6 条规定,凡法律规定要求有一人的签名时,如果根据各种情况,包括根据任何有关协议,所用电子签名既适合生成或传送数据电文所要达到的目的,而且也同样可靠,则对于该数据电文而言,即满足了该项签名要求。符合下列条件的电子签名视作可靠的电子签名:
(1) 签名制作数据在其使用的范围内与签名人而不是还与其他任何人相关联;
(2) 签名制作数据在签名时处于签名人而不是还处于其他任何人的控制之中;
(3) 凡在签名后对电子签名的任何更改均可被觉察;
(4) 如果签名的法律要求目的是对签名涉及的信息的完整性提供保证,凡在签名后对该信息的任何更改均可被觉察。

（二）数据电文效力的法律规定

1. 数据电文的法律效力

《电子签名法》的第二章规定了"数据电文"，确认了数据电文为符合法律法规要求的书面形式。《电子签名法》第2条规定："能够有形地表现所载内容，并可以随时调取查用的数据电文，视为符合法律、法规要求的书面形式。"

我国《民法典》规定，民事法律行为可以采取书面形式、口头形式或者其他形式；法律、行政法规规定或者当事人约定采用特定形式的，应当采用特定形式。合同当事人订立合同，可以采用书面形式、口头形式或者其他形式。以电子数据交换、电子邮件等方式能够有形地表现所载内容，并可以随时调取查用的数据电文，视为书面形式。

2. 数据电文的证据效力

数据电文的证据效力对于电子商务具有十分重要的意义。《电子签名法》《民法典》确认了数据电文为书面形式，还明确了数据电文不得仅因为其是以电子、光学、磁或者类似手段生成、发送、接收或者储存的而被拒绝作为证据使用。

按照我国有关证据的法律规定，以书面形式存在的文件属于书证的范畴。而书证作为证据提交时，必须提交原件。数据电文最原始的形式是贮存在计算机内的磁性介质中的电子数据。随着计算机与网络技术的发展和应用，电子信息的安全性大大增强了，数据电文已经具备与书面文件相同的一些技术特征。

数据电文的"原件"可以保留在初始磁性介质中，网络文件可以被复制到硬盘或软盘上，保证数据文件可以像书面文件一样通过签字来进行核记。

《电子签名法》第5条规定，符合下列条件的数据电文，视为满足法律、法规规定的原件形式要求：

（1）能够有效地表现所载内容并可供随时调取查用。

（2）能够可靠地保证自最终形成时起，内容保持完整、未被更改。在数据电文上增加背书以及数据交换、储存和显示过程中发生的形式变化不影响数据电文的完整性。

关于数据电文的保存，《电子签名法》第6条规定，符合下列条件的数据电文，视为满足法律、法规规定的文件保存要求：

（1）能够有效地表现所载内容并可供随时调取查用；

（2）数据电文的格式与其生成、发送或者接收时的格式相同，或者格式不相同但是能够准确表现原来生成、发送或者接收的内容；

（3）能够识别数据电文的发件人、收件人以及发送、接收的时间。

电子签名人应当妥善保管电子签名制作数据。电子签名人知悉电子签名制作数据已经失密或者可能已经失密时，应当及时告知有关各方，并终止使用该电子签名制作数据。

电子签名人知悉电子签名制作数据已经失密或者可能已经失密未及时告知有关各方并终止使用电子签名制作数据，未向电子认证服务提供者提供真实、完整和准确的信息，或者有其他过错，给电子签名依赖方、电子认证服务提供者造成损失的，承担赔偿责任。

根据有关证据的法律规则,证据必须具有真实性。认定数据电文是否具有证据的效力,还必须依据法律的规定进行。我国《电子签名法》第 8 条规定,审查数据电文作为证据的真实性,应当考虑以下因素:

(1) 生成、储存或者传递数据电文方法的可靠性;
(2) 保持内容完整性方法的可靠性;
(3) 用以鉴别发件人方法的可靠性;
(4) 可以证明数据电文可靠、完整的其他相关因素。

三、数据电文的发送与接收

(一) 数据电文的发送

数据电文发送的法律问题主要是解决如何确定数据电文发送人的身份和责任归属。我国《电子签名法》规定,有下列情形之一的,视为发件人发送:

(1) 经发件人授权发送的;
(2) 发件人的信息系统自动发送的;
(3) 收件人按照发件人认可的方法对数据电文进行验证后结果相符的。

当事人对以上规定的事项另有约定的,从其约定。

数据电文进入发件人控制之外的某个信息系统的时间,视为该数据电文的发送时间。

(二) 数据电文的接收

《民法典》对于数据电文到达的规定是:采用数据电文的意思表示,相对人指定特定系统接收数据电文的,该数据电文进入该特定系统时生效;未指定特定系统的,相对人知道或者应当知道该数据电文进入其系统时生效。当事人对数据电文形式的意思表示的生效时间另有约定的,按照其约定。

《电子签名法》规定,收件人指定特定系统接收数据电文的,数据电文进入该特定系统的时间,视为该数据电文的接收时间;未指定特定系统的,数据电文进入收件人的任何系统的首次时间,视为该数据电文的接收时间。根据当事人意思自治原则,当事人对数据电文的发送时间、接收时间另有约定的,从其约定。

法律、行政法规规定或者当事人约定数据电文需要确认收讫的,应当确认收讫。发件人收到收件人的收讫确认时,数据电文视为已经收到。

案例 4.1　电子签名纠纷第一案

(三) 数据电文的发送地点和接收地点

我国电子签名法规定,发件人的主营业地为数据电文的发送地点,收件人的主营业地为数据电文的接收地点。没有主营业地的,其经常居住地为发送或者接收地点。当事人对数据电文的发送地点、接收地点另有约定的,从其约定。

第三节 电子认证法律制度

一、电子认证概述

(一) 电子认证的概念

电子认证是指电子认证服务机构为电子签名相关各方提供真实性、可靠性验证的活动。广义上的电子认证包括认证机构、电子认证行为和数字证书等法律制度。狭义上的电子认证仅指电子认证行为,即由认证机构采用电子方法以证明电子签名人真实身份或者电子信息真实性的行为。我国《电子认证服务管理办法》第2条规定,电子认证服务是指为电子签名相关各方提供真实性、可靠性验证的公众服务活动。

许多国家或地区都通过立法的形式对电子认证及认证机构作出规定。关于电子认证的法律规范一般与电子签名规定在同一部法律文件中。联合国《电子签名示范法》、欧盟《电子签名共同框架指令》、新加坡《电子交易法》等对于电子签名和电子认证进行了规范。新加坡于1999年又通过了《新加坡电子交易(认证机构)规则》和《新加坡认证机构安全方针》,对于认证机构相关的事项作出规定。

日本电子商务促进委员会于1998年发布《认证机构指南》以及《交叉认证指南》。1999年决定建立政府主管的企业间网络交易电子认证制度,并在2001年开始实施《电子签名及认证业务相关法律》。

为了贯彻实施《电子签名法》,规范电子认证服务活动,调整与电子认证服务活动有关的社会关系,原信息产业部于2005年1月28日通过了《电子认证服务管理办法》,于2005年4月1日起施行。2009年2月18日工业和信息化部公布了新制定的《电子认证服务管理办法》,废止原办法;2015年4月工业和信息化部对部分条款做了修订。

《电子认证服务管理办法》分为:第一章总则,第二章电子认证服务机构,第三章电子认证服务,第四章电子认证服务的暂停、终止,第五章电子签名认证证书,第六章监督管理,第七章罚则,第八章附则,共8章43条。工业和信息化部依法对电子认证服务机构和电子认证服务实施监督管理。

 小贴士

电子签名人与电子签名依赖方

我国《电子签名法》规定了电子签名人与电子签名依赖方等用语的含义。

电子签名人,是指持有电子签名制作数据并以本人身份或者以其所代表的人的名义实施电子签名的人。

电子签名依赖方,是指基于对电子签名认证证书或者电子签名的信赖从事有关活动的人。

(二) 电子认证的特征

(1) 电子认证的目的在于验证一个电子信息发送者的声明身份是否属实。

(2) 电子认证只用于电子签名活动,在传统的签名活动中用不到,因此也称为"电子签名认证"。

(3) 电子认证机构是依法设立的中立第三方,它不参与交易,不是运用电子签名进行交易活动的一方当事人,它只为电子签名相关各方提供有关电子签名真实性、可靠性的验证。

(4) 电子认证是一种信用认证。认证机构向电子签名信赖各方提供的是经过一定技术手段核实的、有关电子签名人的基本信息,是一种信用服务。认证机构的这种服务是面向社会公众提供的,认证机构也是一种独立的社会服务机构,政府职能部门应加强对认证活动的监管,以防止虚假的认证活动对公众合法权益产生损害,导致社会信用危机。

(三) 电子认证的作用

当事人身份确认直接关系到合同当事人权利、义务的分配以及发生纠纷后的求偿对象。在传统的经营活动中,经营者身份的确认主要通过工商管理机关的登记实现。在网络空间,电子商务经营者的身份确认不能通过查看工商登记机关的登记材料完成,而通过网络账号和电子邮件地址并不能确定在网络空间从事某项经营活动的人就是物理空间中的"那个人"。

电子签名是通过两个环节将合同权利和义务归属于某个特定主体的:首先,电子签名将电子合同的权利和义务与一个特定的签名符号相联系;其次,电子签名的独特性将签名归属于一个特定的主体,从而达到将合同权利与义务归属于这个特定主体的目的,这一目的就是通过电子认证对签名主体的身份认定实现的。具体来说,电子认证的作用主要有以下两个方面。

1. 防止欺诈

在电子商务环境下,交易双方当事人可能互不相见,特别是跨国交易的当事人相距甚远,难以形成信赖关系,容易发生欺诈行为,而且在发生欺诈事件后,当事人开展救济的难度比较大,救济方法也非常有限,救济成本很高,甚至会高于损失。所以,事先对各种欺诈予以防范,才是最经济的选择。

电子认证可以起到减少或防止欺诈的作用。认证机构通过向其用户提供可靠的在线证书状态查询,保证其证书上的用户和公钥是正确的,满足用户实时证书验证的要求,从而解决了可能被欺骗的问题。

认证机构的在线证书目录提供证书公开信息服务,其中包括用户姓名、公开密钥、电子邮件地址、证书有效期以及其他信息的数字化的文件。认证机构还对每个证书都附加有电子签名,以证明证书的内容是可靠的。

如果用户的私有密钥丢失或被盗,就不能再用来加密信息。为了应付这种危险状况,大多数认证机构都能提供作废证书表,以维护广大用户的合法权益不受侵犯。

电子签名人知悉电子签名制作数据已经失密或者可能已经失密未及时告知有关各

方,并终止使用电子签名制作数据,未向电子认证服务提供者提供真实、完整和准确的信息,或者有其他过错,给电子签名依赖方、电子认证服务提供者造成损失的,承担赔偿责任。

2. 防止否认

在电子交易领域中,当事人也应当遵循诚实信用原则,不得否认一项交易事实。电子签名具有不可否认性,具体包括数据信息的发送、接收及其内容的不可否认,这既是技术要求,也是对交易双方当事人的行为规范。

认证机构通过提供有效认证服务,在技术上防止通信方否认已经发生的通信。特别是在当事人双方发生纠纷的情况下可以提供有效的认证,信息发送人难以否认其信息发送行为及法律责任,而信息接收人不能否认其已经接收到信息的事实,这就为交易当事人在技术上提供了预防性保护,避免一方当事人试图否认曾发送或收到某一数据信息而欺骗另一方当事人的行为发生。行为规范上的不得否认,是以一定的组织保障和法律责任为基础的,其作用的实现既依赖于合同条款、技术手段以及认证机构所提供的认证服务,也依赖于立法、司法制度的保障。

(四)电子认证的效力

电子认证的效力,是指电子认证对电子签名各方的拘束力,以及司法实践中法院对其拘束力的认定。电子认证的效力来源,一般有以下两种情况。

(1) 各方当事人的约定。当事人通过协议约定如何确认电子签名的效力,如何选择技术方案,以及由谁来做第三方认证机构,这种方式确认的电子认证的效力相对薄弱,在发生纠纷的情况下,以及涉及第三方的情况下,其效力可能要接受法院的审查和认定。

(2) 法律的规定。由立法机关制定法律或授权政府主管部门制定具有普遍约束力的规则,以立法方式保障电子认证的效力具有法律依据,其效力更强。

二、电子认证机构的设立

(一) 电子认证机构的设立条件

电子认证机构是电子商务活动中专门从事颁发认证证书的机构。提供电子认证是一项复杂的技术工程,需要有专门技术人才从事电子认证工作。同时,作为具有权威性的第三方认证机构还需要具有相应的人力、物力、管理等条件。

我国《电子签名法》规定,提供电子认证服务的认证机构,应当具备下列条件:

(1) 具有与提供电子认证服务相适应的专业技术人员和管理人员。

认证机构人员素质的高低,直接影响着认证行为的效果,对证书用户或信赖证书的交易影响重大。法律法规规定了认证人员必须具备的条件。我国《电子认证服务管理办法》规定,电子认证服务机构中从事电子认证服务的专业技术人员、运营管理人员、安全管理人员和客户服务人员不少于30名。

(2) 具有与提供电子认证服务相适应的资金和经营场所。

认证机构必须具备一定的资金作为营业财产。根据《电子认证服务管理办法》规定，电子认证服务机构的注册资本不低于人民币 3000 万元，具有固定的经营场所和满足电子认证服务要求的物理环境。

（3）具有符合国家安全标准的技术和设备。

认证机构开展业务必须具有的设备，包括硬件和软件两个方面。《电子认证服务管理办法》规定，电子认证服务机构具有符合国家有关安全标准的技术和设备。

（4）具有国家密码管理机构同意使用密码的证明文件。

为保障信息安全，保障国家、社会以及每一位公民的合法权益，我国法律法规规定，电子认证服务机构应当具有国家密码管理机构同意使用密码的证明文件。

（5）法律及行政法规规定的其他条件。

根据《电子签名法》的这一规定，《电子认证服务管理办法》第 5 条作了更具体的规定，电子认证服务机构应当具备下列条件。

（1）具有独立的企业法人资格。

（2）具有与提供电子认证服务相适应的人员。从事电子认证服务的专业技术人员、运营管理人员、安全管理人员和客户服务人员不少于 30 名，并且应当符合相应岗位技能要求。

（3）注册资本不低于人民币 3000 万元。

（4）具有固定的经营场所和满足电子认证服务要求的物理环境。

（5）具有符合国家有关安全标准的技术和设备。

（6）具有国家密码管理机构同意使用密码的证明文件。

（7）法律、行政法规规定的其他条件。

（二）电子认证服务的行政许可和登记

1. 行政许可的概念和特征

所谓行政许可，是指国家行政机关根据公民、法人或其他组织的申请，经依法审查，准予其从事特定活动的行为。

行政许可有以下特征：

（1）行政许可需要公民、法人或者其他组织提出书面申请；

（2）行政许可是行政管理主体实施的行政行为，是一项重要的行政权力；

（3）行政许可针对的对象是申请人；

（4）行政许可的内容是准予申请人从事其所申请的特定活动。

2. 电子认证机构设立的申请、受理与审批

我国《电子签名法》和《电子认证服务管理办法》规定，从事电子认证服务，应当向国务院信息产业主管部门提出申请，并提交符合法律规定条件的相关材料。可见，从事电子认证服务活动属于行政许可的范围。

《电子认证服务管理办法》第 6 条规定，申请电子认证服务许可的，应当向工业和信息化部提交下列材料：①书面申请；②人员证明；③企业法人营业执照副本及复印件；④经营场所证明；⑤国家有关认证检测机构出具的技术、设备、物理环境符合国家有关安全标准的凭证;⑥国家密码管理机构同意使用密码的证明文件。

工业和信息化部对提交的申请材料进行形式审查。申请材料齐全、符合法定形式的,应当向申请人出具受理通知书。申请材料不齐全或者不符合法定形式的,应当当场或者在5日内一次告知申请人需要补正的全部内容。

工业和信息化部对决定受理的申请材料进行实质审查。需要对有关内容进行核实的,指派2名以上工作人员实地进行核查。工业和信息化部对与申请人有关事项书面征求商务部等有关部门的意见。

工业和信息化部应当自接到申请之日起45日内作出准予许可或者不予许可的书面决定。不予许可的,应当书面通知申请人并说明理由;准予许可的,颁发《电子认证服务许可证》,并公布下列信息:①《电子认证服务许可证》编号;②电子认证服务机构名称;③发证机关和发证日期。

电子认证服务许可相关信息发生变更的,工业和信息化部应当及时公布。申请人应当持电子认证许可证书依法向质量监督管理部门办理企业登记手续。电子认证服务机构在《电子认证服务许可证》的有效期内变更公司名称、住所、法定代表人、注册资本的,应当在完成工商变更登记之日起15日内办理《电子认证服务许可证》变更手续。

《电子认证服务许可证》的有效期为5年。许可证有效期届满,电子认证服务机构要求延续的,应当在许可证有效期届满30日前向工业和信息化部申请办理延续手续。并自办结之日起5日内公布相关信息。

电子认证服务机构不得倒卖、出租、出借或者以其他形式非法转让《电子认证服务许可证》。未取得电子认证经营许可证的任何组织和个人不得从事电子认证活动。

取得认证资格的电子认证服务机构,在提供电子认证服务之前,应当通过互联网公布下列信息:①机构名称和法定代表人;②机构住所和联系办法;③《电子认证服务许可证》编号;④发证机关和发证日期;⑤《电子认证服务许可证》有效期的起止时间。

三、电子认证服务

电子认证服务机构应当按照工业和信息化部公布的《电子认证业务规则规范》等要求,制定本机构的电子认证业务规则和相应的证书策略,在提供电子认证服务前予以公布,并向工业和信息化部备案。电子认证业务规则和证书策略发生变更的,电子认证服务机构应当予以公布,并自公布之日起30日内向工业和信息化部备案。电子认证服务机构应当按照公布的电子认证业务规则提供电子认证服务。

(一)电子认证服务内容

电子认证服务机构应当保证提供下列服务:①制作、签发、管理电子签名认证证书;②确认签发的电子签名认证证书的真实性;③提供电子签名认证证书目录信息查询服务;④提供电子签名认证证书状态信息查询服务。

（二）电子签名认证证书

电子认证服务提供者签发的电子签名认证证书应当准确无误,并应当载明下列内容:①签发电子签名认证证书的电子认证服务机构名称;②证书持有人名称;③证书序列号;④证书有效期;⑤证书持有人的电子签名验证数据;⑥电子认证服务机构的电子签名;⑦工业和信息化部规定的其他内容。

有下列情况之一的,电子认证服务机构应当对申请人提供的证明身份的有关材料进行查验,并对有关材料进行审查:

(1) 申请人申请电子签名认证证书;

(2) 证书持有人申请更新证书;

(3) 证书持有人申请撤销证书。

（三）电子签名认证证书的撤销

有下列情况之一的,电子认证服务机构可以撤销其签发的电子签名认证证书:①证书持有人申请撤销证书;②证书持有人提供的信息不真实;③证书持有人没有履行双方合同规定的义务;④证书的安全性不能得到保证;⑤法律、行政法规规定的其他情况。

（四）境外电子签名认证证书的认可

经工业和信息化部根据有关协议或者对等原则核准后,中国境外的电子认证服务机构在境外签发的电子签名认证证书与依照《电子认证服务管理办法》设立的电子认证服务机构签发的电子签名认证证书具有同等的法律效力。

四、电子认证服务机构的义务

（一）告知义务

电子认证服务机构在受理电子签名认证证书申请前,应当向申请人告知下列事项:

(1) 电子签名认证证书和电子签名的使用条件;

(2) 服务收费的项目和标准;

(3) 保存和使用证书持有人信息的权限和责任;

(4) 电子认证服务机构的责任范围;

(5) 证书持有人的责任范围;

(6) 其他需要事先告知的事项。

（二）签订合同的义务

电子认证服务机构受理电子签名认证申请后,应当与证书申请人签订书面合同,明确双方的权利和义务。签订合同是电子认证服务机构的义务,不是申请人的义务,如果未签订合同,法律责任应由电子认证服务机构承担。

电子认证服务合同是证书持有人和认证机构就对其电子签名进行认证而缔结的合同。认证的目的是由认证机构对证书持有人的电子签名及相应的身份属性作出有效证明,使他人基于对认证机构及其提供的专业信用服务的信任相信该证明,并基于此等信任行事。由此可见,认证合同虽然是证书持有人与认证机构缔结的,它的目的却主要是为了实现证书信赖人的信赖利益,因此,电子认证服务合同是涉他合同,认证机构对证书的信赖人负有保证以至赔偿义务。

由于电子认证服务活动是一种持续性服务,因此,电子认证服务合同是持续性合同。

(三) 提供持续认证服务的义务

电子认证服务机构在提供认证服务过程中应当履行下列义务:
(1) 保证电子签名认证证书内容在有效期内完整、准确;
(2) 保证电子签名依赖方能够证实或者了解电子签名认证证书所载内容及其他有关事项;
(3) 妥善保存与电子认证服务相关的信息。

(四) 保密义务

电子认证服务机构应当遵守国家的保密规定,建立完善的保密制度。电子认证服务机构对电子签名人和电子签名依赖方的资料负有保密的义务。

(五) 完善内部管理的义务

电子认证服务机构应当建立完善的安全管理和内部审计制度。
电子认证服务机构应当对其从业人员进行岗位培训。
取得电子认证服务许可的电子认证服务机构,在电子认证服务许可的有效期内不得降低其设立时所应具备的条件。

(六) 接受监管的义务

电子认证服务活动作为行政许可事项,应当主动接受工业和信息化部的监督管理。电子认证服务机构应当如实向工业和信息化部报送认证业务开展情况报告、财务会计报告等有关资料。

电子认证服务机构有下列情况之一的,应当及时向工业和信息化部报告:①重大系统、关键设备事故;②重大财产损失;③重大法律诉讼;④关键岗位人员变动。

五、电子认证服务的暂停和终止

电子商务交易活动具有连续性,电子认证服务提供者暂停或者终止电子认证服务的,将会影响到交易双方当事人的合法权益。因此,电子认证服务提供者暂停或者终止电子认证服务应当履行以下义务:

(1) 应当在暂停或者终止服务 90 日前,就业务承接及其他有关事项通知有关各方。

(2) 应当在暂停或者终止服务 60 日前向工业和信息化部报告。经过批准以后才可以停止经营活动。

(3) 应当与其他电子认证服务提供者就业务承接进行协商,作出妥善安排。

(4) 电子认证服务提供者未能就业务承接事项与其他电子认证服务提供者达成协议的,应当申请工业和信息化部安排其他电子认证服务提供者承接其业务。

电子认证服务提供者被依法吊销电子认证许可证书的,其业务承接事项的处理按照工业和信息化部的规定执行。

六、对电子认证机构的监督管理

工业和信息化部对电子认证服务机构进行定期、不定期的监督检查,监督检查的内容主要包括法律法规符合性、安全运营管理、风险管理等。工业和信息化部对电子认证服务机构实行监督检查,不得妨碍电子认证服务机构正常的生产经营活动,不得收取任何费用。工业和信息化部对电子认证服务机构实行监督检查时,应当记录监督检查的情况和处理结果,由监督检查人员签字后归档。公众有权查阅监督检查记录。

工业和信息化部根据监督管理工作的需要,可以委托有关省、自治区和直辖市信息产业主管部门承担具体的监督管理事项。

工业和信息化部对电子认证服务机构进行年度检查并公布检查结果。年度检查采取报告审查和现场核查相结合的方式。审查的内容主要有:①资产和财务状况;②信息披露与保密情况;③业务开展情况及业务处理与业务要求是否相符;④安全系统运行情况;⑤信息行政管理部门认为应当审查的其他情况。

为了加强对国内电子商务认证机构的管理,工业和信息化部成立了国家电子商务认证机构管理中心,并由信息化推进司负责对管理中心的业务指导和管理。国家电子商务认证机构管理中心主要有以下职责:

(1) 统筹规划我国电子商务认证机构的总体布局,规范国内电子商务认证机构的建设;

(2) 组织研究和提出有关电子商务认证的法规和技术标准,为制定电子商务认证法规和技术标准提出建议;

(3) 组织制定国内电子商务认证机构的有关管理、运行和安全等规章制度,管理和监督我国境内的电子商务认证机构;

(4) 组织协调国内电子商务认证机构之间的交叉认证;

(5) 承办工业和信息化部交办的其他事项。

七、电子认证服务机构的法律责任

电子签名人或者电子签名依赖方因依据电子认证服务提供者提供的电子签名认证服务从事民事活动遭受损失,电子认证服务提供者不能证明自己无过错的,承担赔偿责任。

电子认证服务提供者不遵守认证业务规则、未妥善保存与认证相关的信息,或者有其他违法行为的,由工业和信息化部责令限期改正;逾期未改正的,吊销电子认证许可证书,其直接负责的主管人员和其他直接责任人员 10 年内不得从事电子认证服务。吊销电子认证许可证书的,应当予以公告并通知质量监督管理部门。

案例 4.2　民商事审判中电子数据证据的认定

【思考题】

1. 什么是签名?签名具有什么功能?什么是电子签名?
2. 我国《电子签名法》的适用范围有何规定?
3. 我国《电子签名法》规定可靠电子签名需要满足哪些条件?
4. 我国《电子签名法》对数据电文的证据效力有什么规定?
5. 电子认证的主要作用是什么?
6. 电子认证机构设立需要具备哪些条件?
7. 电子认证证书包含的主要内容有哪些?

第五章

电子支付法律制度

【学习要点及目标】

1. 掌握电子支付的概念、特征,电子支付工具分类;
2. 熟悉电子支付指引的主要内容;
3. 了解电子银行法律规范;
4. 掌握非金融机构支付服务的申请与许可、监督与管理的主要内容;
5. 掌握非银行支付机构网络支付业务管理的主要内容。

第一节 电子支付概述

随着电子商务的发展,传统的支付方式已不能适应其发展的需求,出现了电子支付形式,电子支付对消费者而言,使用简便、快捷,不受任何营业时间限制,可以促进商品交易实现。据中国互联网络信息中心第 47 次《中国互联网络发展统计报告》数据,截至 2020 年 12 月,我国网络支付用户规模达 8.54 亿,手机网络支付用户达 8.53 亿,网络支付聚合供应链服务推动了电子商务发展。

一、电子支付的概念及特征

(一) 电子支付的概念

根据《电子支付指引(第一号)》第 2 条规定,电子支付是指单位、个人(以下简称客户)直接或授权他人通过电子终端发出支付指令,实现货币支付与资金转移的行为。

电子支付的类型按电子支付指令发起方式分为网上支付、电话支付、移动支付、销售点终端交易、自动柜员机交易和其他电子支付。

小贴士

移动支付业务量保持增长态势

2020 年,银行共处理电子支付业务 2352.25 亿笔,金额 2711.81 万亿元。其中网上支付业务 879.31 亿笔,金额 2174.54 万亿元,同比分别增长 12.46% 和 1.86%;移动支付业务 1232.20 亿笔,金额 432.16 万亿元,同比分别增长 21.48% 和 24.50%;电话支付业务 2.34 亿笔,金额 12.73 万亿元,同比分别增长 33.06% 和 31.69%。

2020年,非银行支付机构处理网络支付业务8272.97亿笔,金额294.56万亿元,同比分别增长14.90%和17.88%。

(资料来源:《2020年支付体系运行总体情况》. http://wzdig.pbc.gov.cn:8080/search/pcRender?pageId=fa445f64514c40c68b1c8ffe859c649e. 2021.3.24)

(二)电子支付的特征

与传统的支付方式相比,电子支付具有下面几个特征:

1. 电子支付具有较强的技术性

这是电子支付不同于传统支付方式的基本特征。电子支付是采用先进的技术通过电子数据流转来完成信息传输,其各种支付方式都是采用数字化的方式进行款项支付的,而传统支付方式则是通过现金的流转、票据的转让及银行的汇兑等物理实体形态完成款项支付。

2. 电子支付的工作环境是一个开放性的系统平台

电子支付系统是基于网络的开放的系统平台,方便快捷,通过该系统,债务人可不受时空限制地实现向债权人给付金钱的行为,而传统支付方式则是在一个较为封闭的系统中运行。

3. 电子支付具有方便、快捷、高效、经济的优点

电子支付使用的是先进的网络和通信等手段,具有不受时空限制的功能,可以24小时随时随地为网上交易的客户提供电子结算手段,无纸化交易成本更低且高效,而传统支付使用的是传统通信媒介,往往会受到时空限制的影响。

二、主要电子支付工具

按照使用的传输网络、传输协议和支付程序等不同以及不同的相互组合方式,可以将电子支付工具分为三大类:①电子货币类,如电子现金、电子钱包等;②电子信用卡类,包括智能卡、借记卡、电话卡等;③电子支票类,如电子支票、电子汇款(EFT)、电子划款等。

(一)电子货币类

1. 电子现金

电子现金(electronic cash/digital money)又称为数字货币,是一种以数据形式流通的货币。它把现金数值转换成为一系列的加密序列数,通过这些序列数来表示现实中各种金额的市值,用户在开展电子现金业务的银行开设账户并在账户内存钱后,就可以在接受电子现金的商店购物了。

 小贴士

告别纸币!人民币大升级 央行数字货币真的来了

中国人民银行数字货币研究所日前透露,当前网传数字人民币体系(DC/EP)信息为技术研发过程中的测试内容,但并不意味着数字人民币正式落地发行。当前阶段将先行

在深圳、苏州、雄安、成都及未来的冬奥场景进行内部封闭试点测试。

而据媒体报道,5月开始,苏州市相城区各区级机关和企事业单位部分人员工资中交通补贴的50%将以数字货币的形式发放。

(资料来源:《告别纸币！人民币大升级 央行数字货币真的来了》。https://baijiahao.baidu.com/s?id=1665931156775975983&wfr=spider&for=pc. 2020.5.6)

2. 电子钱包

电子钱包是电子商务购物活动中常用的支付工具。在电子钱包内存放电子货币,如电子现金、电子零钱、电子信用卡等。

电子钱包使用者通常在银行里是有账户的,使用电子钱包购物需要在电子钱包服务系统中进行。电子商务活动中电子钱包的软件通常都是免费提供的。世界上有VISA Cash和Mondex两大在线电子钱包服务系统。

> **小贴士**
>
> 中银电子钱包(e-wallet)是一个可以由中国银行长城电子借记卡和长城国际卡持卡人,用来进行安全网上购物交易并储存交易记录的软件,就如同生活中随身携带的钱包一样。中国银行采用了国际公认的安全标准(SET,安全电子交易)以保证持卡人网上购物的安全性。

(二)电子信用卡类

1. 借记卡(debit card)

借记卡是指发卡银行向持卡人签发的,没有信用额度,持卡人先存款、后使用的银行卡。借记卡按功能不同分为转账卡、专用卡和储值卡。借记卡不能透支。转账卡具有转账、存取现金和消费功能。专用卡是在特定区域、专用用途(百货、餐饮、娱乐行业以外的用途)使用的借记卡,具有转账、存取现金的功能。储值卡是银行根据持卡人要求将资金转至卡内储存,交易时直接从卡内扣款的预付钱包式借记卡。

2. 信用卡(credit card)

信用卡是银行向可信赖的客户提供无抵押的短期周转信贷的一种手段。由银行或其他财务机构签发给那些资信状况良好的人,用于在指定的商家购物和消费,或在指定银行机构存取现金的特制卡片,是一种特殊的信用凭证,具有转账结算功能、消费借贷功能、储蓄功能和汇兑功能。银行为信用卡用户提供不限地域存取现金、支付、结算的服务。

3. 智能卡(master card)

随着信息技术的进步,信用卡逐渐发展成为能够读写大量数据、更加安全可靠的智能卡。智能卡中一般有硬件的逻辑保护,以密码加密形式来保护其存储内容不被非法更改。智能卡提供了一种简便的方法,可用来存储和解释私人密钥和数字证书,非常好地解决了与电子商务的结合问题。智能卡上存放的证书使持卡人的身份得到认证,并直接在每一次网上购物时签上客户的电子签名。

(三) 电子支票类

1. 电子支票(electronic check)

电子支票是纸基支票的电子替代品,它借鉴纸基支票转移支付的优点,利用数据电讯方式将钱款从一个账户转移到另一个账户。这种电子支付方式是在与商家及银行相连的网络上以密码方式传递的,多数使用公用密钥加密签名或使用个人身份证号码代替手写签名。网络银行和大多数银行金融机构通过建立电子支票支付系统,在各个银行之间发出和接收电子支票,向用户提供电子支付服务。

2. 电子汇款(EFT)

电子汇款也即电子资金转账(electronic funds transfer,EFT),是指使用电子通信设备将现金从一方转付给另一方。在电子资金转账过程中不需要使用纸质凭证。银行把现金从一个账户划拨到另一个账户之后,只要记一笔简单的日记账分录就可以了。

(四) 其他电子支付工具

除了上述三类电子工具外,还有电子零钱、安全零钱、在线货币等。这些支付工具的共同特点都是将现金或货币数字化和电子化,利于在网络中传输、结算和支付,利于网络银行使用,利于实现电子支付或在线支付。

 小贴士

比特币(bitcoin)的概念最初由一个自称中本聪(Satoshi Nakamoto)的人于 2008 年 11 月 1 日提出,其在 P2P foundation 网站上发布了比特币白皮书《比特币:一种点对点的电子现金系统》,陈述对电子货币的新设想,比特币就此于 2009 年 1 月 3 日正式诞生。迄今为止,尽管全世界的记者甚至若干政府机构一直在调查,仍然无法确定中本聪究竟是谁。

按照中国人民银行等五部委《关于防范比特币风险的通知》(银发〔2013〕289 号)文件精神,认定比特币为特定的虚拟产品,禁止金融机构服务于比特币交易,同时要防范比特币可能产生的洗钱风险。

三、电子支付安全标准

电子支付安全标准是为了满足电子支付的安全性要求而开发出的集加密技术、电子签名和信息摘要技术、安全认证技术于一体的各种安全技术措施或者安全技术协议。以下是目前国际上常用的两种电子支付的安全标准。

(一) 安全套接层协议

安全套接层协议(secure socket layer,SSL)是一种保护 Web 通信的工业标准,主要目的是提供互联网上的安全通信服务,能够对信用卡和个人数据、电子商务提供较强的加密保护,是国际上最早应用于电子商务的一种网络安全协议。它在网络上普遍使用,能保证双方通信时数据的完整性、保密性和互操作性,在安全要求不太高时可用。

SSL 协议运行的基点是商家对客户信息保密的承诺,客户的信息首先传到商家,商家阅读后再传到银行。这样,客户资料的安全性便受到威胁。另外,整个过程只有商家对客户的认证,缺少了客户对商家的认证。在电子商务的初始阶段,由于参加电子商务的公司大都是信誉较好的公司,这个问题没有引起人们的重视。随着越来越多的公司参与电子商务,对商家认证的问题也就越来越突出,SSL 的缺点完全暴露出来,SSL 协议也逐渐被新的 SET 协议所取代。

(二) 安全电子交易协议

安全电子交易协议(secure electronic transaction,SET)是由 Visa 和 MasterCard 两大信用卡组织提出的以信用卡为基础的电子付款系统规范,用来确保在开放网络上持卡交易的安全性。SET 规范使用了公开密钥体系对通信双方进行认证,并利用 Hash 算法鉴别信息的真伪,以维护在任何开放网络上的个人金融资料的安全性。

SET 体系中的核心技术包括电子签名和信息摘要、数字证书的签发、电子信函、公开密钥的加密等。其中还有一个关键的认证机构(CA),负责发布和管理数字证书。SET 协议规定发给每个持卡人一个数字证书。持卡人(客户)选中一个口令,用它对数字证书和私钥、信用卡号以及其他信息加密存储。

四、电子支付步骤

电子支付流程包括支付的发起、支付指令的交换与清算、支付的结算等环节。以 SET 协议的工作流程图为例,可将整个工作程序分为下面七个步骤:

第一步,消费者填写网上购物信息。消费者利用自己的计算机通过互联网选订所要购买的物品,并在计算机上输入订货单,订货单上需列出在线商店、购买物品名称及数量、交货时间及地点等相关信息。

第二步,在线商店对消费者填写的网上购物信息做出应答。通过电子商务服务器与有关在线商店联系,在线商店做出应答,告诉消费者所填订货单的货物单价、应付款数、交货方式等信息是否准确,是否有变化。

第三步,消费者选择付款方式,确认订单,签发付款指令。此时 SET 开始介入。

第四步,在 SET 中,消费者必须对订单和付款指令进行电子签名。此处利用双重签名技术保证商家看不到消费者的账号信息。

第五步,在线商店接受订单后,向消费者所在银行请求支付认可。信息通过支付网关到收单银行,再到电子支付工具的发行公司确认。批准交易后,返回确认信息给在线商店。

第六步,在线商店发送订单确认信息给消费者。消费者端软件可记录交易日志,以备将来查询。

第七步,在线商店发送货物或提供服务,并通知收单银行将钱从消费者的账号转移到商店账号,或通知发卡银行请求支付。在认证操作和支付操作中间一般会有一个时间间隔,例如,在每天的下班前请求银行结一天的账。

在整个电子支付过程中,前两步与 SET 无关,从第三步开始 SET 起作用,一直到第七步,在处理过程中,通信协议、请求信息的格式、数据类型的定义等都有明确的规定。在操作的每一步,消费者、在线商店、支付网关都通过 CA 来验证通信主体的身份,以确保通信的对方不是冒名顶替。所以也可以简单地认为,SET 协议充分发挥了认证中心的作用,以维护在任何开放网络上的电子商务参与者提供信息的真实性和保密性。

案例 5.1 利用"美团"漏洞骗取退款 200 多万,43 人被判诈骗罪

第二节 中国电子支付立法概述

电子支付立法涉及电子银行组织法、电子银行业务管理法、电子资金转移法、电子清算和结算法,同时还涉及电子签名法、电子证据法、电子合同法、隐私权保护法和反洗钱法等,因电子支付立法涉及面广,我国目前没有专门对电子支付立法,针对电子支付参与主体与服务对象不同,颁布了一系列法律规范。2005 年被称为中国电子支付元年,自此中国电子支付市场高速增长,很多电子支付法规也得到了完善。

一、电子支付相关法律法规

(一)电子支付金融卡相关法律规范

在电子支付金融卡方面,中国人民银行发布了一系列部门规章、规范性文件和行业标准,包括:1999 年 1 月 5 日发布的《银行卡业务管理办法》;2009 年 5 月 18 日发布的《银行卡卡片规范》;2010 年 4 月 30 日发布的《中国金融集成电路(IC)卡规范》(2010 年版);2011 年 2 月 23 日发布的《中国人民银行关于进一步规范和加强商业银行银行卡发卡技术管理工作的通知》;2011 年 7 月 21 日发布的《中国金融集成电路(IC)卡密钥体系管理规范》等 6 项制度规范;2014 年 7 月 30 日发布的《中国金融集成电路(IC)卡检测规范》等。

(二)电子支付网络安全保护相关法律规范

在电子支付网络安全保护方面,我国制定有基本法律、行政法规和部门规章,如《刑法》从 285 条至 287 条,规定了非法侵入计算机系统罪、破坏计算机信息系统罪、非法利用信息网络罪等以计算机系统及其网络为犯罪对象的处罚;行政法规有《计算机信息系统安全保护条例》《计算机信息网络国际联网安全保护管理办法》;部门规章有《互联网安全保护技术措施规定》等。

(三)电子支付结算相关法律规范

在电子支付结算方面,2005 年 10 月 26 日中国人民银行发布了《电子支付指引(第一

号)》,此规范性文件提出了银行从事电子支付义务的指导性要求;为规范金融机构与非金融机构支付服务行为,防范支付风险,中国人民银行发布了《电子商业汇票业务管理办法》《非金融机构支付服务管理办法》《银行卡收单业务管理办法》和《非银行支付机构网络支付业务管理办法》等。

此外,《电子商务法》第53条至第57条分别规定了电子支付服务提供者的义务、电子支付安全管理要求、错误支付的法律责任、向用户提供支付确认信息的义务、未授权支付责任分担等。

(四) 电子支付监督管理相关法律规范

在电子支付监督管理方面,中国银行业监督管理委员会(现中国银行保险监督管理委员会)发布了《电子银行业务管理办法》和《电子银行安全评估指引》,中国人民银行发布了《金融机构反洗钱规定》。

(五) 电子支付认证相关法律规范

在电子支付认证方面,我国制定有《电子签名法》,工业和信息化部发布了《电子认证服务管理办法》。

二、《电子支付指引(第一号)》

为规范电子商务支付业务,防范支付风险,保证资金安全,维护银行及其客户在电子支付活动中的合法权益,促进电子支付业务的健康发展,中国人民银行制定并发布了《电子支付指引(第一号)》。

下面就《电子支付指引(第一号)》的有关内容,包括电子支付交易的有效性、客户和银行的权利和义务、信息披露支付安全等方面的规定进行介绍。

(一) 支付业务的申请

客户和银行之间发生支付业务时,银行应根据审慎性原则,确定办理电子支付业务客户的条件,客户在符合相应条件的前提下,按照一定的程序办理电子支付的申请手续。具体程序如下。

1. 银行公开办理电子支付业务的相关信息

根据《电子支付指引(第一号)》第8条的规定,银行应向公众公开披露办理电子支付业务的以下相关信息:

(1) 银行名称、营业地址及联系方式;
(2) 客户办理电子支付业务的条件;
(3) 所提供的电子支付业务品种、操作程序和收费标准等;
(4) 电子支付交易品种可能存在的全部风险,包括该品种的操作风险、对外采取的安全措施、无法采取安全措施的安全漏洞等;
(5) 客户使用电子支付交易品种可能产生的风险;
(6) 提醒客户妥善保管、使用或授权他人使用电子支付交易存取工具(如卡、密码、密匙、电子签名制作数据等)的警示性信息；

(7) 争议及差错处理方式等。

2. 客户提出申请

客户依照银行公布的办理电子支付业务的信息向银行提出办理电子支付业务的申请，银行应当认真审核客户申请办理电子支付业务的基本信息资料，并应当告知客户所提供信息的使用目的和范围、安全保护措施以及客户未提供或未真实提供相关资料信息的后果。

3. 签订电子支付合同或协议

客户认可银行办理电子支付业务的相关要求之后，与银行以书面或电子方式签订电子支付合同或协议，即可开展电子支付业务。

根据《电子支付指引(第一号)》第13条的规定，该合同或协议的内容包括：

(1) 客户指定办理电子支付业务的账户名称和账号；

(2) 客户应保证办理电子支付业务账户的支付能力；

(3) 双方约定的电子支付类型、交易规则、认证方式(如密码、密钥、数字证书、电子签名)等；

(4) 银行对客户提供的申请资料和其他信息的保密义务；

(5) 银行根据客户要求提供交易记录的时间和方式；

(6) 争议、差错处理和损害赔偿责任等。

根据《电子支付指引(第一号)》第14条的规定，客户与银行进行电子支付业务的过程中，发生下列情形时，应当及时向银行提出电子或书面申请：①终止电子支付协议的；②客户基本资料发生变更的；③约定的认证方式需要变更的；④有关电子支付业务资料、存取工具被盗或遗失的；⑤客户与银行约定的其他情形。

如果客户利用电子支付方式从事违反国家法律、法规活动的，银行应当按照有关部门的要求停止为其办理电子支付业务。

客户提出终止电子支付协议或银行停止为客户办理电子支付业务的，银行应当按会计档案的管理要求妥善保存客户的申请资料，保存期限至电子支付业务终止后5年。

(二) 电子支付指令的发起和接收

电子支付指令的发起和接收应当依照以下程序进行：

1. 电子支付指令的发起

这是客户根据需要就货币支付和资金转移通过电子终端，根据其与发起行签订的协议，发出电子支付指令。

2. 电子支付指令的确认

在客户发出电子支付指令前，发起行应建立必要的安全程序，在提示客户对指令的准确性和完整性进行确认的前提下，对客户身份和电子支付指令再次进行确认，并应能够向客户提供纸质或电子交易回单，同时形成日志文件等记录，保存至交易后5年。

3. 电子支付指令的执行

发起行在确认客户电子支付指令完整和准确后，通过安全程序执行电子支付指令。

发起行执行该指令后,客户不得要求变更或撤销电子支付指令。

4. 电子支付指令的接收

接受行收到电子支付指令后,应当按照协议规定,及时回复确认。

根据《电子支付指引(第一号)》的有关规定,在电子支付指令的发起和接收过程中,发起行和接收行应确保电子支付指令传递的可跟踪稽核和不可篡改。如果电子支付指令需转换为纸质支付凭证,其纸质支付凭证必须记载以下事项(具体格式由银行确定):①付款人开户行名称和签章;②付款人名称、账号;③接收行名称;④收款人名称、账号;⑤大写金额和小写金额;⑥发起日期和交易序列号。

(三) 安全控制

1. 建立有效的安全管理制度

银行应针对与电子支付业务活动相关的风险,建立有效的安全管理制度。这类制度包括但不限于计算机设备安全管理制度、计算机网络系统安全管理制度、数据库安全管理制度、电子交易安全管理制度等。

2. 采用符合规定的安全标准

银行在开展电子支付业务时采用的信息安全标准、技术标准、业务标准等应当符合有关规定。

3. 限制电子支付的金额

银行应根据审慎性原则并针对不同客户,在电子支付类型、单笔支付金额和每日累计支付金额等方面作出合理限制:

(1) 银行通过互联网为个人客户办理电子支付业务,除采用数字证书、电子签名等安全认证方式外,单笔金额不应超过 1000 元人民币,每日累计金额不应超过 5000 元人民币;

(2) 银行为客户办理电子支付业务,单位客户从其银行结算账户支付给个人银行结算账户的款项,其单笔金额不得超过 5 万元人民币,但银行与客户通过协议约定,能够事先提供有效付款依据的除外;

(3) 银行应在客户的信用卡授信额度内,设定用于网上支付交易的额度供客户选择,但该额度不得超过信用卡的预借现金额度。

4. 合理使用客户信息资料

银行使用客户资料、交易记录等,不得超出法律、法规许可和客户授权的范围。

5. 保守客户秘密

银行应依法对客户的资料信息、交易记录等保密。除国家法律、行政法规另有规定外,银行应当拒绝除客户本人以外的任何单位或个人的查询。银行应采取必要措施为电子支付交易数据保密:

(1) 对电子支付交易数据的访问须经合理授权和确认;

(2) 电子支付交易数据须以安全方式保存,并防止其在公共、私人或内部网络上传输时被擅自查看或非法截取;

(3) 第三方获取电子支付交易数据必须符合有关法律、法规的规定以及银行关于数

据使用和保护的标准与控制制度;

(4) 对电子支付交易数据的访问均须登记,并确保该登记不被篡改。

6. 及时与客户核对电子支付交易情况

银行应与客户约定,及时或定期向客户提供交易记录、资金余额和账户状态等信息,核对电子支付交易情况。

7. 保护电子支付交易数据的完整性和可靠性

银行应采取必要措施保护电子支付交易数据的完整性和可靠性:

(1) 制定相应的风险控制策略,防止电子支付业务处理系统发生有意或无意的危害数据完整性和可靠性的变化,并具备有效的业务容量、业务连续性计划和应急计划;

(2) 保证电子支付交易与数据记录程序的设计发生擅自变更时能被有效侦测;

(3) 有效防止电子支付交易数据在传送、处理、存储、使用和修改过程中被篡改,任何对电子支付交易数据的篡改能通过交易处理、监测和数据记录功能被侦测;

(4) 按照会计档案管理的要求,对电子支付交易数据,以纸介质或磁性介质的方式进行妥善保存,保存期限为 5 年,并方便调阅。

8. 建立合理的授权机制

银行应建立合理的授权机制,确保对电子支付业务处理系统的操作人员、管理人员以及系统服务商有合理的授权控制:

(1) 确保进入电子支付业务账户或敏感系统所需的认证数据免遭篡改和破坏。对此类篡改都应是可侦测的,而且审计监督应能恰当地反映出这些篡改的企图。

(2) 对认证数据进行的任何查询、添加、删除或更改都应得到必要授权,并具有不可篡改的日志记录。

9. 建立职责分离的管理体系

银行应采取有效措施,建立职责分离的管理体系,以保证电子支付业务处理系统中的职责分离:

(1) 对电子支付业务处理系统进行测试,确保职责分离;

(2) 开发和管理经营电子支付业务处理系统的人员维持分离状态;

(3) 交易程序和内控制度的设计确保任何单个的雇员和外部服务供应商都无法独立完成一项交易。

10. 强化认证服务体系的作用

银行采用数字证书或电子签名方式进行客户身份认证和交易授权的,提倡由合法的第三方认证机构提供认证服务。如客户因依据该认证服务进行交易遭受损失,认证服务机构不能证明自己无过错,应依法承担相应责任。

11. 及时通报重大安全事项

银行应建立电子支付业务运作重大事项报告制度,及时向监管部门报告电子支付业务经营过程中发生的危及安全的事项。

(四) 差错处理

电子支付业务常会出现差错,一旦发现差错,应当遵守据实、准确和及时的原则进行

处理。《电子支付指引(第一号)》专门就差错处理事项作出规定:

1. 差错的记录管理

银行对电子支付业务的差错应详细备案登记,记录内容应包括差错时间、差错内容与处理部门及人员姓名、客户资料、差错影响或损失、差错原因、处理结果等。

2. 差错的补救

电子支付交易数据出现差错,应当根据不同情况进行补救:

(1) 由于银行保管、使用不当,导致客户资料信息被泄露或篡改的,银行应采取有效措施防止因此造成客户损失,并及时通知和协助客户补救。

(2) 接收行由于自身系统或内控制度等原因对电子支付指令未执行、未适当执行或延迟执行致使客户款项未准确入账的,应及时纠正。

(3) 客户的有关电子支付业务资料、存取工具被盗或遗失,应按约定方式和程序及时通知银行。

(4) 非资金所有人盗取他人存取工具发出电子支付指令,并且其身份认证和交易授权通过发起行的安全程序的,发起行应积极配合客户查找原因,尽量减少客户损失。

(5) 客户发现自身未按规定操作,或由于自身其他原因造成电子支付指令未执行、未适当执行、延迟执行的,应在协议约定的时间内,按照约定程序和方式通知银行。银行应积极调查并告知客户调查结果。银行发现因客户原因造成电子支付指令未执行、未适当执行、延迟执行的,应主动通知客户改正或配合客户采取补救措施。

(6) 因不可抗力造成电子支付指令未执行、未适当执行、延迟执行的,银行应当采取积极措施防止损失扩大。

3. 电子支付交易数据出现差错的责任承担

根据《电子支付指引(第一号)》的规定以及一般法律归责原则,电子支付交易数据出现差错时,应当依照下列情况承担责任:

(1) 因银行自身系统、内控制度或为其提供服务的第三方服务机构的原因,造成电子支付指令无法按约定时间传递、传递不完整或被篡改,并造成客户损失的,银行应按约定予以赔偿。

(2) 因第三方服务机构的原因造成客户损失的,银行应予赔偿,再根据与第三方服务机构的协议进行追偿。

(3) 因客户原因造成自身损失的,应当由自己承担损失责任。

(4) 因银行(包括第三方服务机构)和客户共同的原因造成损失的,应当依据各自的过错大小,由相应的责任人承担相应的过错责任。

第三节 电子银行法律规范

一、电子银行概述

电子银行业务,按《电子银行业务管理办法》第 2 条规定,是指商业银行等银行业金融机构利用面向社会公众开放的通信通道或开放型公众网络,以及银行为特定自助服务设施或客户建立的专用网络,向客户提供的银行服务。

电子银行业务包括利用计算机和互联网开展的银行业务(以下简称网上银行业务),利用电话等声讯设备和电信网络开展的银行业务(以下简称电话银行业务),利用移动电话和无线网络开展的银行业务(以下简称手机银行业务),以及其他利用电子服务设备和网络,由客户通过自助服务方式完成金融交易的银行业务。

 小贴士

招商银行从1997年4月推出银行网站。1998年2月,招商银行推出"一网通"服务,成为国内首家推出网上银行业务的银行。1999年9月,招商银行率先在国内全面启动网上银行服务,建立了由网上企业银行、网上个人银行、网上证券、网上商城、网上支付五大系统为主的银行服务,组成了较为完善的网络银行服务体系。

二、电子银行的申请与变更

(一)金融机构申请开办电子银行应当具备的条件

金融机构在中国境内开办电子银行业务,应当依照《电子银行业务管理办法》的有关规定,向中国银保监会申请或报告。

1. 金融机构开办电子银行业务应当具备的条件

(1)金融机构的经营活动正常,建立了较为完善的风险管理体系和内部控制制度,在申请开办电子银行业务的前一年内,金融机构的主要信息管理系统和业务处理系统没有发生过重大事故。

(2)制定了电子银行业务的总体发展战略、发展规划和电子银行安全策略,建立了电子银行业务风险管理的组织体系和制度体系。

(3)按照电子银行业务发展规划和安全策略,建立了电子银行业务运营的基础设施和系统,并对相关设施和系统进行了必要的安全检测和业务测试。

(4)对电子银行业务风险管理情况和业务运营设施与系统等,进行了符合监管要求的安全评估。

(5)建立了明确的电子银行业务管理部门,配备了合格的管理人员和技术人员。

(6)符合中国银保监会要求的其他条件。

2. 其他应具备的条件

金融机构开办以互联网为媒介的网上银行业务、手机银行业务等电子银行业务,除应具备上述所列条件外,还应具备以下条件:

(1)电子银行基础设施设备能够保障电子银行的正常运行。

(2)电子银行系统具备必要的业务处理能力,能够满足客户适时业务处理的需要。

(3)建立了有效的外部攻击侦测机制。

(4)中资银行业金融机构的电子银行业务运营系统和业务处理服务器设置在中国境内。

(5)外资金融机构的电子银行业务运营系统和业务处理服务器可以设置在中国境内或境外。设置在境外时,应在中国境内设置可以记录和保存业务交易数据的设施设备,能够满足金融监管部门现场检查的要求,在出现法律纠纷时,能够满足中国司法机构调查取证的要求。

案例 5.2　张青春诉广州市蔚来国际贸易有限公司财产损害赔偿纠纷案

(二)金融机构增加或变更需要审批的电子银行业务类型应报送的材料

金融机构增加或变更需要审批的电子银行业务类型,应向中国银监会或其派出机构报送以下文件和资料(一式三份):

(1)由金融机构法定代表人签署的增加或变更业务类型的申请;
(2)拟增加或变更业务类型的定义和操作流程;
(3)拟增加或变更业务类型的风险特征和防范措施;
(4)有关管理规章制度;
(5)申请单位联系人以及联系电话、传真、电子邮件信箱等联系方式;
(6)中国银监会要求提供的其他文件和资料。

三、风险管理

(一)建立健全电子银行风险管理体系和电子银行安全、稳健运营的内部控制体系

金融机构应当将电子银行业务风险管理纳入本机构风险管理的总体框架之中,并应根据电子银行业务的运营特点,建立健全电子银行风险管理体系和电子银行安全、稳健运营的内部控制体系。

金融机构的电子银行风险管理体系和内部控制体系应当具有清晰的管理架构、完善的规章制度和严格的内部授权控制机制,能够对电子银行业务面临的战略风险、运营风险、法律风险、声誉风险、信用风险、市场风险等实施有效的识别、评估、监测和控制。

 小贴士

电子银行安全评估制度

按照《电子银行安全评估指引》,开展电子银行业务的金融机构,应根据其电子银行发展和管理的需要,至少每两年对电子银行进行一次全面的安全评估。金融机构可以利用外部专业化的评估机构对电子银行进行安全评估,也可以利用内部独立于电子银行业务运营和管理部门的评估部门对电子银行进行安全评估。

金融机构应建立电子银行安全评估的规章制度体系和工作规程,保证电子银行安全评估能够及时、客观地得以实施。金融机构的电子银行安全评估,应接受中国银行保险监

督管理委员会的监督指导。

(二) 电子银行安全保护措施

1. 金融机构应当对电子银行的重要设施设备和数据采取保护措施

金融机构应当保障电子银行运营设施设备,以及安全控制设施设备的安全,对电子银行的重要设施设备和数据,采取适当的保护措施。

(1) 有形场所的物理安全控制,必须符合国家有关法律法规和安全标准的要求,对尚没有统一安全标准的有形场所的安全控制,金融机构应确保其制定的安全制度有效地覆盖可能面临的主要风险;

(2) 以开放型网络为媒介的电子银行系统,应合理设置和使用防火墙、防病毒软件等安全产品与技术,确保电子银行有足够的反攻击能力、防病毒能力和入侵防护能力;

(3) 对重要设施设备的接触、检查、维修和应急处理,应有明确的权限界定、责任划分和操作流程,并建立日志文件管理制度,如实记录并妥善保管相关记录;

(4) 对重要技术参数,应严格控制接触权限,并建立相应的技术参数调整与变更机制,并保证在更换关键人员后,能够有效防止有关技术参数的泄露;

(5) 对管理电子银行的关键岗位和关键人员,应实行轮岗和强制性休假制度,建立严格的内部监督管理制度。

2. 金融机构应保证电子交易数据的安全性和完整性

金融机构应采用适当的加密技术和措施,保证电子交易数据传输的安全性与保密性,以及所传输交易数据的完整性、真实性和不可否认性。

金融机构采用的数据加密技术应符合国家有关规定,并根据电子银行业务的安全性需要和科技信息技术的发展,定期检查和评估所使用的加密技术和算法的强度,对加密方式进行适时调整。

金融机构应建立电子银行入侵侦测与入侵保护系统,实时监控电子银行的运行情况,定期对电子银行系统进行漏洞扫描,并建立对非法入侵的甄别、处理和报告机制。

金融机构应采取适当措施,保证电子银行业务符合相关法律法规对客户信息和隐私保护的规定。

(三) 电子银行用户身份验证管理

金融机构应采取适当的措施和采用适当的技术,识别与验证使用电子银行服务客户的真实、有效身份,并应依照与客户签订的有关协议对客户作业权限、资金转移或交易限额等实施有效管理。

金融机构开展电子银行业务,需要对客户信息和交易信息等使用电子签名或电子认证时,应遵照国家有关法律法规的规定。金融机构使用第三方认证系统,应对第三方认证机构进行定期评估,保证有关认证安全可靠和具有公信力。

四、电子银行数据交换与转移管理

电子银行业务的数据交换与转移,是指金融机构根据业务发展和管理的需要,利用电子银行平台与外部组织或机构相互交换电子银行业务信息和数据,或者将有关电子银行业务数据转移至外部组织或机构的活动。

金融机构根据业务发展需要,可以与其他开展电子银行业务的金融机构建立电子银行系统数据交换机制,实现电子银行业务平台的直接连接,进行境内实时信息交换和跨行资金转移。

金融机构根据业务发展或管理的需要,可以与非银行业金融机构直接交换或转移部分电子银行业务数据。金融机构向非银行业金融机构交换或转移部分电子银行业务数据时,应签订数据交换(转移)用途与范围明确、管理职责清晰的书面协议,并明确各方的数据保密责任。

金融机构可以为电子商务经营者提供网上支付平台。为电子商务提供网上支付平台时,金融机构应严格审查合作对象,签订书面合作协议,建立有效监督机制,防范不法机构或人员利用电子银行支付平台从事违法资金转移或其他非法活动。

五、电子银行业务外包管理

电子银行业务外包,是指金融机构将电子银行部分系统的开发、建设,电子银行业务的部分服务与技术支持,电子银行系统的维护等专业化程度较高的业务工作,委托给外部专业机构承担的活动。

金融机构在选择电子银行业务外包服务供应商时,应充分审查、评估外包服务供应商的经营状况、财务状况和实际风险控制与责任承担能力,进行必要的尽职调查。金融机构应充分认识外包服务供应商对电子银行业务风险控制的影响,并将其纳入总体安全策略之中。金融机构应建立完整的业务外包风险评估与监测程序,审慎管理业务外包产生的风险。

金融机构对电子银行业务处理系统、授权管理系统、数据备份系统的总体设计开发,以及其他涉及机密数据管理与传递环节的系统进行外包时,应经过金融机构董事会或者法人代表批准,并应在业务外包实施前向中国银保监会报告。

六、电子银行跨境业务活动管理

电子银行的跨境业务活动,是指开办电子银行业务的金融机构利用境内的电子银行系统,向境外居民或企业提供的电子银行服务活动。

金融机构提供跨境电子银行服务,除应遵守中国法律法规和外汇管理政策等规定外,还应遵守境外居民所在国家(地区)的法律规定。境外电子银行监管部门对跨境电子银行业务要求审批的,金融机构在提供跨境业务活动之前,应获得境外电子银行监管部门的批准。

金融机构开展跨境电子银行业务,除应按照《电子银行业务管理办法》的有关规定向中国银保监会申请外,还应当向中国银保监会提供以下文件资料:①跨境电子银行服务的国家(地区),以及该国(地区)对电子银行业务管理的法律规定;②跨境电子银行服务的主要对象及服务内容;③未来三年跨境电子银行业务发展规模、客户规模的分析预测;④跨境电子银行业务法律与合规性分析。

七、电子银行的法律责任

金融机构在提供电子银行服务时,因电子银行系统存在安全隐患、金融机构内部违规操作和其他非客户原因等造成损失的,金融机构应当承担相应责任。因客户有意泄露交易密码,或者未按照服务协议尽到应尽的安全防范与保密义务造成损失的,金融机构可以根据服务协议的约定免于承担相应责任,但法律法规另有规定的除外。

金融机构未经批准擅自开办电子银行业务,或者未经批准增加或变更需要审批的电子银行业务类型,造成客户损失的,金融机构应承担全部责任。法律法规明确规定应由客户承担的责任除外。

金融机构已经按照有关法律法规和行政规章的要求,尽到了电子银行风险管理和安全管理的相应职责,但因其他金融机构或者其他金融机构的外包服务商失职等原因,造成客户损失的,由其他金融机构承担相应责任,但提供电子银行服务的金融机构有义务协助其客户处理有关事宜。

金融机构开展电子银行业务违反审慎经营规则但尚不构成违法违规,并导致电子银行系统存在较大安全隐患的,中国银保监会将责令限期改正;逾期未改正,或者其安全隐患在短时间难以解决的,中国银保监会可以区别情形,采取下列措施:①暂停批准增加新的电子银行业务类型;②责令金融机构限制发展新的电子银行客户;③责令调整电子银行管理部门负责人。

金融机构在开展电子银行业务过程中,违反有关法律法规和行政规章的,中国银保监会将依据有关法律法规和行政规章的规定予以处罚。

案例 5.3　石晓敏与中国农业银行股份有限公司武汉民院支行储蓄存款合同纠纷案

第四节　非金融机构支付服务法律规范

一、非金融机构支付服务概述

非金融机构支付服务,按照《非金融机构支付服务管理办法》第 2 条的规定,是指非金融机构在收付款人之间作为中介机构提供的货币资金转移服务。

非金融机构支付服务包括网络支付、预付卡的发行与受理、银行卡收单以及中国人民银行确定的其他支付服务。

(1) 网络支付,是指依托公共网络或专用网络在收付款人之间转移货币资金的行为,包括货币汇兑、互联网支付、移动电话支付、固定电话支付、数字电视支付等。

(2) 预付卡,是指以营利为目的发行的、在发行机构之外购买商品或服务的预付价值,包括采取磁条、芯片等技术以卡片、密码等形式发行的预付卡。

(3) 银行卡收单,是指通过销售点(POS)终端等为银行卡特约商户代收货币资金的行为。

二、非金融机构支付服务的申请与许可

(一) 申请

非金融机构从事支付服务,应当按照《非金融机构支付服务管理办法》的规定办理《支付业务许可证》,中国人民银行负责《支付业务许可证》的颁发和管理。

申请《支付业务许可证》的,需经所在地中国人民银行副省级城市中心支行以上的分支机构审查后,报中国人民银行批准。

(二) 条件

《支付业务许可证》的申请人应当具备下列条件:

(1) 在中华人民共和国境内依法设立的有限责任公司或股份有限公司,且为非金融机构法人;
(2) 有符合《非金融机构支付服务管理办法》规定的注册资本最低限额;
(3) 有符合《非金融机构支付服务管理办法》规定的出资人;
(4) 有5名以上熟悉支付业务的高级管理人员;
(5) 有符合要求的反洗钱措施;
(6) 有符合要求的支付业务设施;
(7) 有健全的组织机构、内部控制制度和风险管理措施;
(8) 有符合要求的营业场所和安全保障措施;
(9) 申请人及其高级管理人员最近3年内未因利用支付业务实施违法犯罪活动或为违法犯罪活动办理支付业务等受过处罚。

(三) 需要提交的材料

申请人应当向所在地中国人民银行分支机构提交下列文件、资料:

(1) 书面申请,载明申请人的名称、住所、注册资本、组织机构设置、拟申请支付业务等;
(2) 公司营业执照(副本)复印件;
(3) 公司章程;
(4) 验资证明;
(5) 经会计师事务所审计的财务会计报告;
(6) 支付业务可行性研究报告;
(7) 反洗钱措施验收材料;
(8) 技术安全检测认证证明;
(9) 高级管理人员的履历材料;
(10) 申请人及其高级管理人员出具的无犯罪记录承诺书;

(11) 主要出资人的相关材料；

(12) 申请资料真实性声明。

(四) 公告事项

申请人应当在收到受理通知后按规定公告下列事项：

(1) 申请人的注册资本及股权结构；

(2) 主要出资人的名单、持股比例及其财务状况；

(3) 拟申请的支付业务；

(4) 申请人的营业场所；

(5) 支付业务设施的技术安全检测认证证明。

(五) 审查批准

中国人民银行分支机构依法受理符合要求的各项申请，并将初审意见和申请资料报送中国人民银行。中国人民银行审查批准的，依法颁发《支付业务许可证》，并予以公告。

《支付业务许可证》自颁发之日起，有效期5年。支付机构拟于《支付业务许可证》期满后继续从事支付业务的，应当在期满前6个月内向所在地中国人民银行分支机构提出续展申请。中国人民银行准予续展的，每次续展的有效期为5年。

支付机构变更下列事项之一的，应当在向公司登记机关申请变更登记前报中国人民银行同意：①变更公司名称、注册资本或组织形式；②变更主要出资人；③合并或分立；④调整业务类型或改变业务覆盖范围。

支付机构申请终止支付业务的，应当向所在地中国人民银行分支机构提交《非金融机构支付服务管理办法》规定的材料，中国人民银行批复准予终止的，支付机构应当按照规定完成终止工作，交回《支付业务许可证》。

案例5.4　北京聚合富科技有限公司诉大连会买科技有限公司服务合同纠纷案

27家非银行支付机构《支付业务许可证》续展决定

根据《非金融机构支付服务管理办法》(中国人民银行令〔2010〕第2号发布)、《中国人民银行关于〈支付业务许可证〉续展工作的通知》(银发〔2015〕358号)，中国人民银行对27家非银行支付机构(以下简称支付机构)《支付业务许可证》续展申请作出决定。

27家非银行支付机构《支付业务许可证》续展有效期为五年，截止日期为2021年5月2日。这27家非银行支付机构包括：支付宝(中国)网络技术有限公司、银联商务有限公司、财富通支付科技有限公司(腾讯旗下第三方支付平台，与腾讯联合发布微信支付)等。

(资料来源:摘自《中国人民银行公告〔2016〕第 17 号》. http://www.pbc.gov.cn/goutongjiaoliu/113456/113469/3119036/index.html)

三、非金融机构支付服务的监督与管理

(一)业务范围

非金融支付机构应当按照《支付业务许可证》核准的业务范围从事经营活动,不得从事核准范围之外的业务,不得将业务外包。

支付机构应当按照审慎经营的要求,制订支付业务办法及客户权益保障措施,建立健全风险管理和内部控制制度,并报所在地中国人民银行分支机构备案。

(二)公开收费项目和收费标准

非金融支付机构应当确定支付业务的收费项目和收费标准,并报所在地中国人民银行分支机构备案。支付业务的收费项目和收费标准应当公开披露。

(三)核实客户信息并妥善保管

非金融支付机构应当按规定核对客户的有效身份证件或其他有效身份证明文件,并登记客户身份基本信息。支付机构明知或应知客户利用其支付业务实施违法犯罪活动的,应当停止为其办理支付业务。

支付机构应当依法保守客户的商业秘密,不得对外泄露。法律法规另有规定的除外。支付机构应当按规定妥善保管客户身份基本信息、支付业务信息、会计档案等资料。

(四)签订支付服务协议

非金融支付机构应当制定支付服务协议,明确其与客户的权利和义务、纠纷处理原则、违约责任等事项。支付机构应当公开披露支付服务协议的格式条款,并报所在地中国人民银行分支机构备案。

(五)遵守备付金管理规定

非金融支付机构只能根据客户发起的支付指令转移备付金,禁止支付机构以任何形式挪用客户备付金。支付机构接受客户备付金,应统一交存至指定账户,由央行监管,支付机构不得挪用、占用客户备付金。

 小贴士

非银行支付机构客户备付金存管办法

为规范非银行支付机构客户备付金管理,保障当事人合法权益,促进支付行业健康有序发展,中国人民银行发布了《非银行支付机构客户备付金存管办法》,自 2021 年 3 月 1

日起施行。《非银行支付机构客户备付金存管办法》适用于客户备付金的存放、归集、使用、划转等存管活动。

(六) 支付指令中应当记载的事项

非金融支付机构应当在客户发起的支付指令中记载下列事项：
(1) 付款人名称；
(2) 确定的金额；
(3) 收款人名称；
(4) 付款人的开户银行名称或支付机构名称；
(5) 收款人的开户银行名称或支付机构名称；
(6) 支付指令的发起日期。

客户通过银行结算账户进行支付的，支付机构还应当记载相应的银行结算账号。客户通过非银行结算账户进行支付的，支付机构还应当记载客户有效身份证件上的名称和号码。

(七) 支付指令安全性要求

非金融支付机构应当具备必要的技术手段，确保支付指令的完整性、一致性和不可抵赖性，支付业务处理的及时性、准确性和支付业务的安全性；具备灾难恢复处理能力和应急处理能力，确保支付业务的连续性。

(八) 现场检查和非现场检查

非金融支付机构应当接受中国人民银行及其分支机构定期或不定期的现场检查和非现场检查，如实提供有关资料，不得拒绝、阻挠、逃避检查，不得谎报、隐匿、销毁相关证据材料。

中国人民银行及其分支机构依据法律、行政法规、中国人民银行的有关规定对支付机构的公司治理、业务活动、内部控制、风险状况、反洗钱工作等进行定期或不定期现场检查和非现场检查。

(九) 责令停办支付业务

非金融支付机构有下列情形之一的，中国人民银行及其分支机构有权责令其停止办理部分或全部支付业务：
(1) 累计亏损超过其实缴货币资本的 50%；
(2) 有重大经营风险；
(3) 有重大违法违规行为。

四、非银行支付机构网络支付业务管理

(一) 非银行支付机构网络支付业务的概念

非银行支付机构，按照《非银行支付机构网络支付业务管理办法》第 2 条的规定，是指

依法取得《支付业务许可证》,获准办理互联网支付、移动电话支付、固定电话支付、数字电视支付等网络支付业务的非银行机构。

网络支付业务,是指收款人或付款人通过计算机、移动终端等电子设备,依托公共网络信息系统远程发起支付指令,且付款人的电子设备不与收款人的特定专属设备交互,由支付机构为收付款人提供货币资金转移服务的活动。

非银行支付机构依照中国人民银行有关规定接受分类评价,并执行相应的分类监管措施。

(二) 客户管理

1. 建立健全客户身份识别机制

非银行支付机构应当遵循"了解你的客户"原则,建立健全客户身份识别机制。支付机构为客户开立支付账户的,应当对客户实行实名制管理,建立客户唯一识别编码,采取持续的身份识别措施,不得开立匿名、假名支付账户。

2. 与客户签订服务协议

非银行支付机构应当与客户签订服务协议,约定双方责任、权利和义务,至少明确业务规则(包括但不限于业务功能和流程、身份识别和交易验证方式、资金结算方式等)、收费项目和标准、查询、差错争议及投诉等服务流程和规则、业务风险和非法活动防范及处置措施、客户损失责任划分和赔付规则等内容。

非银行支付机构为客户开立支付账户的,还应在服务协议中以显著方式告知客户,并采取有效方式确认客户充分知晓并清晰理解下列内容:"支付账户所记录的资金余额不同于客户本人的银行存款,不受《存款保险条例》保护,其实质为客户委托支付机构保管的、所有权归属于客户的预付价值。该预付价值对应的货币资金虽然属于客户,但不以客户本人名义存放在银行,而是以支付机构名义存放在银行,并且由支付机构向银行发起资金调拨指令。"

非银行支付机构应当确保协议内容清晰、易懂,并以显著方式提示客户注意与其有重大利害关系的事项。

3. 依申请合法开立账户

获得互联网支付业务许可的支付机构经客户主动提出申请,可为其开立支付账户。支付机构不得为金融机构以及从事信贷、融资、理财、担保、信托、货币兑换等金融业务的其他机构开立支付账户。

(三) 业务管理

1. 不得经营相关金融业务

非银行支付机构不得经营或者变相经营证券、保险、信贷、融资、理财、担保、信托、货币兑换、现金存取等业务。

2. 支付机构扣划客户银行账户资金应执行规定要求

非银行支付机构向客户开户银行发送支付指令,扣划客户银行账户资金的,支付机构和银行应当执行下列要求:

(1) 支付机构应当事先或在首笔交易时自主识别客户身份并分别取得客户和银行的协议授权,同意其向客户的银行账户发起支付指令扣划资金;

(2) 银行应当事先或在首笔交易时自主识别客户身份并与客户直接签订授权协议,明确约定扣款适用范围和交易验证方式,设立与客户风险承受能力相匹配的单笔和单日累计交易限额,承诺无条件全额承担此类交易的风险损失先行赔付责任;

(3) 除单笔金额不超过200元的小额支付业务,公共事业缴费、税费缴纳、信用卡还款等收款人固定并且定期发生的支付业务,以及符合《非银行支付机构网络支付业务管理办法》第37条规定的情形以外,支付机构不得代替银行进行交易验证。

3. 支付账户关联管理并分类管理

非银行支付机构应根据客户身份对同一客户在本机构开立的所有支付账户进行关联管理,并按照下列要求对个人支付账户进行分类管理:

(1) 对于以非面对面方式通过至少一个合法安全的外部渠道进行身份基本信息验证,且为首次在本机构开立支付账户的个人客户,支付机构可以为其开立Ⅰ类支付账户,账户余额仅可用于消费和转账,余额付款交易自账户开立起累计不超过1000元(包括支付账户向客户本人同名银行账户转账);

(2) 对于支付机构自主或委托合作机构以面对面方式核实身份的个人客户,或以非面对面方式通过至少三个合法安全的外部渠道进行身份基本信息多重交叉验证的个人客户,支付机构可以为其开立Ⅱ类支付账户,账户余额仅可用于消费和转账,其所有支付账户的余额付款交易年累计不超过10万元(不包括支付账户向客户本人同名银行账户转账);

(3) 对于支付机构自主或委托合作机构以面对面方式核实身份的个人客户,或以非面对面方式通过至少五个合法安全的外部渠道进行身份基本信息多重交叉验证的个人客户,支付机构可以为其开立Ⅲ类支付账户,账户余额可以用于消费、转账以及购买投资理财等金融类产品,其所有支付账户的余额付款交易年累计不超过20万元(不包括支付账户向客户本人同名银行账户转账)。

客户身份基本信息外部验证渠道包括但不限于政府部门数据库、商业银行信息系统、商业化数据库等。其中,通过商业银行验证个人客户身份基本信息的,应为Ⅰ类银行账户或信用卡。

4. 银行账户与支付账户之间转账业务管理

非银行支付机构办理银行账户与支付账户之间转账业务的,相关银行账户与支付账户应属于同一客户。支付机构应按照与客户的约定及时办理支付账户向客户本人银行账户转账业务,不得对Ⅱ类、Ⅲ类支付账户向客户本人银行账户转账设置限额。

5. 预付卡向支付账户转账管理要求

非银行支付机构为客户办理本机构发行的预付卡向支付账户转账的,应当按照《支付机构预付卡业务管理办法》相关规定对预付卡转账至支付账户的余额单独管理,仅限其用于消费,不得通过转账、购买投资理财等金融类产品等形式进行套现或者变相套现。

6. 交易管理要求

(1) 交易信息

非银行支付机构应当确保交易信息的真实性、完整性、可追溯性以及在支付全流程中的一致性,不得篡改或者隐匿交易信息。

（2）划扣款退回处理

因交易取消（撤销）、退货、交易不成功或者投资理财等金融类产品赎回等原因需划回资金的,相应款项应当划回原扣款账户。

（3）业务操作行为办理与交易记录保存

对于客户的网络支付业务操作行为,支付机构应当在确认客户身份及真实意愿后及时办理,并在操作生效之日起至少5年内,真实、完整地保存操作记录。

客户操作行为包括但不限于登录和注销登录、身份识别和交易验证、变更身份信息和联系方式、调整业务功能、调整交易限额、变更资金收付方式,以及变更或挂失密码、数字证书、电子签名等。

（四）风险管理与客户权益保护

1. 建立客户风险评级管理制度和机制

非银行支付机构应当综合客户类型、身份核实方式、交易行为特征、资信状况等因素,建立客户风险评级管理制度和机制,并动态调整客户风险评级及相关风险控制措施。

非银行支付机构应当根据客户风险评级、交易验证方式、交易渠道、交易终端或接口类型、交易类型、交易金额、交易时间、商户类别等因素,建立交易风险管理制度和交易监测系统,对疑似欺诈、套现、洗钱、非法融资、恐怖融资等交易及时采取调查核实、延迟结算、终止服务等措施。

2. 安全教育和风险警示

非银行支付机构应当向客户充分提示网络支付业务的潜在风险,及时揭示不法分子新型作案手段,对客户进行必要的安全教育,并对高风险业务在操作前、操作中进行风险警示。

3. 建立健全风险准备金制度和交易赔付制度

非银行支付机构应当建立健全风险准备金制度和交易赔付制度,并对不能有效证明因客户原因导致的资金损失及时先行全额赔付,保障客户合法权益。

4. 客户信息保护和风险控制

非银行支付机构应当依照中国人民银行有关客户信息保护的规定,制定有效的客户信息保护措施和风险控制机制,履行客户信息保护责任。

非银行支付机构不得存储客户银行卡的磁道信息或芯片信息、验证码、密码等敏感信息,原则上不得存储银行卡有效期。因特殊业务需要,支付机构确需存储客户银行卡有效期的,应当取得客户和开户银行的授权,以加密形式存储。

非银行支付机构应当以"最小化"原则采集、使用、存储和传输客户信息,并告知客户相关信息的使用目的和范围。支付机构不得向其他机构或个人提供客户信息,法律法规另有规定,以及经客户本人逐项确认并授权的除外。

非银行支付机构应当通过协议约定禁止特约商户存储客户银行卡的磁道信息或芯片信息、验证码、有效期、密码等敏感信息,并采取定期检查、技术监测等必要监督措施。

5. 对支付账户余额付款的交易进行验证

非银行支付机构可以组合选用下列三类要素,对客户使用支付账户余额付款的交易进行验证:

(1) 仅客户本人知悉的要素,如静态密码等。

(2) 仅客户本人持有并特有的、不可复制或者不可重复利用的要素,如经过安全认证的数字证书、电子签名,以及通过安全渠道生成和传输的一次性密码等。

(3) 客户本人生理特征要素,如指纹等。支付机构应当确保采用的要素相互独立,部分要素的损坏或者泄露不应导致其他要素损坏或者泄露。

非银行支付机构采用数字证书、电子签名作为验证要素的,数字证书及生成电子签名的过程应符合《电子签名法》《金融电子认证规范》(JR/T 0118—2015)等有关规定,确保数字证书的唯一性、完整性及交易的不可抵赖性。

非银行支付机构采用一次性密码作为验证要素的,应当切实防范一次性密码获取端与支付指令发起端为相同物理设备而带来的风险,并将一次性密码有效期严格限制在最短的必要时间内。

非银行支付机构采用客户本人生理特征作为验证要素的,应当符合国家、金融行业标准和相关信息安全管理要求,防止被非法存储、复制或重放。

6. 对支付账户余额付款的交易进行限额管理

非银行支付机构应根据交易验证方式的安全级别,按照《非银行支付机构网络支付业务管理办法》第 24 条规定的要求对个人客户使用支付账户余额付款的交易进行限额管理。

7. 网络支付业务相关系统安全管理要求

非银行支付机构网络支付业务相关系统设施和技术应当持续符合国家、金融行业标准和相关信息安全管理要求。如未符合相关标准和要求,或者尚未形成国家、金融行业标准,支付机构应当无条件全额承担客户直接风险损失的先行赔付责任。

8. 网络支付业务处理系统及其备份系统

非银行支付机构应当在境内拥有安全、规范的网络支付业务处理系统及其备份系统,制定突发事件应急预案,保障系统安全性和业务连续性。

非银行支付机构为境内交易提供服务的,应当通过境内业务处理系统完成交易处理,并在境内完成资金结算。

9. 支付结果通知

非银行支付机构应当采取有效措施,确保客户在执行支付指令前可对收付款客户名称和账号、交易金额等交易信息进行确认,并在支付指令完成后及时将结果通知客户。对不正常交易应当及时提示客户和采取补救措施。

10. 尊重客户自主选择权

非银行支付机构应当充分尊重客户自主选择权,不得强迫客户使用本机构提供的支付服务,不得阻碍客户使用其他机构提供的支付服务。支付机构应当公平展示客户可选用的各种资金收付方式,不得以任何形式诱导、强迫客户开立支付账户或者通过支付账户办理资金收付,不得附加不合理条件。

(五)监督管理

1. 报告

非银行支付机构提供网络支付创新产品或者服务、停止提供产品或者服务、与境外机构合作在境内开展网络支付业务的,应当至少提前30日向法人所在地中国人民银行分支机构报告。

非银行支付机构发生重大风险事件的,应当及时向法人所在地中国人民银行分支机构报告;发现涉嫌违法犯罪的,同时报告公安机关。

2. 分类监管

中国人民银行可以结合支付机构的企业资质、风险管控特别是客户备付金管理等因素,确立支付机构分类监管指标体系,建立持续分类评价工作机制,并对支付机构实施动态分类管理。中国人民银行及其分支机构对照《非银行支付机构网络支付业务管理办法》第33条至第38条规定的分类管理措施相应条件,动态确定支付机构适用的监管规定并持续监管。

3. 行业自律

非银行支付机构应当加入中国支付清算协会,接受行业自律组织管理。

中国支付清算协会应当根据《非银行支付机构网络支付业务管理办法》制定网络支付业务行业自律规范,建立自律审查机制,向中国人民银行备案后组织实施。此外,中国支付清算协会应当建立信用承诺制度,要求支付机构以标准格式向社会公开承诺依法合规开展网络支付业务、保障客户信息安全和资金安全、维护客户合法权益,如违法违规自愿接受约束和处罚。

 小贴士

《非银行支付机构条例(征求意见稿)》公开征求意见

为加强对非银行支付机构的监督管理,规范非银行支付机构行为,防范支付风险,保障当事人合法权益,促进支付服务市场健康发展,中国人民银行会同有关部门研究起草了《非银行支付机构条例(征求意见稿)》,现向社会公开征求意见。

《非银行支付机构条例(征求意见稿)》共5章,分别是第一章总则,第二章设立、变更、终止,第三章支付业务规则,第四章监督与管理,第五章法律责任。

(资料来源:摘自《中国人民银行关于〈非银行支付机构条例(征求意见稿)〉公开征求意见的通知》. http://www.pbc.gov.cn/tiaofasi/144941/144979/3941920/4166486/index.html)

【思考题】

1. 简述在电子商务活动中,电子支付的含义与特征。
2. 电子支付工具有哪些?
3. 简述金融机构申请开办电子银行应当具备的条件。
4. 什么是非金融机构支付服务?简述非金融机构支付服务的申请与许可过程。
5. 什么是非银行支付机构?简述非银行支付机构网络支付业务管理要求。

第六章

电子商务税收法律制度

【学习要点及目标】

1. 了解电子商务对传统税收的影响,熟悉我国电子商务税收原则;
2. 了解电子商务发展对我国现行税法的影响;
3. 掌握我国电子商务税收法律规定;
4. 掌握我国跨境电子商务税收法律规定。

税收是一个国家财政收入的主要来源,也是国家宏观经济调控的手段。国家通过税法的制定和实施,规范税收活动,保证税收目的的实现。电子商务快速发展对传统税收制度产生了冲击,提出了新的挑战,引发了一系列税收问题,对现行税收制度的发展产生一定的影响。为此,国家应研究和分析新问题、采取相应的对策,对传统税收制度加以调整,以适应电子商务的快速发展。

第一节 电子商务税收概述

国际互联网的迅速普及和电子商务的迅猛发展,在改变传统贸易方式的同时,在某种程度上给现行税制及其管理手段提出新的要求和新的课题。信息革命在推进税收征管现代化、提高征税质量和效率的同时,也对传统的税收理论、税收原则和税收征管实践提出了新的挑战。

一、电子商务对传统税收的影响

电子商务以其高科技性、无形性和交易虚拟化等特征,使纳税主体、客体的认定以及纳税环节、地点等基本税法要素面临新的问题和困境。同时,电子商务也加大了税收征管和稽查的难度,税收管辖面临新挑战。

(一)电子商务对传统税收理论的影响

电子商务使传统的税收原则虚拟化,并且由于网上交易商品形态的变化,使电子商务的课税对象具有较大的不确定性,进而使纳税人、纳税环节等税法要素随之发生变化。由于电子商务是以无形化的方式在虚拟市场中进行交易活动,其无纸化操作的快捷性、交易参与者的流动性等特点,使纳税主体、客体、纳税环节、纳税地点等按照传统税法进行界定存在困难。

1. 电子商务带来纳税主体的虚拟化

纳税主体即纳税人,又称纳税义务人,是指税法上负有直接纳税义务的单位和个人,包括自然人、法人和其他组织。我国现行税法规定,凡从事商务活动的单位和个人都要办理税务登记,因此确定纳税主体比较容易。而在互联网的环境下,互联网上的商店不是一个实体的市场,而是一个虚拟的市场,网上的任何一种产品都是触摸不到的。

在这样的市场中,看不到传统概念中的商场、店面、销售人员,就连涉及商品的手续,包括合同、单证甚至资金等都以虚拟方式出现;而且,互联网的使用者具有隐匿性、流动性,通过互联网进行交易的双方可以隐匿姓名、居住地等,企业可以轻而易举地改变经营地点,从一个高税率国家转移到一个低税率国家。所有这些,都造成了纳税主体的不确定性。

2. 电子商务使纳税客体发生了变化

纳税客体即课税对象,是规定对什么征税的问题。课税对象作为税收法律制度的核心构成要素,表明国家征税的具体界限,是区分不同税种的主要标志,也是决定税收属性的主要依据。电子商务中,虚拟的数字化产品与服务对传统课税对象划分方式提出挑战,并对税收征管产生影响。

在交易内容上,电子商务具有数字化特征,使许多传统的商品交易变成了数字信息的交易,这在一定程度上改变了产品的性质,使商品、劳务和特许权难以区分。在交易模式上,电子商务交易活动不是在传统的物理交易场所进行的,而是在虚拟的交易场所进行,买者与卖者互不谋面,减少了商务活动的中间环节,提高了交易效率。

电子商务中的财产作为一种虚拟财产,是网络空间中虚拟社会的产物,产生于网络空间却已蔓延进入真实社会层面,不仅在整个现实社会具有不容忽视的重要地位,而且已经成为一种全新的财产,已无法纳入传统财产的范畴。

3. 电子商务使传统的纳税环节难以适用

纳税环节是指税法规定的课税对象从生产到消费的流转过程中应当缴纳税款的环节。税法对纳税环节的规定是基于有形商品流通过程和经营业务活动,主要适用对流转税的征收。在传统交易中,商品要经历生产、批发、零售和进出口等环节才能从生产者到消费者手中,纳税环节就是要解决在哪些环节征税的问题,它关系到税收由谁负担、税款是否及时足额入库以及纳税是否便利等问题。

电子商务简化了传统商品流转过程中的多个环节,往往是从生产者直接到消费者,中间环节的消失导致相应的课税点消失,加重了税收流失的现象,其中以流转税最为严重。

4. 电子商务使纳税地点难以确认

纳税地点的确认,是实施税收管辖的重要前提。现行税法规定的纳税地点主要包括机构所在地、经济活动发生地、财产所在地、报关地等。在目前的电子商务交易中主要涉及的有买方所在地、卖方所在地、服务器所在地、网络服务商所在地等,它们一般都处在不同的地方,甚至可能分布在不同的国家。

电子商务的无国界性和无地域性特点,导致无法确定贸易的供应地和消费地,从而无法行使税收管辖权,使传统的纳税地点难以确认,从而使偷税漏税及重复征税行为的发生难以避免。

(二) 电子商务对现行税法实践的影响

电子商务的出现,改变了产品的流转方式,有形商品可以转化为数字形式存在,使交易的商品流转化为信息流,并通过网络来传递,这就改变了商品的传统交易形式,而且电子商务产生了新的信息资源,这些都对现行税收实践造成了冲击。

例如,原来以有形商品形式出现的书籍、报刊和软件等,现在都可以通过数字化的形式从互联网上直接下载使用,还可以通过复制的方式进行传播,这种交易行为的性质是提供商品还是提供服务或特许权使用,界限模糊。

对于这种交易行为应该按销售货物征税,还是按提供劳务征税,或按转让无形资产征税,现行税法难以判断。同时,由此应当缴纳的所得税,应视为生产经营所得,还是提供劳务或特许权使用费所得,其标准也很难界定。因此,电子商务环境下的交易对象的数字化,进一步引发了税法适用上的不确定性。

此外,交易凭证的电子化改变了传统的纸质凭证、账簿形式,使税务机关追踪、审查交易活动失去了纸面基础,再加上电子加密技术的应用,增大了税务机关获取交易主体真实身份、交易活动真实内容的难度。

二、我国电子商务税收的政策选择

电子商务在我国的迅速发展,对我国的税收制度带来了直接的挑战。要改革现行税制,促进电子商务的发展,我国税务部门必须在以下几个税收政策的基本方面作出选择。

(一) 对电子商务是否征税的选择

无论是通过电子商务方式进行的交易,还是通过其他方式达成的交易,它们的本质都是实现商品或劳务的转移,差别仅在于实现手段不同。因此,根据现行流转税制和所得税制的规定,都应对电子商务活动征税。如果对传统贸易方式征税,不对电子商务交易方式征税,则有违公平税负和税收中性原则,从而不利于资源的有效配置和社会主义市场经济的健康发展。

在美国,沃尔玛等传统的零售商对电子商务免征销售税也存在较大的异议。在我国,电子商务将会日渐成为一种重要的商务活动形式,如不征税,政府将会失去很大的一块税源,不利于政府职能的有效发挥。而且,由于电子商务具有无地域、无国界的特点,如果不及时出台电子商务税收征管的可行性办法,会使得在日益复杂的国际税收问题面前,税收的国家主权和由此带来的国家利益受到影响。

当然,为了推动电子商务在中国的快速发展,制定相应的税收鼓励政策是必要的,但主要应通过延迟开征时间和一定比例的税收优惠来实现。

小贴士

5∶4! 美国最高法院裁定各州可对电商征税,亚马逊股价下跌

当地时间 6 月 21 日,美国最高法院以 5∶4 的票数裁定,互联网零售商在其没有实体店的州可以被要求缴纳消费税。此举或将导致美国的网购价格上涨。

在美国,实体零售企业经常抱怨的一点是,其相较于互联网电商而言处于劣势,因为它们需要缴纳消费税,而互联网电商则不需要。美国的一些州表示,1992年最高法院的一项裁决助长了网购的兴起与繁荣,但它们每年却因此损失数百亿美元收入。

(资料来源:摘自《5∶4!美国最高法院裁定各州可对电商征税,亚马逊股价下跌》. https://baijiahao.baidu.com/s?id=16039435770504165438&wfr=spider&for=pc. 2018.6.22)

(二) 对电子商务是否开征新税的选择

在电子商务飞速发展的今天,对电子商务是否开征新税仍然存在两种截然不同的认识。反对开征新税的观点认为:经济发展是税制变化的决定性因素,开征新税的前提应是经济基础发生实质性的变革。电子商务同样属于商品经济的范畴,其交易内容与传统贸易并无实质性的区别,只是交易形式发生变化。因此可以认定电子商务的经济基础仍然是商品经济,并未使经济基础发生实质性的变革,不应当开征新税。

坚持开征新税的观点认为:网上交易的税种是由交易的内容来决定的,而不是由电子商务的形式来决定的,电子商务中产生了数字化、电子化的新型商品与服务,该商品具有虚拟化和无形化的特征,冲击了传统的经济基础,带来了税基的变化,继而使税种发生变化。因此,必须开征新税。一种较有代表性的观点是以因特网传送的信息流量的字节数作为计税依据计算应纳税额,开征新税——比特税。

比特税方案一经提出即引起广泛的争议。就目前我国电子商务的发展现状和税制建设来说,征收比特税显然是不现实的。比较可行的做法是不开征新的税种,而是运用现有税种,对一些传统的税收基本概念、范畴重新进行界定,对现行税法进行适当修订,在现行增值税、消费税、关税、所得税、印花税等税种中补充有关电子商务的税收条款,将电子商务征税问题纳入现行税制框架之下。

(三) 对电子商务适用税种的选择

在不对电子商务征收新税种的情况下,原有税种如何适用于电子商务,需区别情况对待。电子商务形成的交易一般可分为两种,即在线交易和离线交易。所谓在线交易是指直接通过因特网完成产品或劳务交付的交易方式,如计算机软件、数字化读物、音像唱片的交易等。

所谓离线交易是指通过因特网达成交易的有关协议,商务信息的交流、合同签订等商务活动的处理以及资金的转移等直接依托因特网来完成,而交易中的标的物——有形商品或服务的交付方式以传统有形货物的交付方式实现转移。

(四) 对电子商务中国际税收管辖权的选择

世界各国在对待税收管辖权问题上,有实行居民管辖权的"属人原则"的,也有实行地域管辖权的"属地原则"的,不过,很少有国家只单独采用一种原则来行使国际税收管辖权,往往是以一种为主,另一种为辅。

一般来说,发达国家的公民有大量的对外投资和跨国经营活动,能够从国外取得大量的投资收益和经营所得,因此多坚持"属人原则"为主来获取国际税收的管辖权。发展中国家的海外收入较少,希望通过坚持"属地原则"为主来维护本国对国际税收的管辖权。

根据我国目前外来投资较多的实际情况,在行使电子商务的国际税收管辖权问题上,应坚持以"属地原则"为主、"属人原则"为辅的标准。

三、电子商务税收法律政策构建的基本前提

电子商务以其虚拟化、无形化、无界化、无纸化以及电子支付的特点对以实物交易为基础的现行税收法律制度和原则造成了冲击,暴露了许多法律的空白和漏洞,传统的税法体系对其无法适从。良好的诚信体系、法律环境、技术环境和与电子商务相适应的税收原则是构建完善的电子商务税收体系的基本前提。

(一)诚信基础

诚信是市场经济发展的基石,建立电子商务诚信体系是实施电子商务税收的前提之一。同时电子商务税收诚信也是电子商务信用系统的有机组成部分,其内容应当包括:构建电子商务诚信评估机制、中介机制;培养电子商务企业诚信经营与纳税意识和消费者诚信消费习惯;建立完善的电子商务税收信用评价体系;建立完善的电子商务税收信用监督体系。

(二)法律基础

电子商务活动是在网络虚拟市场中进行的一种全新的交易,必须用完善的法律予以调整。但由于其发展具有一定的超前性,目前的税收法律还不能满足电子商务的要求。所以,要对电子商务进行征税,必须建立完善的法律体系。

1. 对相关法律法规进行修订

在电子商务交易中,原有的法律法规已不能满足需要,因此应增加涉税电子商务部分,完善电子商务涉税程序法与实体法,使电子商务主体的权利得到保障,义务得以顺利完成。

2. 制定新法

随着电子商务活动的发展,电子商务税收政策必然成为税法中的重要组成部分,制定新的与电子商务相适应的税收政策已经势在必行。并且电子商务中出现新的网络信息商品,如继续采用传统的税收法律法规,显然已经不合时宜。

(三)技术基础

为了提高税收征收效率,减少税款的流失,税务机关加快信息化建设,建立电子税务,开发电子化的税务票证系统和电子征税软件,电子发票、电子税票、电子报表等电子税务凭证应运而生。同时建立网络税务平台和网络税务认证中心,掌握有关交易信息,进行科学合理的税收征收管理活动。

📎 **小贴士**

2021年8月28日,中共北京市委办公厅和北京市人民政府办公厅联合印发《北京市关于进一步深化税收征管改革的实施方案》的通知,其中对电子发票提出要求:落实发票电子化改革任务,借力发票电子化改革,推进税务领域数字化转型升级。

该方案要求上线应用全国统一的电子发票服务平台,24小时在线免费为纳税人提供电子发票申领、开具、交付、查验等服务。2025年基本实现发票全领域、全环节、全要素电子化,着力降低制度性交易成本。

(四)税收原则基础

电子商务的到来虽然对现有的税收理论和税收实践产生了巨大的冲击,给税收活动带来了新问题,但仍然必须坚持税收法定主义、税收公平和税收效率三项原则。

1. 税收法定主义原则

税收法定主义原则要求电子商务税收法律制度除了遵守现行的税收理论和政策外,还应当包括以下具体内容:如果开征新税,必须在法律法规确定的范围内征收;税收构成要素和征管程序必须由法律加以限定,法律对税收要素和征管程序的规定应当尽量明确,以免出现漏洞;征收机关必须严格按照法律的规定征收,不得擅自变更税收要素和法定征收程序;纳税人必须依法纳税,同时也享受法律规定的权利。

 小贴士

《税收征收管理法》第3条规定:"税收的开征、停征以及减税、免税、退税、补税,依照法律的规定执行;法律授权国务院规定的,依照国务院制定的行政法规的规定执行。任何机关、单位和个人不得违反法律、行政法规的规定,擅自作出税收开征、停征以及减税、免税、退税、补税和其他同税收法律、行政法规相抵触的决定。"

2. 税收公平原则

税收公平原则就是指国家征税要使各个纳税人承受的负担与其经济状况相适应,并使纳税人之间的税收负担水平保持均衡。电子商务作为一种新兴的贸易方式,虽然是一种数字化的商品或服务的贸易,但并没有改变商品交易的本质,仍然具有商品交易的基本特征。因此,按照税法公平原则的要求,电子商务和传统的贸易活动应该使用相同的税法,承担相同的税收负担。税收公平原则支持和鼓励商品经营者采取电子商务的方式开展贸易,但并不强制推行这种交易方式。

3. 税收效率原则

税收效率原则主要指税法的制定和执行必须有利于社会经济运行效率和税收行政效率的提高,税法的调整也必须有利于提高社会经济效率和减少纳税人的纳税成本,电子商务税收同样必须坚持效率原则。

为此,在制定电子商务税收政策时,一方面,应当以电子商务的发展水平和税收征管水平为前提,确保税收政策能够准确贯彻执行;另一方面,力求将纳税人利用电子商务进行偷税漏税与避税的可能性降到最低限度。同时,应当贯彻肯定、明确、简洁、易于操作的原则,将纳税人的纳税成本和税务机关的征税成本控制在最低限度,提高税收效率。

四、我国电子商务税收应遵循的原则

我国已经成为电子商务消费大国,电子商务的发展在一定程度上会弱化来源地税收管辖权,如果免征电子商务的"关税"和"增值税",将会严重损害我国的经济利益。针对这种情况,我国在电子商务税收方面应遵循以下原则。

(一)税收中性原则

税收法律法规在加强税收征收管理、防止税收流失的同时不应阻碍电子商务的发展,而应着力考虑现行税种与网上交易的协调。目前世界上已颁布网上贸易税收法律法规的政府和权威组织都强调取消阻碍电子商务发展的税收壁垒,坚持税收中性原则和公平原则。在考虑制定电子商务税收法律法规时,也应以交易的本质内容为基础,而不应考虑交易的形式,以避免税收对经济的扭曲,使纳税人的决策取决于市场规则而不是出于对税收因素的考虑。

(二)居民管辖权与地域管辖权并重的原则

由于欧美等国作为发达国家提出以"居民管辖权"取代"地域管辖权"的目的是保护其先进技术输出国的利益,发展中国家如果没有自己的对策,放弃"地域管辖权"将失去大量税收收入。所以税收法律法规的制定应充分考虑我国及广大发展中国家的利益,在互利互惠的基础上,联合其他发展中国家,坚持以居民管辖权与地域管辖权并重的原则。

(三)区别对待的原则

对于完全意义上的网上交易,如国内供应商提供的软件销售、网络服务等无形产品,无论购买者来自国内还是国外都应暂时免税;而对于以网络为媒介的间接电子商务形式,如利用网上订货形成的实物交割交易形式,应比照传统交易方式征收增值税等,适用相同税制。

(四)便于征收、便于缴纳的原则

税收政策的制定应考虑互联网的技术特征和征税成本,如采取电子申报、电子缴纳、电子稽查等方式,便于税务部门征收管理以及纳税人的缴纳。

(五)完善适应电子商务的税收征管方法

世界各国对电子商务的税收征管问题都十分重视且行动非常积极,例如,OECD(经济合作与发展组织)成员国同意免征电子商务关税,但也认为在货物的定义不稳定的情况下决定一律免征关税是不妥的,与此同时把通过互联网销售的数字化产品视为劳务销售而征税。日本规定软件和信息这两种商品通常不征收关税,但用户下载境外的软件、游戏等也有缴纳消费税的义务。

新加坡和马来西亚的税务部门都规定在电子商务中的软件供应行为都要征收预提税。欧盟贸易委员会也提出了建立以监管支付体系为主的税收征管体制的设想。德国税务稽查部门设计了通过金融部门资金流动掌握电子商务企业涉税信息的方案,以及"反向征税"机制等。

综合各国的经验以及结合我国的国情,可考虑对网络服务器进行强制性的税务链接、海关链接和银行链接,以保证对电子商务的实时、有效监控,确保税收征管,打击利用网上交易逃避纳税义务的行为。同时,税务部门应与银行、信息及网络技术部门密切配合,力争开发自动征税软件等专业化的税款征收工具与方式,并加紧培养财税电算化人才,以适应电子商务的特点。

五、国际组织和国外对电子商务涉税问题的对策

(一)美国提出电子商务税收的个性原则

1996年11月美国财政部发表了《全球电子商务选择性的税收政策》一文,这是一国政府首次公开探讨电子贸易尤其是国际互联网贸易的税收问题。在政策原则方面,提出不开征新税或附加税、按居民管辖权征税的中性原则,以免阻碍新技术的发展。在税务管理方面,应避免双重征税。文件还对常设机构、会计记录的保存作了初步探讨。

1997年7月1日,克林顿政府发布《全球电子商务纲要》,提出了美国对电子商务征税的三项基本原则:①既不扭曲也不阻碍电子商务的发展,税收政策要避免对电子商务形式的选择产生影响,避免足以改变交易性质或交易地点的刺激性效果的产生;②保持税收政策的简化与透明度;③对电子商务的税收政策要与美国现行税制相协调,并与国际税收基本原则保持一致。

1998年通过《互联网免税法案》,禁止各州和地方政府对互联网接入服务征税,也不允许在现行税收的基础上增加新的税种。对互联网交易是要征税的。

(二)欧盟的"清晰与中性的税收环境"

1997年4月欧洲贸易委员会发布了《欧洲电子商务动议》,支持美国财政部的电子商务税收的中性原则。其认为通过修改现行税收原则较之开征新税和附加税为更佳。

1999年,欧洲贸易委员会公布了网上交易的税收准则:不开征新税和附加税,努力使现行各税特别是增值税更适应网上交易的发展,在增值税上,对电子转播视同劳务,确保税收中性原则,欧盟以外的国家以联机形式提供给欧盟个人的无形资产,如音乐、音像或软件等商务须在欧盟征税,减轻从事网上交易者的税收奉行难度,对网上交易加强管理和执行力度,确保税款的有效征收。为了便利税收征管,建议在网上交易中使用无纸票据,以及采取电子化的增值税纳税申报。

(三)经合组织的关注焦点

经合组织(OECD)1997年11月在芬兰举行会议,该会议达成以下共识:①任何课税均应维持中性及确保分配公平,应避免重复征税及过多的征纳成本;②政府应与企业界

共同合作解决课税问题;③国际间应共同合作解决电子商务课税问题;④征税不应妨碍电子商务的正常发展;⑤比特税是不可行的。

1998年10月8日,经合组织部长会议达成协议,各成员国一致同意协力制订统一的网上交易税收办法,协议的主旨是对一切网上交易不实行"比特税",在税收中性的基础上,传统的税收原则适用于网上交易,避免不同的国家对某笔交易重复征税,确认网上交易间接税的征收以"消费地"而不是以"生产地"为基础。会议还决定了国际组织今后对网上交易税收的政策分工:关税由世贸组织负责;海关程序由世界海关组织(WCO)负责;增值税由欧盟负责;国际税收和直接税问题由经合组织负责。

(四) 其他国家对电子商务涉税的对策

1. 加拿大

早在1994年,加拿大税收专家阿瑟科德尔就在一篇论文中提出开征一种新税——比特税,建议对全球网络信息传输的每一个数字单位征税,对数据搜集、通话、图像或声音到传送等数字化信息也不例外。1997年4月,加拿大财政部组成一个委员会,研究电子商务课税的问题。1998年4月,该委员会提出报告,主张课税应具中性和公平;电子商务不应侵蚀现有税基;比特税并不可行等。

2. 澳大利亚

澳大利亚税务局1997年8月发布了《税收与国际互联网》报告,对税务当局如何获取互联网交易信息做了讨论,并制定出几项规范政策。该报告建议:①澳国公司的登记号码须展示在其网站上;②寻求适用管理电子货币之法令;③使用高科技以确保交易资料的真实性;④在销售税方面,讨论数字化产品的产品归类情形。

澳国税务局认为在电子商务交易下,传统的所得来源原则、居住地及常设机构的概念均须予以修正,同时这也需要国际间的共同合作。

3. 日本

日本国际贸易和工业部于1997年5月发表了《关于数字化经济》一文,对电子商务涉及的税收问题给予了一定的关注,认为在电子商务环境下,消费地点难以确认,课税管辖权的问题也会产生,应该对通过互联网传送的软件征收预提所得税。

英国、荷兰、新加坡等国也赞成保持税收的中性原则。

第二节 电子商务发展对我国现行税法的影响

一、电子商务对我国现行流转税的影响

(一) 电子商务对我国现行增值税的影响

《增值税暂行条例》规定:"在中国境内销售货物或者加工、修理修配劳务(以下简称劳务)、销售服务、无形资产、不动产以及进口货物的单位和个人,为增值税的纳税人,应当依照本条例缴纳增值税。"

在电子商务时代的跨国或国内交易中,顾客通过上网订购商品将有两种情形:

如果这类商品并非经由网络电子化传送,例如某公司向国外网站购买某种商品,当这些商品需要离线(off-line)交易时,电子商务对增值税影响不大。例如这些商品运抵我国海关时,海关依照规定代征进口产品增值税。

如果这类商品经由网络电子化传送,属在线交易(on-line)情况,增值税的适用确有问题。例如:

(1)某甲在国外网站通过互联网以电子化形式传送数字化产品给国内某乙,到底是否课征进口商品增值税?假如认定其是进口货物,按税法规定应征收增值税,但实际上政府能否收到这笔税令人怀疑。因为,依照税法规定,进口货物的收货人或代理人为纳税人。当数字化新产品由电子化传送时,这些收货人一般是消费者大众,每宗交易的数量又相对较少,他们一般不会也不可能想到去税务机关申报纳税,税务机关也很难掌握有关的资料。

(2)某甲在国外网站通过互联网向国内用户提供修理、修配的技术支援指导,按税法规定属应税劳务。问题是,在某甲不主动申报的情况下,税务机关发现该类交易的可能性微乎其微。

(3)我国为鼓励货物出口,《增值税暂行条例》明确规定,"纳税人出口货物,税率为零",对出口货物采取优惠政策。假如有某一纳税人在我国设立的某一网站销售货物或应税劳务给全世界消费者使用,则此时如何区别内销与外销;在纳税人极力夸大其外销份额的情况下,税务机关又如何查核事实真相。

小贴士

2016年3月18日召开的国务院常务会议决定,自2016年5月1日起,中国将全面推开营改增试点,将建筑业、房地产业、金融业、生活服务业全部纳入营改增试点,至此,营业税退出历史舞台,增值税制度将更加规范。

2017年10月30日国务院第191次常务会议通过决定,废止《营业税暂行条例》,同时对《增值税暂行条例》进行修改。

(二)电子商务对关税的影响

电子商务对关税的影响类似于对增值税的影响。在上述有关增值税论述的两种情形中,第一种方式下的交易同目前国际邮购方式无异,在商品经过海关时,按规定予以征免关税。第二种方式下,当通过互联网订购数字化商品时,客户直接由网上下载商品,不必课征关税,这已获国际认同。但是,由于许多有形商品可以转化成数字化产品,预计未来关税会相应减少。

此外,由于我国对低于一定金额的物品免征进口关税,在未来跨国界小额进口逐渐取代中间代理商品进口且将有形商品转化为数字化商品的情况下,将会对我国关税有所影响。

(三)电子商务对消费税的影响

消费税是我国对特定商品除增值税外加征的一种税,消费税税目、税率的调整,由国务院决定。消费税由税务机关征收,进口的应税消费品的消费税由海关代征,应当向报关地海关申报纳税。邮寄进境的应税消费品的消费税连同关税一并计征,纳税人销售的应税消费品,以及自产自用的应税消费品,除国务院财政、税务主管部门另有规定外,应当向纳税人机构所在地或者居住地的主管税务机关申报纳税。

电子商务对消费税的影响类似于对增值税、关税的影响,在此不再赘述。

二、电子商务对现行所得税的影响

(一)电子商务对所得来源地认定的影响

目前,我国对非居民纳税人仅就其来源于国内的所得征税,而对居民纳税人则对其境内、境外全部所得征税。假定我国居民在 A 国设立一个网站,直接通过互联网向全世界销售商品,则我国居民由该网站取得的所得,是否属于来源于 A 国的所得?

1. 该所得来源于何国,对居民公司有如下影响

(1) 假定 A 国认定其为来源于 A 国之所得,我国也同意此观点,则居民公司须就该所得在我国纳税,其在 A 国已缴纳的所得税可抵扣我国的企业所得税。

(2) 假如 A 国认定其为来源于 A 国之所得,我国不予承认,则居民公司必须就该项所得在我国纳税,且在 A 国已缴纳的税款不得抵扣,因而造成双重征税。

2. 该所得归属于何国,对居民个人有如下影响

(1) 如果 A 国认定其为来源于 A 国之所得,我国也同意此观点,则该笔个人所得在 A 国要缴纳所得税,但在国内合并申报时可按规定获得抵扣。

(2) 如果双方均认为来源于本国的所得,则将造成双重征税。

(二)电子商务对所得种类的影响

在我国实行分类所得税制,不同种类所得适用不同的税率。电子商务时代,营业所得、特许权收入、劳务报酬等所得之间的分类变得模糊不清。

 小贴士

某非居民企业通过互联网传送统计资料给我国用户时,其取得的所得应属来源于我国的所得,但是属于哪种呢?

【解析】

(1) 如果这些数据类似书籍杂志刊载的数据,电子化传送与取自实体文件并无不同,应属营业利润。

(2) 如果这些数据资料是专为顾客搜集加工的,属提供劳务一类。

(3) 如果这些数据资料是特别为顾客开发程序之用,属智力财产,应视为特许权使用。

在上述情况下,对电子商务交易的不同认定将会导致对所得税适用的影响。由于所得类型模糊化,又将导致新的避税行为。

三、电子商务对我国现行涉外税收的影响

(一) 电子商务对总机构认定的影响

《企业所得税法》规定,外商投资企业的总机构设在我国境内,就来源于中国境内、境外所得缴纳所得税。

在互联网未盛行时,总机构是指在我国境内设立的负责该企业经营管理与控制的中心机构,必须有实体建筑物的存在,以便公司人员可以集会讨论诸如管理等问题。然而互联网科技盛行之后,在网上通过可视会议系统的通信技术,即使不具有实体建筑物,仍然可以在境外进行管理与控制。在这种情况下,如何认定总机构地点?如果参加可视会议的人员遍布全球,则公司的决策地点又如何认定是个需要解决的问题。

(二) 电子商务对固定营业场所的影响

如前所述,依我国税法规定,非居民如有来源于我国境内的所得,在没有税收协定的情况下,我国必须对此所得课税。然而在与非居民所在国有税收协定的情况下,非居民企业若在我国有"营业利润",当该营业利润并非通过该非居民企业设在我国的常设机构 (permanent establishment,PE) 所取得时,我国无权对此课税。

(1) 传统的 PE 是指一个企业进行全部或部分营业的固定营业场所,其概念包括:经营的固定场所,包括管理机构、分支机构、办事处、工厂、车间等,但专为采购货品用的仓库或保养场所而非用以加工制造货品的,不在此列;营业代理人,但此代理人如果是为自己经营的,则不在此列。

(2) 在电子商务交易中,由于可以任意在任何国家设立或租用一个服务器,成立一个商业网站,因此 PE 的传统定义受到挑战。

假定一新加坡企业在我国设立一个网站,提供商品目录,直接接受全世界顾客的订货而完成交易行为,此种情况下的网站是否具有 PE 的性质值得讨论。

① 这个网站是否是一个企业从事全部或部分营业的固定营业场所,或者目的仅为储存、展示或运送属于该企业的货物或商品。如果这些商品是数字化商品,因它储存并展示在该网站中,且网站也直接运送商品给顾客,似乎网站不属于 PE,然而当考虑到顾客可直接在网站上订货且被接受,此时网站又是企业从事全部或部分营业的固定营业场所,似乎又是 PE 了。

② 如果这些商品不属于数字化商品,不能通过互联网下载到顾客处,此时该网站不一定视为 PE,但当顾客在该网站订货并收到货物(如书籍)时,该网站是否属代理人?

③ 上述例子,如改为该网站是由银行提供存款的服务或证券机构提供股票即期、远期等交易服务时,情形又有变化,似乎应该视为 PE。

④ 如果将该网站视为 PE,则由于网站能轻易从一国流动至另一国,甚至当先进的手提电脑可充当服务器时,业主很可能会为了避税,而将网站迁移至低税率或其他避税地区,这并不影响网站的效率。

（三）电子商务对转移价格的影响

在电子商务普及的情况下，利用转移价格避税的问题将更为普遍。传统交易中利用转移价格避税已屡见不鲜，税务机关均使用可比较利润法、成本加价法、转售价格法等对非常规交易的价格和利润进行调整。在电子商务时代，赢利企业可通过互联网或内部网络从事交易或进行价格转移，这势必对传统的转移定价调整方法带来挑战。

（四）电子商务对国际税务合作的影响

由于电子商务对各国税收带来的影响不尽相同，各国之间税收利益也必须作新的调整。某些国家是信息技术大国，势必利用其技术上的优势地位损害其他国家的利益。

例如，前美国总统克林顿在《全球电子商务纲要》中宣布"互联网应为免税区，产品及劳务如经由互联网传送者，均应一律免税"。由于美国是信息输出大国，其主张当然对自身有利而遭到其他国家反对。如此种种，必将带来新的国际税收冲突以及为解决冲突而进行的新的国际税务合作。

第三节　我国《电子商务法》税收法律规定

《电子商务法》明确规定电子商务经营者应当纳税、办理纳税登记、出具发票、享受税收优惠，电子商务领域税收范围涉及跨境税收、经营者普通交易税收等，纳税主体包括电子商务平台、平台内经营者等。

一、线上线下纳税一致原则

电子商务经营主体与传统线下经营者应当同样缴纳税收，依法纳税是每个公民和企业应尽的义务，税法对传统企业和电子商务企业是统一适用的，按照《电子商务法》第11条第一款的规定，电子商务经营者的应当依法履行纳税义务，并依法享受税收优惠。

1. 电子商务经营者应当依法履行纳税义务

电子商务经营者从事经营活动，依国家税收法律规定，与线下的经营者一样需要承担纳税义务，电子商务企业要依法缴纳增值税和企业所得税等，电子商务个体经营者要依法缴纳增值税和个人所得税，从事进出口货物交易的电子商务经营者要依法缴纳关税、增值税、企业或个人所得税、消费税等。

按照《增值税暂行条例》第1条的规定，在中国境内销售货物或者加工、修理修配劳务，销售服务、无形资产、不动产以及进口货物的单位和个人，为增值税的纳税人，应当缴纳增值税。电子商务经营者的具体增值税纳税额和税率依《增值税暂行条例》相关规定核算，对同类经营活动，不论线上线下同标准纳税。

按照《企业所得税法》第1条的规定，在中国境内，企业和其他取得收入的组织应依法缴纳企业所得税。

按照《个人所得税法》第2条的规定，个人的经营所得以及工资、薪金所得等，要依法缴纳个人所得税。

按照《进出口关税条例》第 2 条的规定，中国准许进出口的货物、进境物品，除法律、行政法规另有规定外，海关依法规定征收进出口关税。

2. 电子商务经营者依法享受税收优惠

电子商务经营者在履行依法纳税义务时，可按照其行业或企业特殊性享受一定的税收优惠政策。

（1）小微企业普惠性税收减免政策

按照《关于实施小微企业普惠性税收减免政策的通知》要求，自 2019 年 1 月 1 日至 2021 年 12 月 31 日期间，对于月销售额 10 万元以下（含本数）的增值税小规模纳税人，免征增值税。对小型微利企业年应纳税所得额也按一定比例有所减免。

 小贴士

《关于实施小微企业普惠性税收减免政策的通知》

2019 年 1 月 17 日，为贯彻落实党中央、国务院决策部署，进一步支持小微企业发展，国家财政部和税务总局联合发布《关于实施小微企业普惠性税收减免政策的通知》（财税〔2019〕13 号），对小微企业实施普惠性税收减免政策。

（2）企业所得税减免征收

按照《企业所得税法》的相关规定，对如下类型企业实施企业所得税减免征收优惠：

① 企业从事农、林、牧、渔业项目的所得可以免征、减征企业所得税。

② 符合条件的小型微利企业，减按 20% 的税率征收企业所得税；国家需要重点扶持的高新技术企业，减按 15% 的税率征收企业所得税。

③ 民族自治地方的自治机关对本民族自治地方的企业应缴纳的企业所得税中属于地方分享的部分，可以决定减征或者免征。自治州、自治县决定减征或者免征的，须报省、自治区、直辖市人民政府批准。

二、电子商务经营者应当依法办理税务登记

按照《税收征收管理法》第 15 条的规定，从事生产、经营的纳税人自领取营业执照之日起 30 日内，持有关证件，向税务机关申报办理税务登记。税务机关应当于收到申报的当日办理登记并发给税务登记证件。工商行政管理机关应当将办理登记注册、核发营业执照的情况定期向税务机关通报。

虽然《电子商务法》第 10 条规定了不需要办理市场主体登记的电子商务经营者类型，但此类电子商务经营依照《电子商务法》第 11 条第二款规定，如其营业额达到首次纳税义务标准后，仍应当依照税收征收管理法律、行政法规的规定申请办理税务登记，并如实申报纳税。

 小贴士

《电子商务法》关于电子商务经营者办理市场主体登记的规定

《电子商务法》第 10 条规定：电子商务经营者应当依法办理市场主体登记。但是，个人销售自产农副产品、家庭手工业产品，个人利用自己的技能从事依法无须取得许可的便

民劳务活动和零星小额交易活动,以及依照法律、行政法规不需要进行登记的除外。

三、电子商务经营者应当依法出具发票

发票,是指在购销商品、提供或者接受服务以及从事其他经营活动中,开具、收取的收付款凭证。按照《电子商务法》第14条的规定,电子商务经营者销售商品或者提供服务应当依法出具纸质发票或者电子发票等购货凭证或者服务单据。电子发票与纸质发票具有同等法律效力。

电子商务经营者在购销商品、提供或接受服务以及从事其他经营活动中,应开具和收取相应的业务凭证,由出售方或提供服务方向购买方或接受服务方签发格式文本,内容包括向购买者或接受服务方提供产品或服务的名称、质量、协议价格。

发票是会计核算的原始依据,也是审计机关、税务机关执法检查的重要依据。《电子商务法》确认了电子发票的效力,消费者可以通过手机、电脑等终端下载和接收电子发票,这降低了电子商务经营者的运营成本,同时可避免发票丢失和造假等问题。

 小贴士

重庆开出全国第一张电子发票

我国第一张具有全生命周期、全业务流程覆盖,适用于电子商务发展与税收征管业务要求的电子发票昨天在重庆正式开出。重庆电子发票项目是一个真正实现了从电子发票赋码、申请、开具、存证、交换、单位归户/个人归集、核销入账,到纳税人登记、申报等全业务流程、全生命周期管理的电子发票系统。电子发票整合服务平台运行后,所有业务的处理均可在线完成,纳税人无须频繁到税局大厅办理,税务管理人员对纳税人的管理也更加便捷、高效。

(资料来源:摘自刘湛.《重庆开出全国第一张电子发票》.http://news.cnr.cn/native/city/201404/t20140401_515201123.shtml.2014.4.1)

四、电子商务平台经营者税收协助义务

《电子商务法》规定了电子商务平台经营者纳税信息报送义务和税务登记提示义务,其第28条第二款规定:"电子商务平台经营者应当依照税收征收管理法律、行政法规的规定,向税务部门报送平台内经营者的身份信息和与纳税有关的信息,并应当提示依照本法第10条规定不需要办理市场主体登记的电子商务经营者依照本法第11条第二款的规定办理税务登记。"

1. 电子商务平台经营者纳税信息报送义务

按照《税收征收管理办法》的相关规定,电子商务平台经营者应支持、协助税务机关依法执行职务,报送平台内经营者身份信息和与纳税有关的信息,在接受税务机关检查时,要如实反映有关情况,提供有关会计资料。

2. 电子商务平台经营者税务登记提示义务

电子商务平台经营者应提示未办理市场主体登记的电子商务经营者,在符合法定情

形时,要及时依法办理税务登记,依法纳税。

案例 6.1　淘宝店主因代购逃税 300 万被判刑 10 年

第四节　跨境电子商务税收法律规定

一、跨境电子商务

跨境电子商务是指分属不同关境的交易主体,通过电子商务平台达成交易、进行电子支付结算,并通过跨境电商物流及异地仓储送达商品,从而完成交易的一种国际商业活动。

跨境电子商务进出口额持续增长,按照《中国电子商务报告》(2019)统计,通过海关跨境电商管理平台的进出口总额由 2015 年的 360.2 亿元增长到 2019 年的 1862.1 亿元,年均增速达 50.8%。

 小贴士

跨境电子商务综合试验区

我国跨境电子商务综合试验区是国内设立的跨境电子商务综合性质的先行先试的城市区域,自 2015 年 3 月 7 日,国务院同意设立中国(杭州)跨境电子商务综合试验区后,国务院先后批复五批共 105 个城市和地区设立跨境电子商务综合试验区。

二、跨境电子商务出口税收法律规定

按照国务院办公厅 2015 年 6 月 20 日发布的《关于促进跨境电子商务健康快速发展的指导意见》的规定,要明确规范进出口税收政策,继续落实现行跨境电子商务零售出口货物增值税、消费税退税或免税政策。国家财政部、国家税务总局发布了《关于跨境电子商务零售出口税收政策的通知》,对跨境电子商务零售出口税收做了相应规定。

1. **适用跨境电子商务零售出口税收政策的企业范围**

适用退(免)税政策的电子商务出口企业,是指自建跨境电子商务销售平台的电子商务出口企业和利用第三方跨境电子商务平台开展电子商务出口的企业。

为电子商务出口企业提供交易服务的跨境电子商务第三方平台,不适用《关于跨境电子商务零售出口税收政策的通知》规定的退(免)税政策,可按现行有关规定执行。

2. **适用增值税、消费税退(免)税政策的条件**

电子商务出口企业出口货物[财政部、国家税务总局明确不予出口退(免)税的货物除外,下同],同时符合下列条件的,适用增值税、消费税退(免)税政策:

(1)电子商务出口企业属于增值税一般纳税人并已向主管税务机关办理出口退(免)税资格认定;

(2)出口货物取得海关出口货物报关单(出口退税专用),且与海关出口货物报关单电子信息一致;

(3)出口货物在退(免)税申报期截止之日内收汇;

(4)电子商务出口企业属于外贸企业的,购进出口货物取得相应的增值税专用发票、消费税专用缴款书(分割单)或海关进口增值税、消费税专用缴款书,且上述凭证有关内容与出口货物报关单(出口退税专用)有关内容相匹配。

3. 不符合上述条件但适用增值税、消费税免税政策的情况

电子商务出口企业出口货物,不符合《关于跨境电子商务零售出口税收政策的通知》第1条规定条件,但同时符合下列条件的,适用增值税、消费税免税政策:

(1)电子商务出口企业已办理税务登记;

(2)出口货物取得海关签发的出口货物报关单;

(3)购进出口货物取得合法有效的进货凭证。

4. 办理退(免)税申报

电子商务出口货物适用退(免)税政策的,由电子商务出口企业按现行规定办理退(免)税申报。

小贴士

《关于跨境电商综合试验区零售出口货物税收政策的通知》

为进一步促进跨境电子商务健康快速发展,培育贸易新业态、新模式,国家财政部、税务总局、商务部、海关总署联合发布《关于跨境电商综合试验区零售出口货物税收政策的通知》,自2018年10月1日起执行,具体日期以出口商品申报清单注明的出口日期为准。

三、跨境电子商务进口税收法律规定

为营造公平竞争的市场环境,促进跨境电子商务零售进口健康发展,国家财政部、海关总署、国家税务总局发布了《关于跨境电子商务零售进口税收政策的通知》(财关税〔2016〕18号)和《关于完善跨境电子商务零售进口税收政策的通知》(财关税〔2018〕49号)两部规范性文件,对跨境电子商务零售(企业对消费者,即B2C)进口税收政策有关事项予以规制。

1. 纳税义务人

跨境电子商务零售进口商品按照货物征收关税和进口环节增值税、消费税,购买跨境电子商务零售进口商品的个人作为纳税义务人,实际交易价格(包括货物零售价格、运费和保险费)作为完税价格,电子商务企业、电子商务交易平台企业或物流企业可作为代收代缴义务人。

2. 跨境电子商务零售进口税收政策适用范围

跨境电子商务零售进口税收政策适用于从其他国家或地区进口的、《跨境电子商务零售进口商品清单》范围内的以下商品:

(1)所有通过与海关联网的电子商务交易平台交易,能够实现交易、支付、物流电子信息"三单"比对的跨境电子商务零售进口商品;

（2）未通过与海关联网的电子商务交易平台交易，但快递、邮政企业能够统一提供交易、支付、物流等电子信息，并承诺承担相应法律责任的跨境电子商务零售进口商品。

不属于跨境电子商务零售进口的个人物品以及无法提供交易、支付、物流等电子信息的跨境电子商务零售进口商品，按现行规定执行。

3. **跨境电子商务零售进口商品交易限值**

跨境电子商务零售进口商品的单次交易限值为人民币 5000 元，个人年度交易限值为人民币 26 000 元。在限值以内进口的跨境电子商务零售进口商品，关税税率暂设为 0；进口环节增值税、消费税取消免征税额，暂按法定应纳税额的 70% 征收。超过单次限值、累加后超过个人年度限值的单次交易，以及完税价格超过 2000 元限值的单个不可分割商品，均按照一般贸易方式全额征税。

完税价格超过 5000 元单次交易限值但低于 26 000 元年度交易限值，且订单下仅一件商品时，可以自跨境电商零售渠道进口，按照货物税率全额征收关税和进口环节增值税、消费税，交易额计入年度交易总额，但年度交易总额超过年度交易限值的，应按一般贸易管理。

跨境电子商务零售进口商品自海关放行之日起 30 日内退货的，可申请退税，并相应调整个人年度交易总额。

4. **跨境电子商务零售进口商品交易限制**

已经购买的电商进口商品属于消费者个人使用的最终商品，不得进入国内市场再次销售；原则上不允许网购保税进口商品在海关特殊监管区域外开展"网购保税＋线下自提"模式。

5. **跨境电子商务零售进口商品购买人（订购人）身份信息认证**

跨境电子商务零售进口商品购买人（订购人）的身份信息应进行认证；未进行认证的，购买人（订购人）身份信息应与付款人一致。

此外，《跨境电子商务零售进口商品清单》由财政部会同有关部门协商后公布。

 小贴士

《跨境电子商务零售进口商品清单》（2019 年版）

为落实国务院关于调整扩大跨境电子商务零售进口商品清单的要求，促进跨境电子商务零售进口的健康发展，国家财政部、发展改革委、工业和信息化部等 13 个部门联合发布《跨境电子商务零售进口商品清单》（2019 年版），自 2020 年 1 月 1 日起实施。

本清单实施后，《财政部等 13 个部门关于调整跨境电子商务零售进口商品清单的公告》（2018 年第 157 号）所附的清单同时废止。

【思考题】

1. 电子商务的发展对传统税收的影响有哪些？
2. 我国电子商务税收应遵循的原则有哪些？
3. 简述我国《电子商务法》对税收的规定。
4. 简述我国对跨境电子商务税收的法律规定。

第七章

电子商务中的知识产权法律制度

【学习要点及目标】

1. 了解知识产权的概念、特征、种类；
2. 了解电子商务著作权、商标权、专利权的法律保护；
3. 了解域名的相关法律规定和法律保护。

电子商务通过互联网开拓了一个全新的超越国界的巨大市场。在电子商务活动中，知识产权保护制度受到了冲击，著作权及其邻接权的关系、域名与商标的冲突、商标权和专利权等都面临着法律适用的新问题。如何在以互联网为基础的电子商务时代保护知识产权是世界各国面临的一个新课题。

第一节 知识产权与知识产权法概述

一、知识产权的概念与特征

（一）知识产权的概念

知识产权(intellectual property)，是指权利人对其智力创造的成果所依法享有的专有权利。主要包括专利权、著作权、商标权等。

 小贴士

《民法典》第 123 条的规定

民事主体依法享有知识产权。

知识产权是权利人依法就下列客体享有的专有的权利：（一）作品；（二）发明、实用新型、外观设计；（三）商标；（四）地理标志；（五）商业秘密；（六）集成电路布图设计；（七）植物新品种；（八）法律规定的其他客体。

（二）知识产权的特征

知识产权作为一种对于智力成果所享有的权利，具有以下几个特征。

1. 非物质性

知识产权的客体是智力成果，其内容是具有非物质性的作品、发明创造、外观设计和商标等,是在无形物上的特殊权利。

2. 专有性(排他性)

知识产权的专有性是指知识产权的所有人对智力成果在特定时期内所具有的排他性的独占权,非经知识产权人的许可或者法律特别规定,他人不得实施受知识产权控制行为;否则,构成侵权行为。

3. 地域性

知识产权的地域性是指知识产权只在授予其权利的国家或者确认其权利的国家产生,并只能在该国范围内发生法律效力并得到法律保护,其他国家对于未经其授予知识产权的智力成果没有给予法律保护的义务。

4. 时间性

知识产权的时间性是指知识产权只在法律规定的期限内受到法律保护。如果一项知识产权超过了法律规定的保护期,这一权利就自行消灭。

二、知识产权法的概念

知识产权法是指调整知识产权的确认、保护、行使和管理过程中所发生的各种社会关系的法律规范的总称。

知识产权作为一种重要的民事权利在各国普遍获得确认和保护,是调整知识创造、利用和传播中所形成的社会关系的工具,并随着科学技术和商品经济的发展而不断地拓展、丰富和完善。当前世界经济已经处于知识经济时代,知识产权越来越成为提升市场核心竞争力和进行市场垄断的手段,知识产权制度因此成为国家的基础性制度。

 小贴士

知识产权的国际保护

保护知识产权的国际公约主要有:《与贸易有关的知识产权协定》(TRIPs协定)、《保护工业产权巴黎公约》《保护文学和艺术作品伯尔尼公约》《世界版权公约》《商标国际注册马德里协定》《专利合作条约》等。其中,世界贸易组织的TRIPs协定被认为是当前世界范围内知识产权保护领域中涉及面广、保护水平高、保护力度大、制约力强的国际公约,对中国有关知识产权法律制度的建立和完善具有重要作用。

三、电子商务对知识产权法的影响

(一)电子商务对传统知识产权观念的挑战

知识产权作为一种确认权利、保障权利的制度,要依据一定标准来确认是否授予某一项智力成果的专有权。依据传统的知识产权观念,智力成果是无形的,但是一项智力成果要获得知识产权保护,一般需要采用物质性的载体表示或者显示出来。但是,在电子商务技术开发和应用的过程中,大量的技术通过计算机数据表现和完成,具有技术的实质特性,可以帮助人们利用计算机完成创造性工作,这些作为计算机语言的数据却不能采用传统知识产权法律所保护的表现形式。

(二) 电子商务对传统知识产权特点的挑战

知识产权具有不同于有形财产的特点,如地域性、时间性等。电子商务活动建立在互联网上,网络的传输表现出"公开"的开放性和"无国界"的全球性特点及状态。"公开"为"公知"提供了前提,也为"公用"提供了方便,严重威胁到知识产权所有人的专有权;"无国界"又使知识产权的地域性受到严峻的挑战。

(三) 电子商务对知识产权保护程序的挑战

1. 电子商务对法院管辖权提出的挑战

对于任何纠纷而言,管辖法院及适用法律的确定都会对案件当事人的利益产生重要影响。通常,知识产权纠纷案件多采用被告住所地或者侵权行为地确定管辖法院,并通常根据法院地法作为处理纠纷的实体法律依据。但是,互联网上的侵权行为,难以确定具体的行为地点和受害地点。

2. 电子商务对证据及保留提出的挑战

传统的知识产权纠纷诉讼过程中,作为当事人主张权利和行使抗辩权所依据的证据必须是"原物",这是各国对证据的基本要求。但是,在电子商务活动中,电子数据存储在计算机内,其打印出来的"书面形式"只是一种复制件,无法满足传统诉讼法对于证据"原件"的要求。且计算机数据又是可以毫无痕迹地改动的,因此给计算机数据作为证据的权威性和可信任性带来了挑战。

四、电子商务经营主体的知识产权保护义务

《电子商务法》对电子商务经营主体的知识产权保护义务做了原则性规定。电子商务经营主体应当依法保护知识产权,建立知识产权保护规则。

电子商务第三方平台明知平台内电子商务经营者侵犯知识产权的,应当依法采取删除、屏蔽、断开链接、终止交易和服务等必要措施。否则,给知识产权权利人造成损失的,应承担赔偿责任。

第三方平台的双向通知义务。电子商务第三方平台接到知识产权权利人发出的平台内经营者实施知识产权侵权行为通知的,应当及时将该通知转送平台内经营者,并依法采取必要措施。

平台内经营者接到转送的通知后,向电子商务第三方平台提交声明保证不存在侵权行为的,电子商务第三方平台应当及时终止所采取的措施,将该经营者的声明转送发出通知的知识产权权利人,并告知该权利人可以向有关行政部门投诉或者向人民法院起诉。知识产权权利人因通知错误给平台内经营者造成损失的,依法承担民事责任。电子商务第三方平台应当及时公示收到的通知、声明及处理结果。

第二节 电子商务中著作权的法律保护

一、著作权与著作权法概述

(一)著作权与著作权法

著作权亦称版权,是指法律赋予文学艺术、科学作品的作者对其创作的作品所享有的专有权利。

著作权法是指调整因著作权而产生的各种社会关系的法律规范的总称。我国的著作权法法律规范主要包括:《中华人民共和国著作权法》(以下简称《著作权法》)、《著作权法实施条例》《宪法》《民法典》和《刑法》中有关著作权的条款以及各种相关的行政法规、规章等。我国缔结或者加入的与著作权有关的知识产权国际条约、我国与其他国家签订的有关著作权保护的条约也属于我国著作权法的组成部分。

(二)著作权的主体(著作权人)

著作权的主体包括:作品的作者;其他依照著作权法享有著作的自然人、法人或者非法人组织。外国人、无国籍人的作品首先在中国境内出版的,在中国享有著作权。

(三)著作权法保护的对象

著作权法保护的对象是作品,是指文学、艺术和科学领域内具有独创性并能以一定形式表现的智力成果。包括:①文字作品;②口述作品;③音乐、戏剧、曲艺、舞蹈、杂技艺术作品;④美术、建筑作品;⑤摄影作品;⑥视听作品;⑦工程设计图、产品设计图、地图、示意图等图形作品和模型作品;⑧计算机软件;⑨符合作品特征的其他智力成果。

 小贴士

《著作权法》所规定的"文字作品"和"计算机软件"

文字作品是指小说、诗词、散文、论文等以文字形式表现的作品。这些作品无论附着在什么载体之上,只要该文字形式得以显示其存在,就属于文字作品。

计算机软件是指计算机程序及其有关文档。计算机程序是指为了得到某种结果而可以由计算机等具有信息处理能力的装置执行的代码化指令序列,或者可以被自动转换成代码化指令序列的符号化指令序列或者符号化语句序列。同一计算机程序的源程序和目标程序为同一作品。文档是指用来描述程序的内容、组成、设计、功能规格、开发情况、测试结果及使用方法的文字资料和图表等,如程序设计说明书、流程图、用户手册等。

(四)著作权的内容

著作权的内容,包括著作人身权和著作财产权。

1. 著作人身权

著作人身权是作者基于作品依法享有的以人身利益为内容的权利,包括:①发表权;

②署名权;③修改权;④保护作品完整权。

2．著作财产权

著作财产权是指能够给著作权人带来经济利益的权利,这种经济利益的实现是基于著作权人对其作品的利用。在我国,著作权的财产权是著作权人通过复制、发行、出租、展览、表演、放映、广播、信息网络传播、摄制或者改编、翻译、汇编等方式使用作品并由此获得报酬的权利,以及许可他人通过以上方式使用作品并由此获得报酬的权利,具体包括:① 复制权;②发行权;③出租权;④展览权;⑤表演权;⑥放映权;⑦广播权;⑧信息网络传播权;⑨摄制权;⑩改编权;⑪翻译权;⑫汇编权。

（五）著作权的保护期

属于著作人身权的署名权、修改权、保护作品完整权的保护期不受限制。发表权和著作财产权的保护期为作者终生及其死亡后50年,截止于死亡后第50年的12月31日;如果是合作作品,截止于最后的作者死亡后第50年的12月31日。

（六）邻接权

邻接权是指作品传播者对在传播过程中产生的劳动成果依法享有的专有权,又称作品传播者权,是与著作权相邻近的权利。在我国,邻接权主要指出版者的权利、表演者的权利、录像制品制作者的权利、录音制作者的权利、电视台对其制作的非作品的电视节目的权利、广播电台的权利。

 小贴士

邻接权与著作权的关系

邻接权与著作权同属知识产权的范围,二者关系密切,但又不完全相同。邻接权与著作权有以下区别。

（1）主体不同:著作权的主体是作品的创作者;邻接权的主体则是作品的出版者、表演者、音像制作者。

（2）保护对象不同:著作权保护的对象是作品;邻接权保护的对象是经过传播者通过自己创造性劳动加工后的作品。

（3）内容不同:著作权的内容是指作者对其作品享有的人身权和财产权;邻接权的内容是出版者、表演者、音像制作者对出版、表演、音像制品的权利。

（4）受保护的前提不同:作品只要符合法定条件,一经产生就可以获得著作权保护;邻接权的取得则必须以著作权人的授权和对作品的再利用为前提。

（七）著作权的许可使用与转让

著作权的许可使用是指著作权人许可他人行使著作权中的使用权。著作权人可以许可他人行使使用权中的一项权能或数项权能。著作权中财产权利的许可使用,可分为专有许可使用和非专有的许可使用。一般情况下,使用他人作品应当同著作权人订立许可使用合同。

著作权中财产权利的转让,是指著作权人将著作权中财产权利转移给他人,包括全部财产权利的转让和部分财产权利的转让。当事人应当订立书面权利转让合同。

(八)侵犯著作权的法律责任

1. 侵犯著作权的行为及其法律责任

《著作权法》规定下列行为属于侵权行为,应当根据情况,承担停止侵害、消除影响、赔礼道歉、赔偿损失等民事责任:

(1)未经著作权人许可,发表其作品;

(2)未经合作作者许可,将与他人合作创作的作品当作自己单独创作的作品发表;

(3)没有参加创作,为谋取个人名利在他人作品上署名;

(4)歪曲、篡改他人的作品;

(5)剽窃他人的作品;

(6)未经著作权人许可,以展览、摄制视听作品的方法使用作品,或者以改编、翻译、注释等方式使用作品的,《著作权法》另有规定的除外;

(7)使用他人作品,应当支付报酬而未支付的;

(8)未经视听作品、计算机软件、录音录像制品的著作权人、表演者或者录音录像制作者许可,出租其作品或者录音录像制品的原件或者复制件的,《著作权法》另有规定的除外;

(9)未经出版者许可,使用其出版的图书、期刊的版式设计的;

(10)未经表演者许可,从现场直播或者公开传送其现场表演,或者录制其表演的;

(11)其他侵犯著作权以及与著作权有关的权利的行为。

2. 侵犯邻接权的行为及其法律责任

有下列侵权行为的,应当根据情况,承担停止侵害、消除影响、赔礼道歉、赔偿损失等民事责任;侵权行为同时损害公共利益的,由主管著作权的部门责令停止侵权行为,予以警告,没收违法所得,没收、无害化销毁处理侵权复制品以及主要用于制作侵权复制品的材料、工具、设备等,违法经营额5万元以上的,可以并处违法经营额1倍以上5倍以下的罚款;没有违法经营额、违法经营额难以计算或者不足5万元的,可以并处25万元以下的罚款;构成犯罪的,依法追究刑事责任。

(1)未经著作权人许可,复制、发行、表演、放映、广播、汇编、通过信息网络向公众传播其作品的;

(2)出版他人享有专有出版权的图书的;

(3)未经表演者许可,复制、发行录有其表演的录音录像制品,或者通过信息网络向公众传播其表演的;

(4)未经录音录像制作者许可,复制、发行、通过信息网络向公众传播其制作的录音录像制品的;

(5)未经许可,播放、复制或者通过信息网络向公众传播广播、电视的;

(6)未经著作权人或者与著作权有关的权利人许可,故意避开或者破坏技术措施的,故意制造、进口或者向他人提供主要用于避开、破坏技术措施的装置或者部件的,或者故

意为他人避开或者破坏技术措施提供技术服务的,法律、行政法规另有规定的除外;

(7) 未经著作权人或者与著作权有关的权利人许可,故意删除或者改变作品、版式设计、表演、录音录像制品或者广播、电视上的权利管理信息的,知道或者应当知道作品、版式设计、表演、录音录像制品或者广播、电视上的权利管理信息未经许可被删除或者改变,仍然向公众提供的,法律、行政法规另有规定的除外;

(8) 制作、出售假冒他人署名的作品的。

3. 违反著作权法的法律责任

侵犯他人著作权、邻接权的,应当承担停止侵害、消除影响、赔礼道歉、赔偿损失等民事责任;侵权行为同时损害公共利益的,可以由主管著作权的部门责令停止侵权行为,予以警告,没收违法所得,没收、无害化销毁处理侵权复制品以及主要用于制作侵权复制品的材料、工具、设备等,并可处以罚款;构成犯罪的,依法追究刑事责任。

二、网络环境下的版权保护

(一) 网络作品享有著作权

网络作品是作者凭借或者通过计算机完成的作品,大量的作品凭借或者通过计算机网络完成。作品数字化只是作品的新的表现形式,并不能改变作者对其创作的作品享有的著作权。因此,网络作品可以依照《著作权法》的规定享有著作权。

(二) 作品享有网络传播权

《著作权法》规定,作者对其作品享有信息网络传播权。在网络环境下,作者享有将其作品通过网络进行传播并获取收益的权利,享有禁止他人未经其许可而将其作品利用网络进行传播、侵害其著作权的行为,任何人未经许可将他人的作品上网传播是对著作权人合法权益的侵犯。

(三) 网络作品的侵权形式

网络中侵犯著作权的行为主要有以下表现形式:①利用他人享有著作权的作品在网上营利;②利用电子公告板,供人自由下载文字、图片、游戏、音乐等内容;③利用电子邮件传播有著作权的作品;④建立个人网站公开发布他人享有版权的作品。

(四) 网络著作权的保护

《著作权法》明确规定了作者对其作品享有信息网络传播权,明确了著作权在互联网络中的法律保护。根据《著作权法》的规定,国务院发布了《信息网络传播权保护条例》(以下简称《条例》),专门规定了对网络著作权的保护制度和对信息网络传播权的保护制度,主要有以下内容。

1. 适用范围

《条例》规定,权利人享有的信息网络传播权受著作权法和《条例》保护。除法律、行政法规另有规定的外,任何组织或者个人将他人的作品、表演、录音录像制品通过信息网络向公众提供,应当取得权利人许可,并支付报酬。依法禁止提供的作品、表演、录音录像制品,不受《条例》的保护。

2. 信息网络传播权的概念

信息网络传播权,是指以有线或者无线方式向公众提供作品、表演或者录音录像制品,使公众可以在其个人选定的时间和地点获得作品、表演或者录音录像制品的权利。

3. 权利人采取技术措施保护信息网络传播权的权利

为保护信息网络传播权,权利人有权利采取相应的技术措施。任何组织或者个人不得故意避开或者破坏技术措施,不得故意制造、进口或者向公众提供主要用于避开或者破坏技术措施的装置或者部件,不得故意为他人避开或者破坏技术措施提供技术服务。但是,法律、行政法规规定可以避开的除外。

小贴士

《信息网络传播权保护条例》规定可以避开技术措施的情形

属于下列情形的,可以避开技术措施,但不得向他人提供避开技术措施的技术、装置或者部件,不得侵犯权利人依法享有的其他权利:

(1) 为学校课堂教学或者科学研究,通过信息网络向少数教学、科研人员提供已经发表的作品、表演、录音录像制品,而该作品、表演、录音录像制品只能通过信息网络获取;

(2) 不以营利为目的,通过信息网络以盲人能够感知的独特方式向盲人提供已经发表的文字作品,而该作品只能通过信息网络获取;

(3) 国家机关依照行政、司法程序执行公务;

(4) 在信息网络上对计算机及其系统或者网络的安全性能进行测试。

对提供信息存储空间或者提供搜索、链接服务的网络服务提供者,权利人认为其服务所涉及的作品、表演、录音录像制品侵犯自己的信息网络传播权或者被删除、改变了自己的权利管理电子信息的,可以向该网络服务提供者提交书面通知,要求网络服务提供者删除该作品、表演、录音录像制品,或者断开与该作品、表演、录音录像制品的链接。权利人应当对通知书的真实性负责。

网络服务提供者接到权利人的通知书后,应当立即删除涉嫌侵权的作品、表演、录音录像制品,或者断开与涉嫌侵权的作品、表演、录音录像制品的链接,并同时将通知书转送提供作品、表演、录音录像制品的服务对象;服务对象网络地址不明、无法转送的,应当将通知书的内容同时在信息网络上公告。

网络服务提供者接到服务对象的书面说明后,应当立即恢复被删除的作品、表演、录音录像制品,或者可以恢复与被断开的作品、表演、录音录像制品的链接,同时将服务对象的书面说明转送权利人。

4. 权利管理电子信息的保护

《条例》规定,未经权利人许可,任何组织或者个人不得进行下列行为:①故意删除或者改变通过信息网络向公众提供的作品、表演、录音录像制品的权利管理电子信息,但由于技术上的原因无法避免删除或者改变的除外;②通过信息网络向公众提供明知或者应知未经权利人许可被删除或者改变权利管理电子信息的作品、表演、录音录像制品。

5. 网络传播权的合理使用

《条例》规定网络环境下作品的合理使用,对权利人的信息网络传播权给予了一定的限制。通过信息网络提供他人作品,属于下列情形的,可以不经著作权人许可,不向其支付报酬:

(1) 为介绍、评论某一作品或者说明某一问题,在向公众提供的作品中适当引用已经发表的作品;

(2) 为报道时事新闻,在向公众提供的作品中不可避免地再现或者引用已经发表的作品;

(3) 为学校课堂教学或者科学研究,向少数教学、科研人员提供少量已经发表的作品;

(4) 国家机关为执行公务,在合理范围内向公众提供已经发表的作品;

(5) 将中国公民、法人或者其他组织已经发表的、以汉语言文字创作的作品翻译成的少数民族语言文字作品,向中国境内少数民族提供;

(6) 不以营利为目的,以盲人能够感知的独特方式向盲人提供已经发表的文字作品;

(7) 向公众提供在信息网络上已经发表的关于政治、经济问题的时事性文章;

(8) 向公众提供在公众集会上发表的讲话。

此外,图书馆、档案馆、纪念馆、博物馆、美术馆等可以不经著作权人许可,通过信息网络向本馆馆舍内服务对象提供本馆收藏的合法出版的数字作品和依法为陈列或者保存版本的需要以数字化形式复制的作品,不向其支付报酬,但不得直接或者间接获得经济利益。当事人另有约定的除外。

为发展教育事业设定的法定许可,以促进科学文化事业的发展,同时也使权利人的权利得到保障。《条例》规定,为通过信息网络实施九年制义务教育或者国家教育规划,可以不经著作权人许可,使用其已经发表作品的片断或者短小的文字作品、音乐作品或者单幅的美术作品、摄影作品制作课件,由制作课件或者依法取得课件的远程教育机构通过信息网络向注册学生提供,但应当向著作权人支付报酬。

网络服务提供者提供著作权人的作品后,著作权人不同意提供的,网络服务提供者应当立即删除著作权人的作品,并按照公告的标准向著作权人支付提供作品期间的报酬。

三、计算机软件的保护

我国《著作权法》亦将计算机软件列入保护的范畴。鉴于计算机软件的特殊性,《著作权法》规定计算机软件的保护办法由国务院另行规定。据此,国务院制定了《计算机软件保护条例》(以下简称《条例》),这是保护计算机软件知识产权的基本依据。根据《条例》,我国对计算机软件保护的法律制度主要有以下几个方面。

(一) 计算机软件著作权的归属

计算机软件著作权归属的一般原则是"谁开发谁享有著作权"。软件的开发者是指实际组织、进行开发工作,提供工作条件以完成软件开发,并对软件承担责任的法人或者非法人单位,以及依靠自己具有的条件完成软件开发并对软件承担责任的自然人。

中国公民、法人或者其他组织对其所开发的软件,不论是否发表,依照《条例》享有著作权。外国人、无国籍人的软件首先在中国境内发行的,依照该条例享有著作权。外国人、无国籍人的软件,依照其开发者所属国或者经常居住地国同中国签订的协议或者依照中国参加的国际条约享有的著作权,受该条例保护。

《条例》和《计算机软件著作权登记办法》对于计算机软件的合作开发、委托开发、指令开发、职务开发、非职务开发做出了规定。

(1) 合作开发。由两个以上的自然人、法人或者非法人组织合作开发的软件,其著作权的归属由合作开发者签订书面合同约定。

(2) 委托开发。受他人委托开发的软件,其著作权的归属由委托者与受委托者签订书面协议约定,如无书面协议或者在协议中未作明确的约定,其著作权属于受委托者。

(3) 指令开发。由国家机关下达任务开发的软件,著作权的归属与行使由项目任务书或者合同规定;项目任务书或者合同中未作明确规定的,软件著作权由接受任务的法人或者其他组织享有。

(4) 职务开发。自然人在法人或者非法人组织中任职期间所开发的软件有下列情形之一的,该软件著作权由该法人或者非法人组织享有,该法人或者非法人组织可以对开发软件的自然人进行奖励:①针对本职工作中明确指定的开发目标所开发的软件;②开发的软件是从事本职工作活动所预见的结果或者自然的结果;③主要使用了法人或者非法人组织的资金、专用设备、未公开的专门信息等物质技术条件所开发并由法人或者非法人组织承担责任的软件。

(二) 计算机软件著作权的内容

按照《计算机软件保护条例》的规定,软件著作权人应享有以下权利:

(1) 发表权,即决定软件是否公之于众的权利;

(2) 署名权,即表明开发者身份,在软件上署名的权利;

(3) 修改权,即对软件进行增补、删节,或者改变指令、语句顺序的权利;

(4) 复制权,即将软件制作一份或者多份的权利;

(5) 发行权,即以出售或者赠与方式向公众提供软件的原件或者复制件的权利;

(6) 出租权,即有偿许可他人临时使用软件的权利,但是软件不是出租的主要标的的除外;

(7) 信息网络传播权,即以有线或者无线方式向公众提供软件,使公众可以在其个人选定的时间和地点获得软件的权利;

(8) 翻译权,即将原软件从一种自然语言文字转换成另一种自然语言文字的权利;

(9) 软件著作权人可以许可他人行使其软件著作权,并有权获得报酬;

(10) 应当由软件著作权人享有的其他权利。

(三) 计算机软件著作权的保护期

软件著作权自软件开发完成之日起产生。自然人的软件著作权保护期为自然人终生及其死亡后50年,截止于自然人死亡后第50年的12月31日;若软件是合作开发的,截止于最后死亡的自然人死亡后第 50 年的 12 月 31 日。法人或者非法人组织的软件著作权,保护期为 50 年,截止于软件首次发表后第 50 年的 12 月 31 日,但软件自开发完成之日起 50 年内未发表的,不再保护。

(四)计算机软件著作权的登记管理

软件著作权人可以向国家著作权主管部门认定的软件登记机构办理登记。软件登记机构发放的登记证明文件是登记事项的初步证明。受主管部门的委托,中国软件登记中心承担计算机软件著作权登记工作。

申请软件著作权登记时,申请者应当向软件登记中心提交软件著作权登记申请表、该软件的鉴别材料及相关的证明文件。申请软件著作权续展登记时,申请者应当于该软件保护期的最后 1 年之内提出书面申请。中国软件登记中心对符合登记的申请应当立案受理,书面通知申请人。自受理之日起 120 日之内审查受理申请,申请符合规定的,给予登记,发给相应登记证书,予以公布;申请不符合规定条件的,予以驳回。

(五)软件的合法复制品的保护

《条例》规定,软件的合法复制品的所有人享有下列权利:
(1) 根据使用的需要把该软件装入计算机等具有信息处理能力的装置内。
(2) 为了防止复制品损坏而制作备份复制品。这些备份复制品不得通过任何方式提供给他人使用,并在所有人丧失该合法复制品的所有权时,负责将备份复制品销毁。
(3) 为了把该软件用于实际的计算机应用环境或者改进其功能、性能而进行必要的修改;但是,除合同另有约定外,未经该软件著作权人许可,不得向任何第三方提供修改后的软件。

为了学习和研究软件内含的设计思想和原理,通过安装、显示、传输或者存储软件等方式使用软件的,可以不经软件著作权人许可,不向其支付报酬。

(六)计算机软件著作权的侵权行为及法律责任

1. 计算机软件著作权侵权行为

以下行为属于计算机软件著作权侵权行为:
(1) 未经软件著作权人许可,发表或者登记其软件的;
(2) 将他人软件作为自己的软件发表或者登记的;
(3) 未经合作者许可,将与他人合作开发的软件作为自己单独完成的软件发表或者登记的;
(4) 在他人软件上署名或者更改他人软件上的署名的;
(5) 未经软件著作权人许可,修改、翻译其软件的;
(6) 复制或者部分复制著作权人的软件的;
(7) 向公众发行、出租、通过信息网络传播著作权人的软件的;
(8) 故意避开或者破坏著作权人为保护其软件著作权而采取的技术措施的;
(9) 故意删除或者改变软件权利管理电子信息的;

(10) 转让或者许可他人行使著作权人的软件著作权的;
(11) 其他侵犯软件著作权的行为。

案例 7.1 计算机软件侵权纠纷案

2. 侵犯计算机软件著作权应承担相应的法律责任

(1) 民事责任

行为人有侵犯他人软件著作权行为的,应当根据情况,承担停止侵害、消除影响、公开赔礼道歉等民事责任。

(2) 行政责任

行为人有侵犯他人软件著作权行为,同时损害社会公共利益的,应由国家软件著作权主管部门给予没收非法所得、罚款等行政处罚。

(3) 刑事责任

软件登记管理机构工作人员在软件保护期内利用或者向他人透露申请者登记时提交的存档材料及有关情况的,情节严重,构成犯罪的,由司法机关依法追究刑事责任。

四、数据库的保护

数据库是指计算机存储设备中按一定组织方式存储在一起的、相互关联、为用户共同关心的全部数据的集合。数据库是电子商务的重要基础,电子商务从查询、采购、产品展示、订购到销售、储运等所有网上贸易活动都离不开数据库的支持,因此与数据库相关的知识产权保护问题也日益突出。

根据《保护文学艺术作品的伯尔尼公约》《与贸易有关的知识产权协议》和《世界知识产权组织版权条约》的有关规定,数据库应当纳入著作权法的保护范围,数据库的法律保护问题正随着互联网技术与电子商务的发展而变得十分重要。

案例 7.2 安徽首例利用网络平台侵犯著作权案:获利 700 余万

第三节 电子商务中商标权的法律保护

一、商标与商标法

(一) 商标的概念

商标是指商品或者服务上所使用的,用以识别不同生产者、经营者所生产、制造、加工、拣选或者经销的商品或者提供的服务,由具有显著特征的文字、图形、字母、数字、三维标志、颜色组合或者上述要素的组合构成的可视性标志。

 小贴士

声音商标

根据《商标法》第 8 条规定,"任何能够将自然人、法人或者其他组织的商品与他人的商品区别开的标志,包括文字、图形、字母、数字、三维标志、颜色组合和声音等,以及上述要素的组合,均可以作为商标申请注册。"

为配合这一规定,《商标法实施条例》规定了因声音标志申请商标注册的 5 个条件:

(1) 应当在申请书中予以声明。

(2) 说明商标的使用方式。

(3) 提交符合要求的声音样本。声音样本应当是光盘形式,音频文件不得超过 5MB,格式为 WAV 或者 MP3。

(4) 对声音商标进行描述。如果声音是音乐性质的,这种描述应当以五线谱或者简谱对申请用作商标的声音加以描述并附加文字说明;如果声音是非音乐性质的,无法以五线谱或者简谱描述的,应当以文字加以描述。

(5) 商标描述与声音样本应当一致。

(二) 商标法

商标法是确认商标专用权,规定商标注册、使用、转让、保护和管理的法律规范的总称。它的作用主要是加强商标管理,保护商标专用权,促进商品的生产者和经营者保证商品和服务的质量,维护商标的信誉,以保证消费者的利益,促进社会主义市场经济的发展。

1982 年 8 月 23 日第五届全国人民代表大会常务委员会通过了《中华人民共和国商标法》(以下简称《商标法》)。此外,我国已经加入了一系列有关保护商标专用权的国际条约,最主要的有《保护工业产权巴黎公约》《商标注册马德里协定》《商标注册公约》等。1994 年 4 月,我国签署《与贸易有关的知识产权协议》。2001 年 12 月,我国正式加入 WTO,标志着我国对包括商标权在内的工业产权的保护更加全面。

二、注册商标专用权

(一) 注册商标专用权及其取得

注册商标专用权,或称商标权,是指商标注册人依法对其注册商标所享有的专用权利。我国注册商标专用权的取得实行注册取得原则。另外,商标权的取得还可以通过注册商标的转让、继承等方式。

(二) 注册商标专用权的内容

根据《商标法》以及相关法律法规的规定,注册商标专用权主要包括以下三种权利。

1. 专用权

注册商标专用权是指商标权人对其注册商标所享有的在核定的商品或者服务上独占

使用的权利。

2．使用许可权

注册商标使用许可权是指商标权人享有的、以一定的方式和条件许可他人使用其注册商标并获得收益的权利。

3．转让权

注册商标转让权是商标权人所享有的将其注册商标转让给他人的权利，是商标权人对其注册商标行使处分权的一种方式。

（三）注册商标的保护期限与续展

注册商标的有效期为10年，自核准注册之日起计算。注册商标有效期满，需要继续使用的，商标注册人应当在期满前12个月内按照规定办理续展手续；在此期间未能办理的，可以给予6个月的宽展期。每次续展注册的有效期为10年，自该商标上一届有效期满次日起计算。商标局应当对续展注册的商标予以公告。期满未办理续展手续的，注销其注册商标。

（四）商标权的法律保护

1．商标权的保护范围

商标权的保护范围是指禁止在相同或者类似商品或者服务上使用与他人注册商标相同或近似的商标。

2．侵犯注册商标权的行为

有下列行为之一的，均属侵犯注册商标专用权：

（1）未经商标注册人的许可，在同一种商品上使用与其注册商标相同的商标的；

（2）未经商标注册人的许可，在同一种商品上使用与其注册商标近似的商标，或者在类似商品上使用与其注册商标相同或者近似的商标，容易导致混淆的；

（3）销售侵犯注册商标专用权的商品的；

（4）伪造、擅自制造他人注册商标标识或者销售伪造、擅自制造的注册商标标识的；

（5）未经商标注册人同意，更换其注册商标并将该更换商标的商品又投入市场的；

（6）故意为侵犯他人商标专用权行为提供便利条件，帮助他人实施侵犯商标专用权行为的；

（7）给他人的注册商标专用权造成其他损害的。

三、电子商务中的商标权保护

（一）电子商务中的商标权

电子商务活动作为商务活动的一种新手段或者新方式，与商标密切相关。电子商务与商标的联系主要表现在以下几个方面。

1．电子商务的活动主体需要自己的商品或者服务商标

电子商务活动中的各类主体在其提供的商品或者服务进入市场时需要有自己的识别

性标志,例如提供网络服务的经营主体新浪、搜狐、网易、谷歌,提供网络交易平台的阿里巴巴以及数量庞大的开展网上经营的商业主体都属于利用网络开展网络服务以及电子商务活动的经营主体,在提供商品或服务的活动中使用商品商标和服务商标。

2. 电子商务主体可能会涉及对他人商标的使用

电子商务主体在从事商品流通、服务提供、广告宣传等商业活动的过程中,可能会涉及对他人商标权的使用,例如开展电子商务的商品销售企业要在网上销售商品、发布广告等,这些行为势必涉及其他企业的商标使用。

3. 电子商务主体可能成为商标权的侵权主体

电子商务主体除了自身商标权的开发,还涉及他人商标权的使用,因此,也可能成为商标权的侵权主体。如果电子商务主体擅自使用他人的商标或者自己在开发和使用商标时,在相同或类似的商品或服务上使用了与他人相同或相近似的商标,都可能成为商标侵权主体。

(二) 电子商务中商标权保护面临的问题与对策

1. 商标权的使用和保护环境更加复杂

电子商务活动使商标使用的范围扩大到了网络。电子商务促使交易量迅速增长,货物流通具有隐蔽性强、范围大、取证困难、执行困难等特征,造成商标权的使用和保护环境都变得非常复杂。

2. 电子商务使商标侵权出现新的特点

电子商务是利用网络完成交易,电子商务中产生了一些新的商标侵权形式,例如网页上的商标标记使用侵权、链接侵权、用商标图形作为网页装潢、将商标作为域名侵权等都成为电子商务中的商标侵权形式。商标侵权的形式更加多样和复杂。

3. 网络商标侵权行为简单易行

网络的开放性决定了网络侵权行为的实施简单易行。网络是一个巨大的虚拟空间,行为人可以在任何时间、地点进行商标侵权行为;在技术上,通过网络对商标的侵权行为十分容易进行,行为人无须具备高深的计算机知识和操作技能等专业技术。

4. 网络商标争议的解决难度更大

传统的商标侵权一般易于识别,也容易为被侵权人察觉。而网络的跨越时空的特点,决定了要确定商标侵权行为人比较困难,网络的虚拟性则导致确定侵权者的身份也面临重重困难。从取证的角度看,因为网页不断更新,网上商标使用信息可以随时被删除,所以使商标权人不易及时取证。

5. 网上商标侵权行为的损害后果更为严重

互联网的全球性使网络商标侵权行为的损害范围更广,可以超越国界、跨越行业,所产生的不良影响的持续时间更长,对商标权人商业信誉的损害后果更加严重。

解决电子商务中商标权保护问题,需要做好几个方面的工作:一是尽快完善相关的法律法规;二是加大执法力度,切实保护商标权;三是加强电子商务中商标的行政保护措施。

（三）电子商务中的驰名商标保护

由于网络的无国界性，将商标在非传统媒介上进行宣传，会使商品或服务的标记在短短的时间内迅速传播而发展成为有影响力的商标，为商标权人创造驰名商标带来了更多的机遇，很多商标可以借助网络迅速成为驰名商标。

与此同时，驰名商标面临着新的危险和困境，驰名商标更容易成为网络经济中被侵害的重点。因此，国家通过立法对驰名商标实行特殊保护，在网络的虚拟社会中也应对驰名商标予以特殊保护，否则对驰名商标的保护就是不完整的，更不利于对驰名商标所有人合法权益的保护。因此，将驰名商标的特殊保护延伸到网络，是对驰名商标保护制度发展的必然趋势。

第四节　域名的法律保护

一、域名的概念与法律特征

域名是互联网上用户在网络中的名称和地址。在互联网上，人们通过域名来查找入网单位的网络地址。域名具有以下法律特征。

1. 标识性

域名产生的基础是为了在互联网上区分各个不同组织与机构，即计算机用户。在互联网上，不同的组织机构是以各自的域名来标识自身而相互区别的。

2. 唯一性

为了保证域名标识作用的发挥，域名必须在全球范围内具有唯一性。域名的命名具有一定的规范性，同时它又与IP地址等价，可以具有高度的精确性，在此技术保障基础上域名便具有全球唯一性，这是域名标识性的根本保障。

3. 排他性

互联网使用范围的广泛性决定了域名必须具有绝对的排他性。使用域名必须先申请注册，申请注册遵循"先申请先注册"的原则，一旦获得注册，它就排斥此后欲申请注册的与此相同的域名。

二、域名管理的法律规定

域名的作用随着电子商务的飞速发展已经远远超出其识别和定位的作用。域名对于企业来说是其进行销售、宣传等各项活动的标识；在顾客使用企业域名时，域名便可以产生与企业的名称或商标相同的作用。

在实践中，许多企业以其企业的名称或其拥有的商标作为域名使用，这对于提高企业的知名度和树立企业形象、宣传企业具有十分重要的作用。在电子商务领域，域名的这种标识作用将网络世界的资源带给企业，给企业带来无限的商机。域名的作用对于企业来说将同商标一样成为企业的无形资产。

为加强我国互联网的管理，国务院成立了专门机构负责我国互联网域名系统管理。

1997年先后颁布的《中国互联网络域名注册暂行管理办法》和《中国互联网络域名注册实施细则》《互联网域名管理办法》是对我国互联网域名系统具体实施管理的重要法律规定。

2017年8月16日,工业和信息化部审议通过《互联网域名管理办法》。《互联网域名管理办法》是为了规范互联网域名服务,保护用户合法权益,保障互联网域名系统安全、可靠运行,推动中文域名和国家顶级域名发展和应用,促进中国互联网健康发展而制定的。《互联网域名管理办法》主要规定以下内容。

(一)域名系统的管理机构

工业和信息化部对全国的域名服务实施监督管理,主要职责是:
(1)制定互联网域名管理规章及政策;
(2)制定中国互联网域名体系、域名资源发展规划;
(3)管理境内的域名根服务器运行机构和域名注册管理机构;
(4)负责域名体系的网络与信息安全管理;
(5)依法保护用户个人信息和合法权益;
(6)负责与域名有关的国际协调;
(7)管理境内的域名解析服务;
(8)管理其他与域名服务相关的活动。

各省、自治区、直辖市通信管理局对本行政区域内的域名服务实施监督管理。

(二)域名管理

域名注册管理机构是指承担顶级域名系统的运行、维护和管理工作的机构。域名注册服务机构是指受理域名注册申请,直接完成域名在国内顶级域名数据库中注册、直接或间接完成域名在国外顶级域名数据库中注册的机构。这两类机构是涉及域名的注册、服务及管理的主要机构,对这些机构的管理是域名管理工作的重要内容。

1. 对互联网域名根服务器及设立域名根服务器运行机构的管理

在境内设立域名根服务器及域名根服务器运行机构、域名注册管理机构和域名注册服务机构的,应当依据《互联网域名管理办法》取得工业和信息化部或者省、自治区、直辖市通信管理局(以下统称电信管理机构)的相应许可。

申请设立域名根服务器及域名根服务器运行机构的,应当具备以下条件:
(1)域名根服务器设置在境内,并且符合互联网发展相关规划及域名系统安全稳定运行要求;
(2)是依法设立的法人,该法人及其主要出资者、主要经营管理人员具有良好的信用记录;
(3)具有保障域名根服务器安全可靠运行的场地、资金、环境、专业人员和技术能力以及符合电信管理机构要求的信息管理系统;
(4)具有健全的网络与信息安全保障措施,包括管理人员、网络与信息安全管理制度、应急处置预案和相关技术、管理措施等;
(5)具有用户个人信息保护能力、提供长期服务的能力及健全的服务退出机制;

（6）法律、行政法规规定的其他条件。

 小贴士

申请设立域名注册管理机构应当具备的条件

申请设立域名注册管理机构的，应当具备以下条件：

（1）域名管理系统设置在境内，并且持有的顶级域名符合相关法律法规及域名系统安全稳定运行要求；

（2）是依法设立的法人，该法人及其主要出资者、主要经营管理人员具有良好的信用记录；

（3）具有完善的业务发展计划和技术方案及与从事顶级域名运行管理相适应的场地、资金、专业人员，以及符合电信管理机构要求的信息管理系统；

（4）具有健全的网络与信息安全保障措施，包括管理人员、网络与信息安全管理制度、应急处置预案和相关技术、管理措施等；

（5）具有进行真实身份信息核验和用户个人信息保护的能力、提供长期服务的能力及健全的服务退出机制；

（6）具有健全的域名注册服务管理制度和对域名注册服务机构的监督机制；

（7）法律、行政法规规定的其他条件。

2. 对域名注册管理机构和域名注册服务机构的管理

《互联网域名管理办法》规定，在中国境内申请域名注册服务机构的，应当具备以下条件：

（1）在境内设置域名注册服务系统、注册数据库和相应的域名解析系统；

（2）是依法设立的法人，该法人及其主要出资者、主要经营管理人员具有良好的信用记录；

（3）具有与从事域名注册服务相适应的场地、资金和专业人员以及符合电信管理机构要求的信息管理系统；

（4）具有进行真实身份信息核验和用户个人信息保护的能力、提供长期服务的能力及健全的服务退出机制；

（5）具有健全的域名注册服务管理制度和对域名注册代理机构的监督机制；

（6）具有健全的网络与信息安全保障措施，包括管理人员、网络与信息安全管理制度、应急处置预案和相关技术、管理措施等；

（7）法律、行政法规规定的其他条件。

域名注册服务机构不得采用欺诈、胁迫等不正当手段要求他人注册域名。

域名注册管理机构应当自觉遵守国家相关的法律、行政法规和规章，应当通过电信管理机构许可的域名注册服务机构开展域名注册服务，按照电信管理机构许可的域名注册服务项目提供服务。

(三) 域名注册

1. 对域名注册管理机构的注册要求

为维护国家利益和社会公众利益,域名注册管理机构应当建立域名注册保留字制度。

域名注册服务机构提供域名注册服务,应当要求域名注册申请者提供域名持有者真实、准确、完整的身份信息等域名注册信息。域名注册管理机构和域名注册服务机构应当对域名注册信息的真实性、完整性进行核验。域名注册申请者提供的域名注册信息不准确、不完整的,域名注册服务机构应当要求其予以补正。申请者不补正或者提供不真实的域名注册信息的,域名注册服务机构不得为其提供域名注册服务。

2. 域名取得管理的原则

域名注册服务原则上实行"先申请先注册"。

域名根服务器运行机构、域名注册管理机构、域名注册服务机构应当在其网站首页和经营场所显著位置标明其许可相关信息。域名注册管理机构还应当标明与其合作的域名注册服务机构名单。域名注册代理机构应当在其网站首页和经营场所显著位置标明其代理的域名注册服务机构名称。

除法律、行政法规另有规定外,域名注册管理机构、域名注册服务机构应当依法存储、保护用户个人信息,未经用户同意不得将用户个人信息提供给他人。

3. 域名的维护与使用

域名持有者应当遵守国家有关互联网络的法律、行政法规和规章。

域名注册信息发生变更的,域名持有者的联系方式等信息发生变更的,应当在变更后30日内向域名注册服务机构办理域名注册信息变更手续。域名持有者将域名转让给他人的,受让人应当遵守域名注册的相关要求。

域名持有者有权选择、变更域名注册服务机构。变更域名注册服务机构的,原域名注册服务机构应当配合域名持有者转移其域名注册相关信息。无正当理由的,域名注册服务机构不得阻止域名持有者变更域名注册服务机构。

4. 域名的注销

已注册的域名有下列情形之一的,域名注册服务机构应当予以注销,并通知域名持有者:①域名持有者申请注销域名的;②域名持有者提交虚假域名注册信息的;③依据人民法院的判决、域名争议解决机构的裁决,应当注销的;④法律、行政法规规定予以注销的其他情形。

(四) 域名争议

域名争议是指因互联网域名的注册或者使用而引发的争议。《互联网域名管理办法》第42条规定,任何组织或者个人认为他人注册或者使用的域名侵害其合法权益的,可以向域名争议解决机构申请裁决或者依法向人民法院提起诉讼。

1. 适用范围

《域名争议解决办法》适用于因互联网络域名的注册或者使用而引发的争议。所争议域名应当限于由中国互联网络信息中心负责管理的".CN"".中国"".公司"".网络"域名。

2. 争议的解决机构

域名争议由中国互联网络信息中心认可的争议解决机构受理解决。

3. 争议的解决制度

争议解决机构实行专家组负责争议解决的制度。专家组由1名或3名掌握互联网络及相关法律知识,具备较高职业道德,能够独立并中立地对域名争议作出裁决的专家组成。任何人认为他人已注册的域名与其合法权益发生冲突的,均可以向争议解决机构提出投诉。

争议解决机构建立专门的互联网络网站,通过在线方式接受有关域名争议的投诉。争议解决机构受理投诉后,应当按照程序规则的规定组成专家组,并由专家组根据该办法及程序规则,遵循"独立、中立、便捷"的原则,在专家组成立之日起14日内对争议做出裁决。

投诉符合下列条件的,应当得到支持

1. 被投诉的域名与投诉人享有民事权益的名称或者标志相同,或者具有足以导致混淆的近似性;
2. 被投诉的域名持有人对域名或者其主要部分不享有合法权益;
3. 被投诉的域名持有人对域名的注册或者使用具有恶意。

投诉人和被投诉人应当对各自的主张承担举证责任。

专家组根据投诉人和被投诉人提供的证据及争议涉及的事实,对争议进行裁决。专家组认定投诉成立的,应当裁决注销已经注册的域名,或者裁决将注册域名转移给投诉人。专家组认定投诉不成立的,应当裁决驳回投诉。

《域名争议解决办法》的相关规定

被投诉人在接到争议解决机构送达的投诉书之前具有下列情形之一的,表明其对该域名享有合法权益:

1. 被投诉人在提供商品或服务的过程中已善意地使用该域名或与该域名相对应的名称;
2. 被投诉人虽未获得商品商标或有关服务商标,但所持有的域名已经获得一定的知名度;
3. 被投诉人合理地使用或非商业性地合法使用该域名,不存在为获取商业利益而误导消费者的意图。

争议解决机构裁决注销域名或者裁决将域名转移给投诉人的,自裁决公布之日起满10日,域名注册服务机构予以执行。在域名争议解决期间以及裁决执行完毕前,域名持有人不得申请转让或者注销处于争议状态的域名,也不得变更域名注册服务机构,但受让人以书面形式同意接受争议解决裁决约束的除外。

第五节 电子商务中专利权的法律保护

一、专利与专利法

(一) 专利与专利权

广义的专利一词通常有三种含义：一是指由国家专利机关授予的专利权，二是指取得专利权的发明创造，三是指专利文献。狭义的专利仅指专利权，是指一项发明创造，由申请人向国家专利审批机关提出专利申请，经国家专利审批机关依法审查核准后，向专利申请人授予的、在规定的时间内对该项发明创造享有的专有权。

(二) 专利法

专利法，是调整在确认和保护发明创造的专有权以及在利用专有的发明创造过程中产生的社会关系的法律规范的总称。

二、专利权

(一) 专利权主体

专利权主体，是指有权提出专利申请并获得专利权的人。当一项发明创造依法取得专利权后，专利申请人就成为专利所有人或持有人。专利权人可以是个人，也可以是单位。我国公民、法人和外国人、外国企业均可成为专利权的主体。

(二) 专利权客体

专利权客体，也称专利权的保护对象，是指依法可以取得专利权的发明创造，包括发明、实用新型和外观设计。

案例7.3 技术专利权的归属

 小贴士

发明、实用新型、外观设计

发明，是指对产品、方法或者其改进所提出的新的技术方案。

实用新型，是指对产品的形状、构造或者其结合所提出的适于实用的新的技术方案。

外观设计，是指对产品的整体或者局部的形状、图案或者其结合以及色彩与形状、图案的结合所作出的富有美感并适于工业应用的新设计。

（三）专利权人的权利

专利权人的权利是指专利权人对其发明创造依法享有的权利,是在一定时间、范围内对获得专利权的发明创造、实用新型、外观设计所享有的专有权。

1. 独占实施权

独占实施权是指专利权人享有独占制造、使用和销售专利产品或使用专利方法的权利。除法律规定的情况外,任何单位或个人未经专利权人许可,都不得实施其发明创造。包括为了生产经营目的而制造、使用、销售、进口其专利产品或者使用其专利方法以及使用、销售、进口依其专利方法直接获得的产品。

2. 转让权

专利申请权和专利权都可以转让。转让专利申请权或者专利权的,当事人应当订立书面合同,并向国务院专利行政部门登记,由国务院专利行政部门予以公告。专利申请权或者专利权的转让自登记之日起生效。

3. 许可权

专利权人有许可他人实施其专利并收取费用的权利。任何单位或者个人实施他人专利,应当与专利权人订立实施许可合同。

4. 标记权

专利权人有权在其专利产品或者该产品的包装上标明专利标记和专利号。

（四）专利权的取得

专利申请人向国务院专利行政部门提交专利申请文件是申请专利的法定程序。国务院专利行政部门在受理专利申请案后对其进行形式审查。经初步审查认为符合《专利法》要求的,自申请日起满18个月,即行公布。国务院专利行政部门可以根据申请人的请求早日公布其申请。

发明专利申请自申请日起3年内,国务院专利行政部门可以根据申请人随时提出的请求,对其申请进行实质审查；申请人无正当理由逾期不请求实质审查的,该申请即被视为撤回。国务院专利行政部门认为必要的时候,也可以自行对发明专利申请进行实质审查。

发明专利申请经实质审查没有发现驳回理由的,由国务院专利行政部门作出授予发明专利权的决定,发给发明专利证书,同时予以登记和公告。发明专利权自公告之日起生效。实用新型和外观设计专利申请经初步审查没有发现驳回理由的,由国务院专利行政部门作出授予实用新型专利权或者外观设计专利权的决定,发给相应的专利证书,同时予以登记和公告。实用新型专利权和外观设计专利权自公告之日起生效。

三、电子商务中的专利权保护

电子商务活动与专利权的关系主要体现在以下几个方面。

1. 电子商务主体自身专利的开发和利用

电子商务主体作为一类市场主体,在从事各类经营活动、参与市场竞争的过程中,知识产权成为企业的核心竞争力,电子商务主体自身的专利技术开发和利用也会更加突出。因此,专利技术开发和利用会成为电子商务主体重要的活动内容。

2. 电子商务主体对他人专利技术的利用

电子商务活动主体为节约开发成本,可以通过专利受让和专利许可的方式取得专利权或者专利技术的使用权。

3. 电子商务主体可能成为专利权的侵权主体

电子商务主体也可能会侵犯他人的专利权,例如未经权利人许可而使用权利人的专利技术、专利方法而成为专利权的侵权主体。

4. 电子商务活动中专利权的保护问题

互联网是计算机技术集中应用的产物,会涉及各类技术的应用。在利用网络开展电子商务活动的过程中,可能涉及专利法对这些技术以及特殊方法的确认和保护。

四、对计算机软件的专利保护

(一) 国际条约的做法

由于电子商务发展的时间较短,所以,在现有的知识产权国际条约中,大多数都没有专门涉及计算机程序的专利权保护问题。国际上对于电子商务中的计算机程序给予专利权保护的做法,主要来源于对现有国际文件的解释性认识。

世界贸易组织《与贸易有关的知识产权协议》将专利的保护范围确定为:"任何一项发明创造,无论是产品还是程序,无论在任何的技术领域,只要它们是新颖的、具有创造性和具有工业实用性的,都可以被授予专利。"《与贸易有关的知识产权协议》因此被认为是运用专利制度保护计算机程序的重要国际性文件,为计算机程序的专利保护奠定了基础,使计算机程序的可获得专利权保护成为一种趋势。

(二) 美国对电子商务中专利权的保护

美国是电子商务发展的起源国,也是世界上电子商务发展较快的国家。在针对电子商务的各种法律制度中包括了计算机程序的专利保护制度。1996 年 2 月,美国专利商标局发布了《与计算机相关的发明的审查基准》,根据该《审查基准》,"与计算机相关的发明"包括计算机应用的发明和运用了计算机可读载体的发明。在此基础上,美国产生了很多关于计算机程序以及计算机程序支撑产生的商业方法获得专利保护的案例。

 小贴士

《与计算机相关的发明的审查基准》的相关规定

按照《审查基准》规定,如果一个计算机可读载体中包含了计算机程序,并且该程序在程序和实现程序功能的载体之间建立了功能性或结构性联系,则可被认为属于专利法保护客体。同样,如果一个计算机可读载体中包含了数据结构,并且该数据结构在数据结构和实现数据结构功能的载体之间建立了功能性或结构性联系,则它将是法定的(专利)保护客体种类之一。

(三) 我国对电子商务中专利权的保护

我国《专利法》规定,授予专利权的发明必须是一种新的技术方案或者新设计。这是判断一项发明创造是否属于授予专利权范围时必须坚持的原则。因此,无论是计算机程序还是商业方法,只要能够构成专利法意义上的"技术方案"就具备了被授予专利权的可能性。在《专利审查指南》第九章专门规定了关于涉及计算机程序的发明专利申请的若干规定。

根据现有的相关规范性文件,我国的法律法规并不排除给予计算机软件和所形成的商业方法以专利权保护。但是,给予保护的基准较一般的技术发明的审查基准要复杂和严格。为了不限制并且鼓励电子商务的发展,同时也为了鼓励发明创造、推动电子商务领域的计算机技术应用,各国政府都对电子商务中的计算机软件的专利保护问题作出了规定。目前,在计算机软件专利权保护问题上仍然存在很多问题需要深入研究和解决,但是,对计算机软件给予专利保护的趋势不会改变。

【思考题】

1. 知识产权的特点是什么?
2. 电子商务对知识产权法有什么影响?
3. 简述电子商务中著作权的法律保护。
4. 简述域名的法律保护。
5. 简述电子商务中商标权的法律保护。
6. 简述电子商务中专利权的法律保护。

第八章

电子商务市场秩序法律制度

【学习要点及目标】

1. 了解电子商务主体的市场准入制度；
2. 了解电子商务反不正当竞争、反垄断的概念和法律适用；
3. 了解电子商务领域消费者权益的法律保护。

随着我国电子商务的空前发展，市场中存在大量失序现象，如由竞争引起的垄断和不正当竞争、消费者权利保护机制不完善等。因此，为促进电子商务的健康发展，规范电子商务行为，建立完善的电子商务市场秩序的法律环境十分重要。

第一节 电子商务主体的市场准入

电子商务主体是电子商务法律关系的参加者，是在电子商务法律关系中享有权利和承担义务的个人或者组织。电子商务主体有广义、狭义之分。广义的电子商务主体，既包括商事主体，也包括消费者、政府采购人等非商事主体；狭义的电子商务主体，则仅指电子商务中的商事主体，即电子商务经营者。本节所指电子商务主体采其狭义。

一、电子商务主体需要市场准入制度

电子商务主体与传统商事主体二者均追求盈利，其商事行为都具有营利性，都要恪守法律和伦理规范。电子商务作为现代商事行为，与传统商事行为的区别不仅表现在运行的环境和使用的手段不同，而且表现在电子商务主体具有虚拟性，大部分乃至整个交易过程均在网上通过点击鼠标完成，然而在网络上发生的一切却又是现实存在的，它没有离开人类社会，在线交易的参与主体也必须是真实存在的。因此，电子商务法的首要任务就是要确保电子商务主体的真实存在，并具备从事相应交易行为的资质，从主体的设立、注册、登记、认定和法律监管等方面进行法律规制。

市场准入制度是企业或投资者进入市场的必备条件及必经程序的法律规范，其在形式上表现为各类市场主体的设立条件、注册及登记管理的法律法规。

电子商务经营者是重要的市场主体，必然要遵循市场准入的一般性法律规定，如传统商法中《公司法》《合伙企业法》《个人独资企业法》等市场组织法的多数法律规范适用于电子商务主体。

除了传统的民商事法律,《电子商务法》作为电子商务领域的专门立法,其第 10 条规定,"电子商务经营者应当依法办理市场主体登记。但是,个人销售自产农副产品、家庭手工业产品,个人利用自己的技能从事依法无须取得许可的便民劳务活动和零星小额交易活动,以及依照法律、行政法规不需要进行登记的除外。"第 12 条规定,"电子商务经营者从事经营活动,依法需要取得相关行政许可的,应当依法取得行政许可。"

另外,在调整电子商务主体市场准入的行政法规方面,目前主要有《市场主体登记管理条例》(2022 年 3 月 1 日施行)、《网络交易监督管理办法》《电信条例》《互联网信息服务管理办法》等。

 小贴士

《市场主体登记管理条例》

《市场主体登记管理条例》是我国制定出台的首部统一规范各类市场主体登记管理的行政法规,对各单行法律法规中关于市场主体登记管理的相关制度进行了优化和统一,确立了我国市场主体登记管理的基础性制度。其颁布前,关于市场主体登记管理的规定散见于《公司登记管理条例》《企业法人登记管理条例》《合伙企业登记管理办法》《农民专业合作社登记管理条例》及《企业法人法定代表人登记管理规定》之中。该条例第一次整合了我国所有市场主体登记规范、管理规则。

二、电子商务主体市场准入的基本原则

电子商务市场准入应坚持和体现以下六个基本原则。

1. 降低交易成本,提高交易安全

降低交易成本,提高交易安全,即电子商务市场准入及退出立法应以降低交易成本、提高交易安全为制度设计的基本理念。

2. 适度监管

适度监管原则要求对于电子商务市场的监管应当把握好"度",既不过于放松,也不过分严格,根据电子商务市场监管工作的实际需要进行监管。

3. 分类监管

分类监管原则是指根据电子商务主体的不同类型对其实施不同内容、不同程度的差异化监管。

4. 线上线下市场公平竞争

线上线下市场公平竞争原则是指维护电子商务市场主体与线下市场主体之间的公平竞争,实现网络经济与实体经济的均衡发展。

5. 鼓励创新

鼓励创新原则,即鼓励电子商务主体在其经营内容、经营模式等领域进行创新,建立灵活、开放的电子商务市场准入及退出制度体系。

6. 社会共治

社会共治原则是指通过行政管理机关之外的第三方主体,如第三方交易平台经营商、行业协会等实现对电子商务市场准入及退出的共同监督管理。

三、我国电子商务主体注册登记制度

电子商务主体注册登记,是指政府机构对申请市场准入的电子商务平台经营者进行审核登记,以确认其从事市场经营活动资格的监督管理活动。

在中国境内以营利为目的从事经营活动的自然人、法人及非法人组织,包括:公司、非公司企业法人及其分支机构;个人独资企业、合伙企业及其分支机构;农民专业合作社(联合社)及其分支机构;个体工商户;外国公司分支机构;法律、行政法规规定的其他市场主体,除法律、行政法规规定无须办理登记的外,未经登记,不得以市场主体名义从事经营活动。

市场主体登记包括设立登记、变更登记和注销登记。国务院市场监督管理部门主管全国市场主体登记管理工作。县级以上地方人民政府市场监督管理部门主管本辖区市场主体登记管理工作,加强统筹指导和监督管理。

(一) 登记事项

1. 一般登记事项

市场主体的一般登记事项包括:名称;主体类型;经营范围;住所或者主要经营场所;应注册资本或者出资额;法定代表人、执行事务合伙人或者负责人姓名。

2. 特殊登记事项

不同的市场主体类型除一般登记事项外,还应当分别登记其他相关事项:有限责任公司股东、股份有限公司发起人、非公司企业法人出资人的姓名或者名称;个人独资企业的投资人姓名及居所;合伙企业的合伙人名称或者姓名、住所、承担责任方式;个体工商户的经营者姓名、住所、经营场所;法律、行政法规规定的其他事项。

3. 备案事项

市场主体的下列事项应当向登记机关办理备案:章程或者合伙协议;经营期限或者合伙期限;有限责任公司股东或者股份有限公司发起人认缴的出资数额,合伙企业合伙人认缴或者实际缴付的出资数额、缴付期限和出资方式;公司董事、监事、高级管理人员;农民专业合作社(联合社)成员;参加经营的个体工商户家庭成员姓名;市场主体登记联络员、外商投资企业法律文件送达接受人;公司、合伙企业等市场主体受益所有人相关信息;法律、行政法规规定的其他事项。

市场主体只能登记一个名称,由申请人依法自主申报,经登记的市场主体名称受法律保护。市场主体只能登记一个住所或者主要经营场所。应特别注意的是,电子商务平台内的自然人经营者可以根据国家有关规定,将电子商务平台提供的网络经营场所作为经营场所。

除法律、行政法规或者国务院决定另有规定外,市场主体的注册资本或者出资额实行认缴登记制,以人民币表示。

市场主体的经营范围包括一般经营项目和许可经营项目。经营范围中属于在登记前依法须经批准的许可经营项目,市场主体应当在申请登记时提交有关批准文件。市场主体应当按照登记机关公布的经营项目分类标准办理经营范围登记。

(二)登记规范

市场主体实行实名登记。申请人应当配合登记机关核验身份信息。

申请办理市场主体登记,应当提交下列材料:申请书;申请人资格文件、自然人身份证明;住所或者主要经营场所相关文件;公司、非公司企业法人、农民专业合作社(联合社)章程或者合伙企业合伙协议;法律、行政法规和国务院市场监督管理部门规定提交的其他材料。

申请人应当对提交材料的真实性、合法性和有效性负责。

申请人可以委托其他自然人或者中介机构代其办理市场主体登记。受委托的自然人或者中介机构代为办理登记事宜应当遵守有关规定,不得提供虚假信息和材料。

登记机关应当对申请材料进行形式审查。对申请材料齐全、符合法定形式的予以确认并当场登记。不能当场登记的,应当在3个工作日内予以登记;情形复杂的,经登记机关负责人批准,可以再延长3个工作日。

申请材料不齐全或者不符合法定形式的,登记机关应当一次性告知申请人需要补正的材料。申请人申请市场主体设立登记,登记机关依法予以登记的,签发营业执照。营业执照签发日期为市场主体的成立日期。营业执照分为正本和副本,具有同等法律效力。电子营业执照与纸质营业执照具有同等法律效力。营业执照样式、电子营业执照标准由国务院市场监督管理部门统一制定。

市场主体设立分支机构,应当向分支机构所在地的登记机关申请登记。

 小贴士

歇 业 制 度

《市场主体登记管理条例》首次设立了歇业制度。

因自然灾害、事故灾难、公共卫生事件、社会安全事件等原因造成经营困难的,市场主体可以自主决定在一定时期内歇业。

在歇业前与职工依法协商劳动关系处理等有关事项。在歇业前向登记机关办理备案。歇业的期限最长不得超过3年。市场主体在歇业期间开展经营活动的,视为恢复营业。

建立歇业制度,目的是为经营困难的企业提供一个缓冲性的制度选择,降低市场主体维持成本,有利于助企纾困,也为我国出台相关的帮扶政策措施提供制度基础。

(三)关于监督管理

我国建立信用风险分级分类监管。市场主体应当按照国家有关规定公示年度报告和登记相关信息。

市场主体应当将营业执照置于住所或者主要经营场所的醒目位置。应特别指出的是,从事电子商务经营的市场主体应当在其首页显著位置持续公示营业执照信息或者相关链接标识。登记机关应当根据市场主体的信用风险状况实施分级分类监管,采取"双随机、一公开"的方式,即随机抽取检查对象、随机选派执法检查人员,对市场主体登记事项进行监督检查并及时向社会公开监督检查结果。

对提交虚假材料或者采取其他欺诈手段隐瞒重要事实的,撤销其市场主体登记。

第二节　电子商务反不正当竞争的法律规定

一、电子商务反不正当竞争的概念和特点

电子商务模式中的不正当竞争是传统经济模式中不正当竞争的历史演化,是信息技术进步的产物,其本质与传统的不正当竞争行为一样,都是一种违背市场公平竞争、诚实守信原则及扰乱市场正常秩序的行为。我国《反不正当竞争法》第 2 条规定:"本法所称的不正当竞争行为,是指经营者在生产经营活动中,违反本法规定,扰乱市场竞争秩序,损害其他经营者或者消费者的合法权益的行为。"

就其本质及法律的可适用性而言,网络虚拟空间的不正当竞争行为与现实市场环境下的并无二致。但是电子商务不正当竞争行为在网络世界完成,不易被发现和察觉。这种环境和手段的改变,使电子商务中的不正当竞争与现实市场环境下的不正当竞争具有不同的特点。

1. 主体的复杂性

《反不正当竞争法》界定的不正当竞争主体是经营者,不正当竞争往往发生在同行业经营者之间。这一范围在电商环境下显然过于狭窄,实践中,电子商务交易者、电子商务服务者、电子商务认证机构、电子商务监管者、网络提供商、运营商等都成了新的市场竞争主体。

2. 世界性或国际性

网络的无国界性导致网络上发生的不正当竞争行为必然带有国际性。

3. 技术性和高科技性

计算机网络的高科技性导致以此为基础的电子商务活动具有相当的技术性,由此引发的不正当竞争同样具有高科技性。

4. 表现的多样性

《反不正当竞争法》列举了七种不正当竞争行为。电子商务的不正当竞争行为大致分为两种:一种是以网络为工具的传统不正当竞争行为在电子商务中的新表现;另一种是电子商务下独有的不正当竞争行为。

5. 多变性

电子商务领域技术发展快、周期短,使得新形式的不正当竞争行为不断涌现,呈现出多变性。

二、不正当竞争行为的构成要件

1. 行为主体为实施违法竞争行为的经营者

所谓经营者,是指从事商品生产、经营或者提供服务的自然人、法人和非法人组织。不正当竞争行为通常是经营者在商业活动中为了争夺市场竞争优势而实施的竞争行为。

2. 不正当竞争行为具有违法性

不正当竞争行为的违法性是指经营者违反《反不正当竞争法》,实施了该法明确禁止的各种不正当竞争行为。

3. 不正当竞争行为的后果具有危害性

不正当竞争行为之所以为法律所禁止,就是因其行为后果具有危害性。其一,不正当竞争行为,或侵害商业竞争对手的权益或侵害消费者的合法权益;其二,不正当竞争行为扰乱了公平的竞争机制,破坏了市场秩序。我国反不正当竞争法从传统的经营者保护发展到了现代的经营者、消费者、公共利益三重保护的职能。

三、电子商务不正当竞争行为的表现

(一) 以网络为平台的传统不正当竞争行为

1. 混淆行为

《反不正当竞争法》规定,经营者不得实施下列混淆行为,引人误认为是他人商品或者与他人存在特定联系:

(1) 擅自使用与他人有一定影响的商品名称、包装、装潢等相同或者近似的标识。

(2) 擅自使用他人有一定影响的企业名称(包括简称、字号等)、社会组织名称(包括简称等)、姓名(包括笔名、艺名、译名等)。

(3) 擅自使用他人有一定影响的域名主体部分、网站名称、网页等。

(4) 其他足以引人误认为是他人商品或者与他人存在特定联系的混淆行为。

《反不正当竞争法》详细列举出在商品名称、包装、装潢、名称、姓名、域名、网页等方面引人误认的均属于混淆行为,并设置了兜底条款,防止挂一漏万。凡是足以引人误认为是他人商品或者与他人存在特定联系的行为均属于反不正当竞争法所打击的混淆行为。

2. 商业贿赂行为

《反不正当竞争法》规定,经营者不得采用财物或者其他手段贿赂下列单位或者个人,以谋取交易机会或者竞争优势:

(1) 交易相对方的工作人员;

(2) 受交易相对方委托办理相关事务的单位或者个人;

(3) 利用职权或者影响力影响交易的单位或者个人。

经营者在交易活动中可以以明示方式向交易相对方支付折扣,或者向中间人支付佣金。经营者向交易相对方支付折扣、向中间人支付佣金的,应当如实入账。接受折扣、佣金的经营者也应当如实入账。

经营者的工作人员进行贿赂的,应当认定为经营者的行为;但是,经营者有证据证明该工作人员的行为与为经营者谋取交易机会或者竞争优势无关的除外。这意味着,凡是可以利用职权或者影响力影响交易的单位或个人均属于商业贿赂行为的对象范畴;经营者的工作人员进行贿赂的,在无反证的情况下将被认定为经营者的行为。

3. 误导性宣传行为

《反不正当竞争法》规定,经营者不得对其商品的性能、功能、质量、销售状况、用户评价、曾获荣誉等作虚假或者引人误解的商业宣传,欺骗、误导消费者。

《反不正当竞争法》还规定了误导性宣传行为的帮助行为,即经营者不得通过组织虚假交易等方式,帮助其他经营者进行虚假或者引人误解的商业宣传。如线上"刷单"、线下雇"托儿"等误导消费者的虚假宣传行为。

4. 侵犯商业秘密的行为

商业秘密是指不为公众所知悉、具有商业价值并经权利人采取相应保密措施的技术信息、经营信息等商业信息。商业秘密应具备实用性、秘密性和保密性三个特征。

(1) 实用性也称为商业秘密的价值性,是指这些信息具有现实的应用性,能够为权利人带来实际的经济利益或竞争优势。

(2) 秘密性是指这些信息应处于不为公众所知晓的状态,也就是说该信息是不能从公开渠道直接获取的。

(3) 保密性是指权利人针对该信息采取了保密措施,从而保证了其秘密性的维持。保密性是商业秘密价值性得以体现的基础。

侵犯商业秘密的行为,是指采用不正当手段获取、泄露或者使用他人商业秘密的行为。《反不正当竞争法》第9条规定了以下几种侵犯商业秘密的行为:

(1) 以盗窃、贿赂、欺诈、胁迫、电子侵入或者其他不正当手段获取权利人的商业秘密;

(2) 披露、使用或者允许他人使用以前项手段获取的权利人的商业秘密;

(3) 违反保密义务或者违反权利人有关保守商业秘密的要求,披露、使用或者允许他人使用其所掌握的商业秘密;

(4) 教唆、引诱、帮助他人违反保密义务或者违反权利人有关保守商业秘密的要求,获取、披露、使用或者允许他人使用权利人的商业秘密。

经营者以外的其他自然人、法人和非法人组织实施以上所列违法行为的,视为侵犯商业秘密。

第三人明知或者应知商业秘密权利人的员工、前员工或者其他单位、个人实施上述违法行为,仍获取、披露、使用或者允许他人使用该商业秘密的,视为侵犯商业秘密。

此外,监督检查部门及其工作人员对调查过程中知悉的商业秘密亦负有保密义务。

5. 不正当有奖销售行为

有奖销售是一种有效的促销手段,是指经营者以提供奖品或奖金的手段推销的行为。不正当有奖销售是指经营者在销售商品或提供服务时,借有奖销售之名,实际上违反诚实信用及公平竞争的原则,损害消费者或其他竞争对手的合法权益的行为。

《反不正当竞争法》并没有简单地肯定或否定有奖销售,而是通过禁止三种形式的有奖销售而对这一促销手段进行调整。根据《反不正当竞争法》第10条的规定,经营者从事的下列有奖销售行为属于不正当有奖销售行为:

(1) 所设奖的种类、兑奖条件、奖金金额或者奖品等有奖销售信息不明确,影响兑奖;

(2) 采用谎称有奖或者故意让内定人员中奖的欺骗方式进行有奖销售;

(3) 抽奖式的有奖销售,最高奖的金额超过五万元。

6. 商业诽谤行为

商业诽谤行为，又称为诋毁商誉行为，是指经营者捏造、散布虚假陈述，损害竞争对手的商业信誉、商品声誉的行为。商誉是商业信誉和商品声誉的统称。商誉作为一种无形财产，普遍得到各国法律的承认和保护。《反不正当竞争法》第11条规定，经营者不得编造、传播虚假信息或者误导性信息，损害竞争对手的商业信誉、商品声誉。

（二）网络环境中的新型不正当竞争行为

除了以网络为平台的传统不正当竞争行为外，电子商务领域中还存在大量新型不正当竞争行为，《反不正当竞争法》第12条规定："经营者利用网络从事生产经营活动，应当遵守本法的各项规定。"经营者不得利用技术手段，通过影响用户选择或者其他方式，实施下列妨碍、破坏其他经营者合法提供的网络产品或者服务正常运行的行为：

（1）未经其他经营者同意，在其合法提供的网络产品或者服务中，插入链接、强制进行目标跳转；

（2）误导、欺骗、强迫用户修改、关闭、卸载其他经营者合法提供的网络产品或者服务；

（3）恶意对其他经营者合法提供的网络产品或者服务实施不兼容；

（4）其他妨碍、破坏其他经营者合法提供的网络产品或者服务正常运行的行为。

 小贴士

互联网专条

互联网领域中的不正当竞争行为，一部分属于传统不正当竞争行为在互联网领域的延伸，另一部分则属于互联网领域中特有的、利用互联互通技术手段进行的新型不正当竞争行为。对于互联网领域中特有的、利用技术手段进行的新型不正当竞争行为，《反不正当竞争法》在第12条中进行了类型化的列举，被称为"互联网专条"。

互联网竞争的核心是对用户和流量的争夺。由于移动平台的飞速发展，竞争方式层出不穷，不正当竞争花样翻新。结合司法实践，目前"互联网专条"规制的不正当竞争行为的主要类型有：使用技术手段破坏或妨碍他人产品或服务运行、软件冲突干扰、流量劫持、视频聚合盗链、擅自抓取数据、恶意不兼容、网络游戏抄袭、竞品（网络流行语，是指产品在同领域的竞争对手）关键词搜索导流、搜索引擎竞价排名等。

案例8.1 浙江蚂蚁小微金融服务集团股份有限公司等诉苏州朗动网络科技有限公司商业诋毁及不正当竞争纠纷案

第三节 电子商务领域反垄断的法律规定

一、电子商务领域反垄断概述

垄断是指少数企业凭借其雄厚的经济实力，对生产和市场进行控制，并在一定的市场领域内从实质上限制竞争的一种市场状态。

竞争是市场经济的本质属性。市场经济主体参与竞争必须遵循一定规则。从市场机制运作的角度考察,垄断是自由竞争的结果,其后果则是竞争机制的正常运转受到了扭曲和损害。在垄断资本主义形成的过程中,诸如卡特尔、托拉斯、康采恩、辛迪加等多种形式的垄断组织大量出现,竞争机制的作用受到了限制,市场活力严重不足,市场秩序和市场结构遭到了破坏,中小企业的生存和发展遇到了前所未有的危机,消费者的权益受到了损害,全社会的经济效益呈现出不断下降趋势,经济机会均等、经济权利平等的理念愈来愈难以实现。

在这样的社会背景下,为了使竞争机制正常发挥作用,保护经济地位处于劣势的中小企业和广大消费者,保障整个社会的经济秩序,反垄断法应运而生。

法律意义上的垄断是指垄断主体在市场经济运行过程中进行的排他性控制或对市场竞争进行实质性限制,妨碍公平竞争秩序的行为或状态。反垄断法是现代经济法的重要组成部分,是旨在规制市场中一系列独占市场、限制竞争、破坏市场竞争机制、损害社会公平利益行为的法律。

根据我国《反垄断法》第1条的规定,反垄断法的立法目的是预防和制止垄断行为,保护市场公平竞争,鼓励创新,提高经济运行效率,维护消费者利益和社会公共利益,促进社会主义市场经济健康发展。

电子商务领域的反垄断问题已成为世界范围的研究热点。对于电子商务这样一种以技术为特征的全新商业模式,竞争规则同样是有效的。电子商务以互联网为技术平台,从而在根本上赋予了市场竞争一种新的概念,技术的发展有力地促进了以技术为特征的电子商务市场的竞争性。但是这并不意味着电子商务市场就不存在反垄断的必要性。

恰恰相反,这种强调技术的市场发展模式往往使得大型电子商务企业凭借其技术优势迅速获取"市场力",并以此进一步谋求市场支配力量和滥用市场支配力,从而谋取垄断利润。

二、垄断行为的种类

我国《反垄断法》规定的垄断行为包括四类:经营者达成垄断协议;经营者滥用市场支配地位;具有或者可能具有排除、限制竞争效果的经营者集中;行政性垄断。电子商务领域的垄断行为主要集中在前三类,即垄断协议、滥用市场支配地位和经营者集中。

(一) 垄断协议

垄断协议是指排除、限制竞争的协议、决定或者其他协同行为。即两个或者两个以上的经营者通过协议或者其他协同一致的行为,实施固定价格、划分市场、限制产量、排挤其他竞争对手等排除、限制竞争的行为。其特征有:实施主体是两个或者两个以上的经营者;共同或者联合实施;以排除、限制竞争为目的。

垄断协议基于签订者或主体之间的关系分为横向垄断协议与纵向垄断协议两种。横向垄断协议是指在生产或销售过程中,处于同一环节的、相互具有直接竞争关系的经营者之间共同决定价格、产量、技术、产品、设备、交易对象、交易地区等所订立的协议。纵向垄断协议则是指处于不同的生产经营阶段,相互不具有直接竞争关系的经营者之间订立的协议。

我国《反垄断法》对垄断协议的规制主要采取列举的方式,分别对法律所禁止的垄断协议形式进行了规定。

禁止具有竞争关系的经营者达成下列垄断协议,即横向垄断协议:
(1) 固定或者变更商品价格;
(2) 限制商品的生产数量或者销售数量;
(3) 分割销售市场或者原材料采购市场;
(4) 限制购买新技术、新设备或者限制开发新技术、新产品;
(5) 联合抵制交易;
(6) 国务院反垄断执法机构认定的其他垄断协议。

禁止经营者与交易相对人达成下列垄断协议,即纵向垄断协议:
(1) 固定向第三人转售商品的价格;
(2) 限定向第三人转售商品的最低价格;
(3) 国务院反垄断执法机构认定的其他垄断协议。

我国《反垄断法》针对纵向垄断协议还规定了"安全港"规则,即:"经营者能够证明其在相关市场的市场份额低于国务院反垄断执法机构规定的标准,并符合国务院反垄断执法机构规定的其他条件的,不予禁止。"

 小贴士

《反垄断法》设置了农业生产者及农村经济组织联合的适用除外制度,规定农业生产者及农村经济组织在农产品生产、加工、销售、运输、储存等经营活动中实施的联合或者协同行为不适用反垄断法。

(二) 滥用市场支配地位

市场支配地位是指经营者在相关市场内具有能够控制商品价格、数量或者其他交易条件,或者能够阻碍、影响其他经营者进入相关市场能力的市场地位。

我国《反垄断法》根据经营者在相关市场的市场份额和相关市场的竞争状况、控制销售市场的程度、自身的财力和技术条件、其他经营者在交易上的依赖程度、进入相关市场的难易程度等因素来认定经营者是不是在相关市场具有市场支配地位。滥用市场支配地位又被划分为以下几种类型:垄断高价或低价、掠夺性定价、拒绝交易、强制交易、搭售或者附加不合理的条件、差别待遇。

我国《反垄断法》规定,经营者滥用市场支配地位的表现形式主要有以下几种。
(1) 以不公平的高价销售商品或者以不公平的低价购买商品;
(2) 没有正当理由,以低于成本的价格销售商品;
(3) 没有正当理由,拒绝与交易相对人进行交易;

(4) 没有正当理由,限定交易相对人只能与其进行交易或者只能与其指定的经营者进行交易;

(5) 没有正当理由搭售商品,或者在交易时附加其他不合理的交易条件;

(6) 没有正当理由,对条件相同的交易相对人在交易价格等交易条件上实行差别待遇;

(7) 国务院反垄断执法机构认定的其他滥用市场支配地位的行为。

《反垄断法》同时规定:"具有市场支配地位的经营者不得利用数据和算法、技术以及平台规则等从事前款规定的滥用市场支配地位的行为。"

(三) 经营者集中

经营者集中又称为企业合并、企业结合、企业集中,是指经营者通过一定的方式实现对其他经营者在人事、资产和营业等方面的控制或对其他经营者施加决定性影响的状况。《反垄断法》控制经营者集中是因为经营者集中会改变相关市场的市场结构,使得相关市场的市场集中度增加。集中后的经营者在相关市场的市场控制力会得到大大的强化,经营者集中会抑制相关市场内的竞争,最终损害消费者利益和社会公共福利。

我国《反垄断法》规定,经营者集中是指下列情形:①经营者合并;②经营者通过取得股权或者资产的方式取得对其他经营者的控制权;③经营者通过合同等方式取得对其他经营者的控制权或者能够对其他经营者施加决定性影响。

反垄断法对经营者集中的规制主要是针对具有或者排除、限制竞争效果的经营者集中。但是,经营者能够证明该集中对竞争产生的有利影响明显大于不利影响,或者符合社会公共利益的,反垄断法则对此不予禁止。我国《反垄断法》对于经营者集中设置了严格的申报和审查程序。此外,《反垄断法》第38条规定:"对外资并购境内企业或者以其他方式参与经营者集中,涉及国家安全的,除依照本法规定进行经营者集中审查外,还应当按照国家有关规定进行国家安全审查。"

在电子商务中,经营者集中常见的形式就是合并。电子商务经营者通过合并可以优化资源配置以推出新的产品服务,帮助获得领先于其他竞争者的优势,取得竞争性利益。各国普遍反对在电子商务市场中通过合并来创造优势,并对于电子商务中的合并附加限制性条件,以防止电子商务企业通过滥用合并获得市场支配地位。

拓展阅读8.1 阿里巴巴集团控股有限公司在中国境内网络零售平台服务市场实施"二选一"垄断行为被行政处罚

三、电子商务领域反垄断认定问题

2021年2月7日,国务院反垄断委员会印发并实施《关于平台经济领域的反垄断指南》(以下简称《指南》),对电子商务领域反垄断涉及的关键性问题做出了认定。

调查电子商务领域垄断协议、滥用市场支配地位案件和开展经营者集中反垄断审查,通常需要界定相关市场。所谓"相关市场",是指经营者在一定时期内就特定商品或者服务(以下统称商品)进行竞争的商品范围和地域范围。因为电商领域经济业务类型复杂、竞争动态多变,界定相关商品市场和相关地域市场既要遵循《反垄断法》和《指南》所确定的一般原则,同时也要考虑电商经济的特点,结合个案进行具体分析。

其中,相关商品市场界定的基本方法是替代性分析。在个案中界定相关商品市场时,可以基于电商平台功能、商业模式、应用场景、用户群体、多边市场、线下交易等因素进行需求替代分析;当供给替代对经营者行为产生的竞争约束类似于需求替代时,可以基于市场进入、技术壁垒、网络效应、锁定效应、转移成本、跨界竞争等因素考虑供给替代分析。具体而言,可以根据电商平台一边的商品界定相关商品市场;也可以根据电商平台所涉及的多边商品,分别界定多个相关商品市场,并考虑各相关商品市场之间的相互关系和影响。当该电商平台存在的跨平台网络效应能够给平台经营者施加足够的竞争约束时,可以根据该电商平台整体界定相关商品市场。

另外,相关地域市场界定同样采用需求替代和供给替代分析。在个案中界定相关地域市场时,可以综合评估考虑多数用户选择商品的实际区域、用户的语言偏好和消费习惯、相关法律法规的规定、不同区域竞争约束程度、线上线下融合等因素。

下列重点介绍垄断协议、滥用市场支配地位两类常见电商垄断行为的认定因素。

(一)垄断协议

根据《反垄断法》认定相关行为是否构成垄断协议时,可以考虑平台相关市场竞争状况、平台经营者及平台内经营者的市场力量、对其他经营者进入相关市场的阻碍程度、对创新的影响等因素。

垄断协议的协议、决定可以是书面、口头等形式。其他协同行为是指经营者虽未明确订立协议或者决定,但通过数据、算法、平台规则或者其他方式实质上存在协调一致的行为,有关经营者基于独立意思表示所作出的价格跟随等平行行为除外。

认定电商平台领域协同行为,可以通过直接证据判定是否存在协同行为的事实。如果直接证据较难获取,可以根据《禁止垄断协议规定》第6条规定,判定经营者之间是否存在其他协同行为。经营者可以提供相反证据证明其不存在协同行为。

 小贴士

宽 大 制 度

宽大制度,是指经营者主动向国务院反垄断执法机构报告达成垄断协议的有关情况并提供重要证据,执法机构可以酌情减轻或者免除对该经营者的处罚。

反垄断执法机构鼓励参与横向垄断协议的平台经济领域经营者主动报告横向垄断协议有关情况并提供重要证据,同时停止涉嫌违法行为并配合调查。对符合宽大适用条件的经营者,反垄断执法机构可以减轻或者免除处罚。

1. 横向垄断协议

具有竞争关系的电商平台经济领域经营者可能通过下列方式达成固定价格、分割市场、限制产(销)量、限制新技术(产品)、联合抵制交易等横向垄断协议:利用平台收集并且交换价格、销量、成本、客户等敏感信息;利用技术手段进行意思联络;利用数据、算法、平台规则等实现协调一致行为;其他有助于实现协同的方式。

上述所称价格,包括但不限于商品价格以及经营者收取的佣金、手续费、会员费、推广费等服务收费。

2. 纵向垄断协议

电商平台经济领域经营者与交易相对人可能通过下列方式达成固定转售价格、限定最低转售价格等纵向垄断协议:利用技术手段对价格进行自动化设定;利用平台规则对价格进行统一;利用数据和算法对价格进行直接或者间接限定;利用技术手段、平台规则、数据和算法等方式限定其他交易条件,排除、限制市场竞争。

电商平台经营者要求平台内经营者在商品价格、数量等方面向其提供等于或者优于其他竞争性平台的交易条件的行为可能构成垄断协议,也可能构成滥用市场支配地位行为。

分析上述行为是否构成纵向垄断协议,可以综合考虑平台经营者的市场力量、相关市场竞争状况、对其他经营者进入相关市场的阻碍程度、对消费者利益和创新的影响等因素。

轴辐协议

轴辐协议是一种特殊形式的垄断协议,它将当事人借助纵向关系而实现的横向共谋比喻为一个自行车轮。轴辐协议由三要素构成:纵向参与者构成轴心(hub),横向参与者构成辐条(spokes),各辐条间的意思联络构成轮缘(rim)。轴辐协议不是一个横向协议和多个纵向协议的相加,其本质上是横向垄断协议。

证明轴辐协议的存在,关键是证明辐条之间存在横向共谋,这需要借助间接证据。在责任承担上,作为辐条的横向竞争者需为轴辐协议负责,轴心主体的责任则需根据其身份差异及其在轴辐协议中的作用大小而有所区别。

具有竞争关系的平台内经营者可能借助与平台经营者之间的纵向关系,或者由平台经营者组织、协调,达成具有横向垄断协议效果的轴辐协议。分析该协议是否属于《反垄断法》规制的垄断协议,可以考虑具有竞争关系的平台内经营者之间是否利用技术手段、平台规则、数据和算法等方式,达成、实施垄断协议,排除、限制相关市场竞争。

(资料来源:摘自焦海涛.《反垄断法上轴辐协议的法律性质》.中国社会科学院研究生院学报,2020年第1期)

(二)滥用市场支配地位

《反垄断法》禁止具有市场支配地位的经营者从事滥用市场支配地位行为。认定平台经济领域的滥用市场支配地位行为,通常情况下,首先界定相关市场,分析经营者在相关市场是否具有支配地位,再根据个案情况具体分析是否构成滥用市场支配地位行为。

目前,电商平台经济领域常见滥用市场支配地位的行为表现为限定交易("二选一")与差别待遇("大数据杀熟")。前者如2020年的阿里巴巴集团滥用市场支配地位案件,平台经营者通过签订系列战略合作协议，禁止平台内经营者在其他竞争性平台开店或参与促销活动，并采取多种奖惩措施来保障上述协议的执行。后者则指平台内经营者利用大数据把握用户需求，就同一商品对不同消费者实施不同的价格政策。

由此，对于"市场支配地位""限定交易""差别待遇"的认定因素应当特别注意。

1. 市场支配地位的认定

反垄断执法机构依据《反垄断法》规定，认定或者推定经营者具有市场支配地位。结合平台经济的特点，可以具体考虑以下因素。

(1) 经营者的市场份额以及相关市场竞争状况

确定平台经济领域经营者市场份额，可以考虑交易金额、交易数量、销售额、活跃用户数、点击量、使用时长或者其他指标在相关市场所占比重，同时考虑该市场份额持续的时间。分析相关市场竞争状况，可以考虑相关平台市场的发展状况、现有竞争者数量和市场份额、平台竞争特点、平台差异程度、规模经济、潜在竞争者情况、创新和技术变化等。

(2) 经营者控制市场的能力

可以考虑该经营者控制上下游市场或者其他关联市场的能力，阻碍、影响其他经营者进入相关市场的能力，相关平台经营模式、网络效应，以及影响或者决定价格、流量或者其他交易条件的能力等。

(3) 经营者的财力和技术条件

可以考虑该经营者的投资者情况、资产规模、资本来源、盈利能力、融资能力、技术创新和应用能力、拥有的知识产权、掌握和处理相关数据的能力，以及该财力和技术条件能够以何种程度促进该经营者业务扩张或者巩固、维持市场地位等。

(4) 其他经营者对该经营者在交易上的依赖程度

可以考虑其他经营者与该经营者的交易关系、交易量、交易持续时间、锁定效应、用户黏性，以及其他经营者转向其他平台的可能性及转换成本等。

(5) 其他经营者进入相关市场的难易程度

可以考虑市场准入、平台规模效应、资金投入规模、技术壁垒、用户多栖性、用户转换成本、数据获取的难易程度、用户习惯等。

(6) 其他因素

可以考虑基于平台经济特点认定经营者具有市场支配地位的其他因素。

2. 限定交易

具有市场支配地位的平台经济领域经营者，可能滥用市场支配地位，无正当理由对交易相对人进行限定交易，排除、限制市场竞争。

分析是否构成限定交易行为，可以考虑以下因素：

(1) 要求平台内经营者在竞争性平台间进行"二选一"，或者限定交易相对人与其进行独家交易的其他行为；

(2) 限定交易相对人只能与其指定的经营者进行交易，或者通过其指定渠道等限定方式进行交易；

(3) 限定交易相对人不得与特定经营者进行交易。

上述限定可能通过书面协议的方式实现，也可能通过电话、口头方式与交易相对人商定的方式实现,还可能通过平台规则、数据、算法、技术等方面的实际设置限制或者障碍的方式实现。

分析是否构成限定交易,可以重点考虑以下两种情形:

一是平台经营者通过屏蔽店铺、搜索降权、流量限制、技术障碍、扣取保证金等惩罚性措施实施的限制,因对市场竞争和消费者利益产生直接损害,一般可以认定构成限定交易行为。

二是平台经营者通过补贴、折扣、优惠、流量资源支持等激励性方式实施的限制,可能对平台内经营者、消费者利益和社会整体福利具有一定积极效果,但如果有证据证明对市场竞争产生明显的排除、限制影响,也可能被认定构成限定交易行为。

平台经济领域经营者限定交易可能具有以下正当理由:

(1) 为保护交易相对人和消费者利益所必需;
(2) 为保护知识产权、商业机密或者数据安全所必需;
(3) 为保护针对交易进行的特定资源投入所必需;
(4) 为维护合理的经营模式所必需;
(5) 能够证明行为具有正当性的其他理由。

3. 差别待遇

具有市场支配地位的平台经济领域经营者可能滥用市场支配地位,无正当理由对交易条件相同的交易相对人实施差别待遇,排除、限制市场竞争。条件相同是指交易相对人之间在交易安全、交易成本、信用状况、所处交易环节、交易持续时间等方面不存在实质性影响交易的差别。平台在交易中获取的交易相对人的隐私信息、交易历史、个体偏好、消费习惯等方面存在的差异不影响认定交易相对人条件相同。

(1) 分析是否构成差别待遇,可以考虑以下因素

① 基于大数据和算法,根据交易相对人的支付能力、消费偏好、使用习惯等,实行差异性交易价格或者其他交易条件;

② 实行差异性标准、规则、算法;

③ 实行差异性付款条件和交易方式。

(2) 平台经济领域经营者实施差别待遇行为可能具有以下正当理由

① 根据交易相对人实际需求且符合正当的交易习惯和行业惯例,实行不同交易条件;

② 针对新用户在合理期限内开展优惠活动;

③ 基于平台公平、合理、无歧视的规则实施的随机性交易;

④ 能够证明行为具有正当性的其他理由。

 小贴士

《反垄断法》在电子商务市场的实施

知识产权是一项专有性权利,具有垄断的性质。知识产权法对创新的保护使经营者能够在电子商务市场中较为容易地获取或者维持垄断地位,《反垄断法》在电子商务市场的实施可以有效地制衡知识产权人在电子商务市场的滥用所拥有的知识产权。这里知识

产权主要指的是计算机软件著作权与专利权。

计算机技术是维系电子商务的重要支柱,在电子商务市场中的作用极其重要。而专利权一旦在电子商务市场被滥用必然会削弱其他非专利权人的竞争力,容易被用于限制或排除竞争。为此,《反垄断法》设置了除外制度,其第68条规定,"经营者依照有关知识产权的法律、行政法规规定行使知识产权的行为,不适用本法;但是,经营者滥用知识产权,排除、限制竞争的行为,适用本法。"

第四节　电子商务领域的消费者权益保护

一、电子商务消费者和消费者权益保护法

电子商务消费正在潜移默化地改变人们的生活方式。消费者权益保护法对电子商务消费者从形式上到实质上的保护任重道远。

消费者是指购买商品、使用商品或接受服务的人,包括自然人、法人或其他社会组织。根据《消费者权益保护法》(以下简称《消法》)的规定,消费者专指生活消费者,即为了满足生活需要而直接购买、使用商品或接受服务的人,而不包括生产消费者。

电子商务消费者通过网络购买、使用商品或接受服务,同样是为生活消费需要。

《消法》中的消费者应该包括电子商务消费者。换言之,电子商务消费者与消费者之间并没有本质的区别,只不过是二者购买、使用商品或接受服务的方式不同而已。在电子商务交易中发生消费纠纷时,合法权益受到侵害的消费者可以援用《消法》主张权利。

> 📎 小贴士
>
> 1985年联合国大会通过的《保护消费者准则》提出了保护消费者权益的一般性原则,主要有以下几种:
> (1) 保护消费者的健康和安全不受危害;
> (2) 促进和保护消费者的经济利益;
> (3) 使消费者得到充足信息;
> (4) 使消费者能够按照个人意愿和需要做出选择;
> (5) 消费者教育;
> (6) 提供有效的消费者赔偿办法;
> (7) 组织消费者团体或组织的自由。
> 这些权利被许多国家的消费者权益保护法所采用。

消费者权益保护法有广义和狭义之分。广义的消费者权益保护法,是指所有涉及消费者权益保护的各种法律规范的总和。狭义的消费者权益保护法,则是指国家有关保护消费者权益的专门立法文件。《消法》是我国消费者权益保护立法的中心,是我国消费者权益保护的基本法。消费者的权利与经营者的义务是《消法》的核心内容。消费者的权利的实现有赖于经营者义务的履行。

二、电商领域消费者权利保护

网络环境下的消费者保护具有一定的特殊性。网络交易在虚拟的环境下完成,因为网络的虚拟性、流动性、隐匿性及无国界性的特点而对交易安全、消费者身份、消费行为等认定提出了层出不穷的挑战,引发了诸多权益保护的难题。

消费者享有安全权、知情权、选择权、公平交易权、求偿权、结社权、获得知识权、受尊重权、监督权等九项权利。电子商务消费者是特殊的消费者,应当享有《消法》赋予的全部权利。同时,基于电子商务消费的特点,电子商务消费者权利的重点主要集中在前四大权利,即安全权、知情权、选择权、公平交易权。

(一)安全权

安全权是指消费者在购买、使用商品和接受服务时依法享有的人身和财产安全不受侵害的权利。这是消费者最基本的权利。

消费者在购买、使用商品和接受服务时享有人身、财产安全不受损害的权利。消费者有权要求经营者提供的商品和服务符合保障人身、财产安全。

消费者的安全权包括人身安全权和财产安全权两项内容。其中,消费者的人身安全权是指消费者在购买、使用商品和接受服务时其生命、健康不受威胁与侵害的权利,具体又包括消费者的生命安全权和健康安全权。消费者的财产安全权是指消费者的财产不受侵害的权利。

(二)知情权

知情权是指消费者在购买、使用商品和接受服务时依法享有的了解、掌握有关商品或服务的真实情况的权利。知情权是保障消费者明明白白消费的前提。《消法》第 8 条规定:"消费者享有知悉其购买、使用的商品或者接受的服务的真实情况的权利。消费者有权根据商品或者服务的不同情况,要求经营者提供商品的价格、产地、生产者、用途、性能、规格、等级、主要成分、生产日期、有效期限、检验合格证明、使用方法说明书、售后服务,或者服务的内容、规格、费用等有关情况。"由此可见,要保障消费者的知情权,经营者必须尽到真实告知有关消费信息的义务。

(三)选择权

选择权是指消费者在购买、使用商品或接受服务时,享有根据自己的意愿自主选择商品和服务的权利。《消法》第 9 条规定:"消费者享有自主选择商品或者服务的权利。消费者有权自主选择提供商品或者服务的经营者,自主选择商品品种或者服务方式,自主决定购买或者不购买任何一种商品、接受或者不接受任何一项服务。消费者在自主选择商品或者服务时,有权进行比较、鉴别和挑选。"可见,消费者从是否购买、使用商品或接受服务,到决定购买、使用哪种商品或接受哪种服务乃至购买、使用谁的商品或接受谁提供的服务等,都有最终的选择权。

(四)公平交易权

公平交易权是消费者在与经营者进行交易中所享有的获得公平的交易条件的权利。《消法》第10条规定:"消费者享有公平交易的权利。消费者在购买商品或者接受服务时,有权获得质量保障、价格合理、计量正确等公平交易条件,有权拒绝经营者的强制交易行为。"公平交易权的核心就是保障消费者在支付价款后获得与价款等质、等量的商品或服务,同时要保障双方平等基础上的自愿交易,禁止强制性交易。

三、电商领域经营者义务规制

经营者的义务是与消费者的权利相对应的,消费者的权利能否实现很大程度上取决于经营者是否依法履行了其应尽的义务。要保障消费者权利的实现,经营者就必须履行法定的义务。经营者的诸多义务包括如下:

(一)依法定或约定履行义务

经营者必须履行的义务一方面来自法律直接规定的义务,另一方面来自与消费者所约定的义务。

(1)经营者向消费者提供商品或者服务,应当依照消费者权益保护法和其他有关法律、法规的规定履行义务。

(2)经营者和消费者有约定的,应当按照约定履行义务,但双方的约定不得违背法律、法规的规定。

(3)经营者向消费者提供商品或者服务,应当恪守社会公德,诚信经营,保障消费者的合法权益;不得设定不公平、不合理的交易条件,不得强制交易。

《电子商务法》同样规定了电子商务经营者应当全面、真实、准确、及时地披露商品或者服务信息,保障消费者的知情权和选择权。电子商务经营者不得以虚构交易、编造用户评价等方式进行虚假或者引人误解的商业宣传,欺骗、误导消费者。电子商务经营者应当按照承诺或者与消费者约定的方式、时限向消费者交付商品或者服务,并承担商品运输中的风险和责任。但是,消费者另行选择快递物流服务提供者的除外。

电子商务经营者按照约定向消费者收取押金的,应当明示押金退还的方式、程序,不得对押金退还设置不合理条件。消费者申请退还押金,符合押金退还条件的,电子商务经营者应当及时退还。

(二)接受消费者监督的义务

经营者应当听取消费者对其提供的商品和服务所提出的意见,接受消费者的监督。消费者是商品和服务的最终使用者和体验者,消费者提出的意见是最具参考价值的评判,作为经营者应当认真对待,自觉接受消费者对自己的监督,以便不断提升商品质量和服务水平,更好地保障消费者的权益。

(三) 保证商品、服务安全的义务

《消法》规定,经营者应当保证提供的商品和服务的安全。

(1) 经营者应当保证其提供的商品或者服务符合保障人身、财产安全的要求。对可能危及人身、财产安全的商品和服务,应当向消费者作出真实的说明和明确的警示,并说明和标明正确使用商品或者接受服务的方法以及防止危害发生的方法。

宾馆、商场、餐馆、银行、机场、车站、港口、影剧院等经营场所的经营者应当对消费者尽到安全保障义务。

(2) 经营者发现其提供的商品或者服务存在缺陷,有危及人身、财产安全危险的,应当立即向有关行政部门报告和告知消费者,并采取停止销售、警示、召回、无害化处理、销毁、停止生产或者服务等措施。采取召回措施的,经营者应当承担消费者因商品被召回支出的必要费用。

小贴士

召回是指生产者对存在缺陷的商品通过补充或者修正警示标识、修理、更换、退货等补救措施,消除缺陷或者降低安全风险的活动。

我国已出台了《缺陷汽车产品召回管理规定》《儿童玩具召回管理规定》《食品召回管理规定》《药品召回管理办法》《医疗器械召回管理办法》《铁路专用设备缺陷产品召回管理办法》《消费品召回管理暂行规定》等有关召回的专门性法规。

(四) 提供真实信息的义务

经营者向消费者提供有关商品或者服务的质量、性能、用途、有效期限等信息,应当真实、全面,不得作虚假或者引人误解的宣传。经营者对消费者就其提供的商品或者服务的质量和使用方法等问题提出的询问,应当作出真实、明确的答复。经营者提供商品或者服务应当明码标价。

(五) 标明真实名称和标记的义务

经营者应当标明其真实名称和标记。租赁他人柜台或者场地的经营者,应当标明其真实名称和标记。

名称和标记的法律意义在于区分不同的经营者身份。法律要求经营者标明真实名称和标记,一方面是避免消费误导,另一方面也是为了在消费争议发生时便于明确责任,保护消费者的切身利益。

(六) 出具凭证和单据的义务

经营者提供商品或者服务,应当按照国家有关规定或者商业惯例向消费者出具发票等购货凭证或者服务单据;消费者索要发票等购货凭证或者服务单据的,经营者必须出具。

购货凭证和服务单据是经营者与消费者之间存在交易关系的书面证据,也是日后出

现消费争议时进行索赔的依据。向消费者出具购货凭证或者服务单据，是经营者的一项法定义务。

（七）保证商品和服务品质的义务

保证商品和服务品质才能满足消费者进行交易的根本目的，经营者的品质保证义务一方面来自法律规定，另一方面来自与消费者的约定。

经营者应当保证在正常使用商品或者接受服务的情况下其提供的商品或者服务应当具有的质量、性能、用途和有效期限；但消费者在购买该商品或者接受该服务前已经知道其存在瑕疵，且存在该瑕疵不违反法律强制性规定的除外。

经营者以广告、产品说明、实物样品或者其他方式表明商品或者服务的质量状况的，应当保证其提供的商品或者服务的实际质量与表明的质量状况相符。

经营者提供的机动车、计算机、电视机、电冰箱、空调器、洗衣机等耐用商品或者装饰装修等服务，消费者自接受商品或者服务之日起六个月内发现瑕疵，发生争议的，由经营者承担有关瑕疵的举证责任。

（八）售后服务的义务

《消法》第24条规定："经营者提供的商品或者服务不符合质量要求的，消费者可以依照国家规定、当事人约定退货，或者要求经营者履行更换、修理等义务。没有国家规定和当事人约定的，消费者可以自收到商品之日起七日内退货；七日后符合法定解除合同条件的，消费者可以及时退货，不符合法定解除合同条件的，可以要求经营者履行更换、修理等义务。依照前款规定进行退货、更换、修理的，经营者应当承担运输等必要费用。"

《消法》将经营者的售后服务义务纳入法定的义务，是对消费者权益倾斜性保护的一种表现。所谓"三包"义务，指经营者承担的包修、包换、包退义务，是某些商品或服务经营者承担的法定义务。

🔖 小贴士

"网购七日无理由退货制度"，是指经营者采用网络、电视、电话、邮购等方式销售商品，消费者有权自收到商品之日起七日内退货，且无须说明理由。

但下列商品除外：①消费者定作的；②鲜活易腐的；③在线下载或者消费者拆封的音像制品、计算机软件等数字化商品；④交付的报纸、期刊。

除上述商品外，其他根据商品性质并经消费者在购买时确认不宜退货的商品不适用无理由退货。

消费者退货的商品应当完好。经营者应当自收到退回商品之日起七日内返还消费者支付的商品价款。退回商品的运费由消费者承担；经营者和消费者另有约定的，按照约定。

此外，关于电子商务消费者合法权益受到损害时的索赔问题，《消法》明确规定，消费者通过网络交易平台购买商品或者接受服务，其合法权益受到损害的，可以向销售者或者服务者要求赔偿。网络交易平台提供者不能提供销售者或者服务者的真实名称、地址和有效联系方式的,消费者也可以向网络交易平台提供者要求赔偿;网络交易平台提供者作出更有利于消费者的承诺的,应当履行承诺。

网络交易平台提供者赔偿后,有权向销售者或者服务者追偿。网络交易平台提供者明知或者应知销售者或者服务者利用其平台侵害消费者合法权益,未采取必要措施的,依法与该销售者或者服务者承担连带责任。

(九) 不得以格式合同等方式损害消费者合法权益的义务

格式合同、通知、声明、店堂告示等在消费领域大量存在。但因为其具体内容是由经营者事先单方拟定的而未与消费者协商,很容易导致经营者利用其优势地位,借助于格式条款对消费者作出不公平、不合理的规定,或者减轻、免除己方的法律责任。因此,《消法》特别规定了经营者不得以格式合同等方式损害消费者合法权益的义务。

《消法》第 26 条规定:"经营者在经营活动中使用格式条款的,应当以显著方式提请消费者注意商品或者服务的数量和质量、价款或者费用、履行期限和方式、安全注意事项和风险警示、售后服务、民事责任等与消费者有重大利害关系的内容,并按照消费者的要求予以说明。经营者不得以格式条款、通知、声明、店堂告示等方式,作出排除或者限制消费者权利、减轻或者免除经营者责任、加重消费者责任等对消费者不公平、不合理的规定,不得利用格式条款并借助技术手段强制交易。格式条款、通知、声明、店堂告示等含有前款所列内容的,其内容无效。"

《民法典》对格式条款无效情形的规定在第三章中有介绍,在此不再赘述。

(十) 不得侵犯消费者人身权利的义务

经营者不得对消费者进行侮辱、诽谤,不得搜查消费者的身体及其携带的物品,不得侵犯消费者的人身自由。消费者在消费过程中人格尊严、人身自由不受侵犯,经营者必须恪守该项义务,保障消费者的人身权利。

(十一) 重要信息披露义务

《消法》第 28 条规定:"采用网络、电视、电话、邮购等方式提供商品或者服务的经营者,以及提供证券、保险、银行等金融服务的经营者,应当向消费者提供经营地址、联系方式、商品或者服务的数量和质量、价款或者费用、履行期限和方式、安全注意事项和风险警示、售后服务、民事责任等信息。"

由于网络消费的特殊性,在线经营者的信息披露义务在具体内容和履行方式等方面与传统消费交易中经营者的信息披露义务有所不同。

(十二) 对消费者个人信息保密的义务

经营者收集、使用消费者个人信息应当遵循合法、正当、必要的原则,明示收集、使用信息的目的、方式和范围,并经消费者同意。

小贴士

《个人信息保护法》规定,个人信息是以电子或者其他方式记录的与已识别或者可识别的自然人有关的各种信息,不包括匿名化处理后的信息。个人信息的处理包括个人信息的收集、存储、使用、加工、传输、提供、公开、删除等。

经营者收集、使用消费者个人信息,应当公开其收集、使用规则,不得违反法律、法规的规定和双方的约定收集、使用信息。经营者及其工作人员对收集的消费者个人信息必须严格保密,不得泄露、出售或者非法向他人提供。经营者应当采取技术措施和其他必要措施,确保信息安全,防止消费者个人信息泄露、丢失。在发生或者可能发生信息泄露、丢失的情况时,应当立即采取补救措施。经营者未经消费者同意或者请求,或者消费者明确表示拒绝的,不得向其发送商业性信息。

【思考题】

1. 电子商务主体的市场准入制度有哪些规定?
2. 电子商务领域的不正当竞争有哪些表现形式?
3. 电子商务领域限定交易行为如何认定?
4. 电子商务领域消费者的权利和经营者的义务有哪些?

第九章

电子商务安全法律制度

【学习要点及目标】

1. 了解电子商务安全的内容、安全隐患的分类,以及电子商务安全管理机构;
2. 了解计算机系统及联网安全法律制度;
3. 了解网络安全法律规定;
4. 熟悉网络交易安全法律规定。

传统商务交易的双方当事人通常是面对面的,交易双方比较容易建立相互的信任关系和保证交易过程的安全性。而电子商务的交易活动是通过网络进行的,买卖双方互不见面,因而缺乏传统交易中的信任感和安全感。由此可见,网络安全不容小视,安全隐患有可能制约电子商务的发展。如何建立一个安全、便捷的电子商务应用环境,已经成为商家和用户都十分关心的问题,也是电子商务法要解决的重要问题。

第一节 电子商务安全概述

一、电子商务安全的内容

电子商务安全从整体上可以分为三大部分:计算机网络安全、信息安全和交易安全。

1. **计算机网络安全**

主要指计算机和网络本身存在的安全问题,也就是保障电子商务平台的可用性和安全性的问题,其内容主要包括计算机网络设备安全、计算机网络系统安全、数据库安全等。网络安全是针对计算机网络本身可能存在的安全问题,实施网络安全增强方案,以保证计算机网络本身的安全性为目标。

2. **信息安全**

是指电子商务信息在网络的传递过程中所面临的信息被窃取、被篡改、被假冒和被恶意破坏等问题。电子商务中的信息安全主要涉及信息内容安全、信息传输、信息存储、信息使用者身份鉴别与确定等方面,具有信息保密性、信息完整性、信息真实性、信息的不可否认性和不可变更性等要求。

3. **交易安全**

指电子商务虚拟市场交易过程中存在的交易主体真实性、资金的被盗用、合同的法律效力、交易行为被抵赖等问题。

二、电子商务安全隐患

电子商务安全威胁来自多方面,以下介绍一些主要的电子商务安全隐患。

(一)计算机网络安全隐患

1. 计算机病毒

计算机病毒通过互联网传播给网上用户,带来极大的危害,病毒可以使计算机和计算机网络系统陷入瘫痪、数据和文件丢失。在网络上传播计算机病毒可以通过公共匿名下FPT文件传送,也可以通过邮件和邮件的附加文件传播。

2. 操作系统中存在的安全隐患

网络上的数据传输是基于TCP/IP通信协议进行的,这些协议缺乏使传输过程中的信息不被窃取的安全措施。

在计算机上存储、传输和处理的电子信息,还没有像传统的邮件通信那样进行信封保护和签字盖章。信息的来源和去向是否真实,内容是否被改动,以及是否泄露等,在应用层支持的服务协议中是凭着君子协议来维系的。

3. 黑客入侵问题

互联网是一个开放的、无控制机构的网络,黑客(hacker)经常会侵入网络中的计算机系统,或者窃取机密数据和盗用特权,或者破坏重要数据,或者使系统功能得不到充分发挥,甚至于瘫痪。

4. 拒绝服务攻击

拒绝服务(denial of service,DOS)攻击已经成为威胁互联网安全的重要攻击手段,这种攻击行为使网站服务器充斥大量要求回复的信息,消耗网络宽带或者系统资源,导致网络或系统不堪负荷以至于瘫痪而停止正常的网络服务。黑客不正当地使用标准协议或连接方法,向攻击的服务器发出大量的信息,占用及超越攻击服务器所能处理的能力,使它死机或不能正常地为用户服务。

随着电子商务的兴起,对网站的实时性要求越来越高,拒绝服务攻击对网站的威胁越来越大,如2000年2月美国雅虎、亚马逊、CNN就因被拒绝服务攻击而陷入瘫痪。此外,电子邮件存在被拆看、误投和伪造的可能性。使用电子邮件传输重要机密文件会存在很大的危险。

(二)信息安全隐患

1. 窃取信息

在没有采用加密措施或加密等级不高时,数据信息在网络上以明文形式传送,入侵者在数据包经过的网关或路由器上可以截获传送的信息。通过多次窃取和分析,可以找到信息的规律和格式,进而得到传输信息的内容,造成网上传输信息泄露,如消费者的银行账号、密码、交易内容以及企业的商业秘密等。

2. 篡改信息

当入侵者掌握了信息的格式和规律后,通过各种技术手段和方法将网络上传送的信息数据在中途修改、删除或重放(指只能使用一次的信息被多次使用),然后再发向目的地,从而破坏信息的真实性和完整性,损害他人的经济利益,妨碍电子商务交易的顺利进行。如有些人未经授权进入网络交易系统,改变客户数据、取消客户订单等。

3. 信息假冒

由于掌握了数据的格式,并可以篡改通过的信息,攻击者可以冒充合法用户发送假冒的信息或者主动获取信息,以破坏交易、破坏被假冒一方的信誉或者盗取被假冒一方的交易成果等,而远端用户通常很难分辨,容易造成交易双方互相不信任,例如有人假冒某客户的信息订购并取得商品,真正的客户却要承担付款或者返还商品的责任。还有一些不法分子建立与另一个企业名称相同或者近似的服务器,以此假冒该企业进行销售活动。

4. 信息破坏

信息破坏包括网络硬件和软件的问题而导致信息传递的丢失与谬误,以及一些恶意程序的破坏而导致的电子商务信息遭到破坏。

5. 发布虚假信息

在从事电子商务的过程中,参与电子商务的各方当事人需要合作,但同时为了各自的利益也存在着竞争,甚至欺诈。有些企业与信息供应商违反公平竞争法则,发布虚假信息在互联网上进行欺诈,还有的信息发布者不及时进行信息更新处理,使用陈旧过时的信息冒充现在的信息,以达到欺诈消费者的信任、获取财物的目的。

(三)交易安全隐患

在互联网上的电子商务交易过程中,最核心和最关键的问题是商务交易的安全性。一般来说,商务安全中普遍存在着以下几种安全隐患:

1. 信息的保密难度更高

电子商务是建立在一个较为开放的互联网络环境上的,它所依托的网络本身也就是由于开放式互联形成的市场,因此在这一新的支撑环境下,势必要用相应的技术手段来延续和改进信息的保密性。

交易中的商务信息具有保密的要求,也需要遵循一定的保密规则。因为交易中的商务信息往往涉及商业机密,因此,在电子商务中的信息一般都要进行加密。

2. 不易确定交易者的真实身份

网上交易不同于传统交易,交易双方无法对对方的身份进行现场确认,而且很可能相隔千里,素昧平生,往往不易确认对方的身份,因此更容易发生欺诈行为。

3. 交易更容易被反悔和单方面抵赖

交易抵赖有多种形式,如发信者事后否认曾经发送过某条信息或者指令,收信者事后不承认曾经收到过某条信息或指令;再如购买者做了订单不承认,商家卖出的商品因价格差而不承认原有的交易等。因此,不易确定交易过程中所收到的交易信息正是自己的合作对象发出的,而对方本身也没有被假冒。

4. 交易信息的完整性易受损

电子商务交易各方各类信息的完整性势必影响到贸易过程中交易和经营策略，交易双方约定规制交易的文件是不可以被修改的，否则就会给交易双方带来损失。

电子商务的出现，使得计算机代替了人们大多数复杂的劳动，也以信息系统的形式整合了企业贸易中的各个环节，但是互联网的开放和信息处理的自动化也使维护贸易各方商业信息的完整性、安全性变得更加困难。

三、电子商务活动安全性的要求

1. 系统的可靠性要求

计算机及网络系统的硬件和软件工作应具有可靠性，不会因为计算机故障或意外原因造成信息损失、失效或丢失。

2. 服务的有效性要求

电子商务应能够防止服务失败情况的发生，预防由于网络故障和病毒发作等因素产生的系统停止服务等情况，保证交易数据能够准确、快速地传送。

3. 交易信息的保密性要求

电子商务系统应能保证交易信息在存储、传输及处理过程中不被他人窃取，应对用户所传送的信息进行有效的加密，防止信息被截取破译。

4. 数据完整性要求

数据完整性是指在数据处理过程中，原来数据和现行数据之间保持完全一致，信息在存储中不被篡改和破坏，以及在传输过程中收到的信息和原发送的信息保持一致。

5. 信息的不可否认性要求

交易信息的发送方不可否认已经发送的信息，接收方也不可否认已经收到的信息。

6. 身份认证的要求

电子商务系统应提供安全有效的身份认证机制，确保交易双方的信息都是合法有效的，以便在发生交易纠纷时提供法律依据。

7. 访问控制要求

电子商务系统应设置不同的访问权限，让拥有不同权限的用户得到的资源与服务有所区别，用户只能访问系统中授权和指定的资源，无授权系统资源将被拒绝访问。

四、电子商务安全的监督管理机构及职责

（一）计算机信息系统安全的监督管理机构

依据1994年2月18日国务院发布的《计算机信息系统安全保护条例》，公安部主管全国计算机信息系统安全保护工作，国家安全部、国家保密局和国务院其他相关部门在国务院规定的职责范围内做好计算机信息系统安全保护的相关工作。

对计算机信息系统中发生的案件，有关使用单位应当在24小时内向当地县级以上人民政府公安机关报告。公安机关发现影响计算机信息系统安全的隐患时，应当及时通知使用单位采取安全保护措施。公安部在紧急情况下，可以就涉及计算机信息系统安全的

特定事项发布专项指令。此外,对计算机病毒和危害社会公共安全的其他有害数据的防止研究工作由公安部归口管理。

公安机关对计算机信息系统安全保护工作行使以下监督职权：监督、检查、指导计算机信息系统安全保护工作；查处危害计算机信息系统安全的违法犯罪案件；履行计算机信息系统安全保护工作的其他监督职责。

（二）交易安全的监督管理机构

根据国务院关于机构设置的规定,电子商务的交易安全由国家市场监督管理机关负责监督管理。国家市场监督管理机关负责监督管理市场交易行为和网络商品交易及有关服务的行为,查处电子商务交易中的违法行为。

（三）信息安全认证的监督管理机构

信息安全认证的监督管理机构是中国网络安全审查技术与认证中心。中国网络安全审查技术与认证中心（英文缩写为 CCRC,原为中国信息安全认证中心）于 2006 年由中央机构编制委员会办公室批准成立,为国家市场监督管理总局直属正司局级事业单位。依据《网络安全法》《网络安全审查办法》及国家有关强制性产品认证法律法规,承担网络安全审查技术支撑和认证工作；在批准范围内开展与网络安全相关的产品、管理体系、服务、人员认证和培训等工作；同时设有国家信息安全产品质量监督检验中心（北京）。

五、电子商务安全法概述

（一）我国有关电子商务安全的法律规范

我国的计算机安全立法工作开始于 20 世纪 80 年代。1981 年,公安部开始成立计算机安全监察机构,并着手制定有关计算机安全方面的法律法规和规章制度。1987 年成立了国家信息中心,其下设政策研究室,专门研究信息法规问题。1994 年 2 月 18 日,为了保护计算机信息系统的安全,国务院发布了《计算机信息系统安全保护条例》,自此之后,国家颁布了一系列法律法规、部门规章以及规范性文件,对计算机信息系统安全及网络安全加以规范。

1996 年 4 月 16 日,成立国务院信息化工作领导小组,其主要职责之一是协调、解决我国大型计算机信息网络及有关国际联网工作中的重大问题；1999 年 12 月 23 日,成立国家信息化工作领导小组,领导小组的主要职责之一是组织协调国家计算机网络与信息安全管理方面的重大问题,2008 年国家大部制改革后,国家信息化领导小组的具体工作由工业和信息化部承担。

目前,我国现行与电子商务安全有关的法律、法规、规章及规范性文件主要有：《全国人民代表大会常务委员会关于维护互联网安全的决定》《全国人民代表大会常务委员会关于加强网络信息保护的决定》《电子商务法》《电子签名法》《网络安全法》《数据安全法》《个人信息保护法》《国家安全法》《人民警察法》《保守国家秘密法》《刑法》《治安管理处罚法》《计算机信息系统安全保护条例》《计算机病毒防治管理办法》《计算机信息网络国际联网安全保护管理办法》《计算机信息系统国际联网保密管理规定》《互联网安全保护技术措施规定》《电子认证服务管理办法》《电子认证服务密码管理办法》《网络交易监督管理办法》《关于执行〈计算机网络联网安全保护管理办法〉中有关问题的通知》等。

(二) 国外有关电子商务安全的法律规范

欧盟、美国、日本、韩国是制定电子商务法较早且实施较为成功的国家和地区,他们通过增加交易透明度、最低限度要求消费者个人数据等来保护网上购物中消费者的合法权益。

1. 美国

美国是现代信息网络技术的发源地,其针对电子商务安全的立法随着网络技术以及电子商务的发展而逐渐加深。为防止网络犯罪,保障电子商务活动的安全进行,美国采取了一系列措施加速信息基础设施建设,并且颁布了《计算机欺诈与滥用法》(1984)《电子通信隐私法》(1986)、《信用卡欺诈法》《计算机安全法》(1987)、《信息基础设施保护法》(1996)、《网络空间电子信息安全法》(1999)、《统一计算机信息交易法》(1999)、《统一电子交易法》(1999)、《国际与国内电子签章法》(2000)、《网络安全增强法》(2002)、《信息安全管理法》(2002)、《网络安全法》(2009)、《网络信息共享和保护法》(2013)等法律规定。

2. 欧盟与欧洲各国

1995年欧盟发布了《个人资料隐私保护指令》1996年,欧洲联盟议会和部长理事会向欧盟各成员国政府发出了1996年第9号指令《关于数据库法律保护的指令》,涉及各种形式的数据库保护。1997年,欧盟提出《欧盟电子商务提案》,同年通过《确保电子通信的安全和信任:建立有关电子签名和加密问题的欧洲框架》工作文件。1998年,欧盟颁布了《关于处理个人数据及其自由流动中保护个人隐私的指令》(又称《欧盟隐私保护指令》)。

1998年11月,欧盟《私有数据保密法》开始实施,涉及输入网络站点、存储于互联网服务器上的及内联网上传播的私有数据保护问题。1999年,欧盟制定了《电子签名的统一框架指令》,主要用于指导和协调欧盟各国的电子签名立法,涉及电子认证服务的市场准入、电子认证服务管理和国际协调、认证中的数据保护、电子认证书内容的规范等方面。2000年,欧盟议会通过《电子商务框架指令》,这一指令成为促进欧盟电子商务发展的核心法案,同年欧盟批准和美国签订《安全港协议》,保护客户个人资料和信息。

2018年5月25日,欧盟开始实施《通用数据保护条例》(GDPR),此法案被公认为目前全球对用户个人数据保护最严格的法律。该法案规定,对违法企业的罚金最高可达2000万欧元(约合1.5亿元人民币)或者其全球营业额的4%,以高者为准。

 小贴士

英航因泄露用户信息被罚近两亿英镑

英国信息监管局8日发表声明,英国航空公司因为违反《一般数据保护条例》被罚1.8339亿英镑(约合15.8亿元人民币)。

声明说,英航2018年9月向信息监管局通报一起始于当年6月的数据泄露事件。事件导致约50万名客户数据因英航网站遭攻击而被窃取。

据报道，信息监管局的罚款额度是英航 2017 年全球营业额的 1.5%。

（资料来源：摘自孙晓玲.《英航因泄露用户信息被罚近两亿英镑》. http://www.xinhuanet.com/world/2019-07/08/c_1124726167.htm?baike. 2019. 7. 8）

欧洲各国也制定了一系列法律来保护电子商务的安全。英国于 1984 年制定了《数据保护法》，规定链接服务提供商必须为诽谤性内容承担法律责任；2000 年 3 月起生效的《1998 年数据保护法》取代了《1984 年数据保护法》，主要强调了个人数据传送的隐私权保护。德国于 1978 年出台了《联邦数据保护法》，确立了数据保护的规则和框架；为了执行欧盟数据保护指令，德国分别于 2001 年、2003 年和 2006 年对《联邦数据保护法》进行了多次修订。德国于 2001 年公布了《德国电子签名框架条件法》，对电子签名效力的规定严格遵循了技术中立性的原则。

3. 其他国家

新加坡 1993 年出台《滥用计算机法》（1998 年修订），1998 年修订时新增三项有关非法进入计算机系统的罪名，制定该法的目的是应对日益严重的计算机犯罪及其严重后果，以适应电子商务发展的需要。与该法配套，新加坡政府制定了《信息安全指南》（1999 年）和《电子认证安全指南》。1998 年制定的《电子交易法》为电子交易提供了一个法律构架，以有效解决电子纠纷。

1998 年，韩国通过了《电子签名法》，1999 年通过了《电子商务基本法》，这两部法律均于 1999 年 7 月起生效。此外，韩国还制定了《计算机软件保护法》等法律。

日本于 2000 年将商业计算机软件等信息产品定为"信息财产"并予以法律保护，同年，日本还制定了《电子签名认证法》。

1988 年，澳大利亚在私权保护法中对个人信息的保护作出了具体的规定。1999 年，澳大利亚实施了《电子交易法》。

加拿大于 1997 年开始在电子商务管理中健全公共密钥基础设施保密系统，对网上出现的不良信息加强管理，并且在技术上使用防暴力晶片，以阻止暴力和色情信息进入家庭和学校；1999 年通过了《统一电子商务法》。此外，加拿大在 2001 年 1 月起实施《个人信息保护和电子文件法》（PIPEDA），该法对私人部门组织在商业活动中如何收集、使用和披露个人信息规定了明确的原则，从而可以保护电子商务中的个人隐私。

第二节　计算机系统及联网安全法律制度

一、计算机信息系统安全保护制度

国务院《计算机信息系统安全保护条例》详细规定了计算机信息系统的安全保护制度、安全监察及相关的法律责任。

（一）计算机病毒和有害数据防治制度

1. 计算机病毒和有害数据概述

计算机病毒是指编制的或者在计算机程序中插入的破坏计算机功能或者毁坏数据，

影响计算机使用,并能自我复制的一组计算机指令或者程序代码。

有害数据是指计算机信息系统及其存储介质中存在、出现的,以计算机程序、图像、文字、声音等多种形式表示的有害数据和有害计算机程序(含计算机病毒)。

有害数据可以分为以下三类:
(1) 危害国家安全内容的有害数据;
(2) 危害社会治安秩序内容的有害数据;
(3) 危害计算机信息系统的有害数据。

公安部公共信息网络安全监察部门主管全国的计算机病毒防治管理工作。地方各级公安机关具体负责本行政区域内的计算机病毒防治管理工作。任何单位和个人应当接受公安机关对计算机病毒防治工作的监督、检查和指导。

从事计算机病毒防治产品生产的单位,应当及时向公安部公共信息网络安全监察部门批准的计算机病毒防治产品检测机构提交病毒样本。

计算机病毒防治产品检测机构应当对提交的病毒样本及时进行分析、确认,并将确认结果上报公安部公共信息网络安全监察部门。

对计算机病毒的认定工作,由公安部公共信息网络安全监察部门批准的机构承担。

2. 对病毒和有害数据的防治

计算机信息系统使用单位的病毒防治职责包括:
(1) 建立本单位的计算机病毒防治管理制度;
(2) 采取计算机病毒安全技术防治措施;
(3) 及时检测、清除计算机信息系统中的计算机病毒,并备有检测、清除的记录;
(4) 使用具有计算机信息系统安全专业产品销售许可证的计算机病毒防治产品;
(5) 对因计算机病毒引起的计算机信息系统瘫痪、程序和数据严重破坏等重大事故及时向公安机关报告,并保护现场。

从事计算机设备或者媒体生产、销售、出租、维修行业的单位和个人,应当对计算机设备或者媒体进行计算机病毒检测、清除工作,并备有检测、清除的记录。

任何单位和个人在计算机信息网络上下载程序、数据或者购置、维修、借入计算机设备时,应当进行计算机病毒检测。

任何单位和个人销售、附赠的计算机病毒防治产品,应当具有计算机信息系统安全专用产品销售许可证,并贴有"销售许可"标记。

任何单位和个人不得有下列传播计算机病毒的行为:
(1) 故意输入计算机病毒,危害计算机信息系统安全;
(2) 向他人提供含有计算机病毒的文件、软件;
(3) 销售、出租、附赠含有计算机病毒的媒体;
(4) 其他传播计算机病毒的行为。

任何单位和个人不得制作计算机病毒。任何单位和个人不得向社会发布虚假的计算机病毒"疫情"。

(二)安全专用产品检测和销售许可证制度

计算机信息系统安全专用产品是指用于保护计算机信息系统安全的专用硬件和软件产品。国家对计算机信息系统安全专用产品的销售实行许可证制度。《计算机信息系统安全保护条例》第16条规定,国家对计算机信息系统安全专用产品的销售实行许可证制度,具体办法由公安部会同有关部门制定。

《计算机信息系统安全专用产品检测和销售许可证管理办法》对安全专用产品检测和销售许可证制度作出了如下具体规定:

1. 安全专用产品检测和销售许可证的主管机关

中国境内的安全专用产品进入销售市场,实行销售许可证制度。安全专用产品的生产者在其产品进入市场销售之前,必须申领《计算机信息系统安全专用产品销售许可证》(以下简称《销售许可证》)。安全专用产品的生产者申领销售许可证,必须对其产品进行安全功能检测和认定。公安部计算机管理监察部门负责销售许可证的审批颁发工作和安全专用产品安全功能检测机构(以下简称检测机构)的审批工作。地(市)级以上人民政府公安机关负责销售许可证的监督检查工作。

2. 监察机构的申请与批准

经省级以上技术监督行政主管部门或者其授权的部门考核合格的检测机构,可以向公安部计算机管理监察部门提出承担安全专用产品检测任务的申请。

公安部计算机管理监察部门对提出申请的检测机构的检查条件和能力进行审查,经审查合格的,批准其承担安全用品检测任务。

公安部计算机管理监察部门对承担检测任务的检测机构每年至少进行一次监督检查。

被取消检测资格的检测机构,两年后方准许重新申请承担安全专用产品的检测任务。

3. 安全专用产品的检测

安全专用产品的生产者应当向公安部计算机管理监察部门批准的检测机构申请安全功能检测。对在国内生产的安全专用产品,由其生产者负责送交检测;对境外生产在国内销售的安全专用产品,由国外生产者指定的国内具有法人资格的企业或单位负责送交检测。当安全专用产品的安全功能发生改变时,应当对其进行重新检测。

检测机构收到检测申请、样品及其他有关材料后,应当按照安全专用产品的功能说明,检测其是否具有计算机信息系统安全保护功能。

检测机构应当及时检测,并将检测报告报送公安部门计算机管理监察部门备案。

4. 销售许可证的审批和颁发

安全专用产品的生产者申领销售许可证,应当向公安部计算机管理监察部门提交申请。公安部计算机管理监察部门自接到申请之日起,应当在15日内对安全专用产品作出审核结果,特殊情况下可以延至30日;经审查合格的,颁发销售许可证和安全专用产品"销售许可"标记,不合格的,书面通知申领者并说明理由。

对于已经取得销售许可证的安全专用产品,生产者应当在固定位置标明"销售许可"标记,任何单位和个人不得销售无"销售许可"标记的安全专用产品。

销售许可证只对所申请销售的安全专用产品有效。当安全专用产品的功能发生改变时,必须重新申领销售许可证。销售许可证自批准之日起两年内有效,期满需要延期的,应当于期满前 30 日内向公安部计算机管理监察部门申请办理延期手续。

(三) 其他计算机信息系统安全保护制度

《计算机信息系统安全保护条例》还规定了其他计算机信息系统安全保护制度:

1. 计算机信息系统安全保护等级制度

计算机信息系统实行安全等级保护。安全等级的划分标准和安全等级保护的具体办法由公安部会同有关部门制定。为规范信息安全等级保护管理,根据《计算机信息系统安全保护条例》等有关法律法规,制定《信息安全等级保护管理办法》,自 2007 年 6 月 22 日起施行。

2. 计算机机房安全管理制度

计算机机房应当符合国家标准和国家有关规定。在计算机机房附近施工的,不得危害计算机信息系统的安全。

3. 计算机信息系统国际联网备案制度

进行国际联网的计算机信息系统,由计算机信息系统的使用单位报省级以上人民政府公安机关备案。

4. 计算机信息媒体进出口申报制度

运输、携带、邮寄计算机信息媒体进出境的,应当如实向海关申报。

5. 计算机信息系统使用单位安全负责制度

计算机信息系统的使用单位应当建立健全安全管理制度,负责本单位计算机信息系统的安全保护工作。

6. 计算机信息系统中发生的案件限时报告制度

对计算机信息系统中发生的案件,有关使用单位应当在 24 小时内向当地县级以上人民政府公安机关报告。

二、计算机信息网络国际联网管理制度

(一) 国际联网出入口信道管理规定

1.《计算机信息网络国际联网管理暂行规定》及其实施办法对国际联网出入口信道的管理规定

计算机信息网络直接进行国际联网,必须使用邮电部(现工业和信息化部)国家公用电信网提供的国际联网出入口信道。任何单位和个人不得自行建立或者使用其他信道进行国际联网。

自然人、法人和其他组织使用的计算机或者计算机信息网络需要进行国际联网的,必须通过接入网络进行国际联网。计算机或者计算机信息网络需要接入网络的,应当征得接入单位的同意,并办理登记手续。

国际联网出入口信道提供单位有责任向互联网单位提供所需的国际出入口信道和公

平、优质、安全的服务,并定期收取信道使用费。互联单位开通或扩充国际出入口信道,应当到国际联网出入口信道提供单位办理有关信道开通或扩充手续,并在国务院电信主管部门备案。国际联网出入口信道提供单位在接到互联网单位的申请后,应当在 100 个工作日内为互联网单位开通所需的国际出入口信道。国际联网出入口信道提供单位与互联单位应当签订相应的协议,严格履行各自的责任和义务。

2.《计算机信息网络国际联网出入口信道管理办法》的管理规定

我国境内的计算机信息网络直接进行国际联网,必须使用工业和信息化部国家公用电信网提供的国际出入口信道。任何单位和个人不得自行建立或者使用其他信道(含卫星信道)进行国际联网。电信管理局负责国际联网出入口信道的提供和管理。

直接进行国际联网的计算机信息网络运行单位(以下简称互联单位)应当向国务院电信主管部门申请办理使用国际联网出入口信道手续。互联单位在办理手续时,应当提供有效批准文件及有关网络规模、应用范围、接入单位、所需信道等相关资料。互联单位在办理手续后,应将前款事项变更情况每半年向国务院电信主管部门申报一次。

工业和信息化部对互联单位的申请进行审核,对符合规定条件的,由通信管理局在 30 日内提供所需的国际联网出入口信道。未经工业和信息化部批准,任何单位不得为计算机信息网络国际联网提供出入口信道。

通信管理局应当加强国际出入口信道的管理,向互联单位提供优质可靠的服务。

互联单位使用专用国际信道,按照现行国际出租电路标准收费;对教育、科研部门内部使用的国际信道资费实行优惠。

此外,2002 年 6 月 26 日,原信息产业部发布《国际通信出入口局管理办法》,对国际联网出入信道的管理工作做出了进一步详细规定。

(二)国际联网经营许可证制度

《计算机信息网络国际联网管理暂行规定》及其实施办法规定,新建互联网络,必须经部(委)级行政主管部门批准后,向国务院电信主管部门提交互联单位申请书和互联网络可行性报告,经审议取得行政许可。互联网络可行性报告的内容应当包括:网络服务性质和范围、网络技术方案、经济分析、管理办法和安全措施等。

接入网络必须通过互联网络进行国际联网。接入单位拟从事国际联网经营活动的,应当向有权受理从事国际联网经营活动申请的互联单位主管部门或者主管单位申请领取国际联网经营许可证;未领取国际联网经营许可证的,不得从事国际联网经营业务。

接入单位拟从事非经营活动的,应当报经有权受理从事非经营活动申请的互联单位主管部门或者主管单位审批;未经批准的,不得接入互联网络进行国际联网。申请领取国家联网经营许可证或者办理审批手续时,应当提供计算机信息网络的性质、应用范围和主机地址等资料。

(三)市场准入制度

《计算机信息网络国际联网管理暂行规定》及其实施办法规定,从事国际联网经营活动的和从事非经营活动的接入单位必须具备以下条件:

（1）是依法设立的企业法人或者事业法人；
（2）具有相应的计算机信息网络、装备以及相应的技术人员和管理人员；
（3）具有健全的安全保密管理制度和技术保护措施；
（4）符合法律和国务院规定的其他条件。

接入单位从事国际联网经营活动的,除必须具备上述四项条件外,还应当具备为用户提供长期服务的能力。

从事国际联网经营活动的接入单位的情况发生变化,不再符合上述(1)、(2)项规定条件的,其国际联网经营许可证由发证机构予以吊销；从事非经营活动的接入单位的情况发生变化,不再符合上述(1)规定条件的,其国际联网资格由审批机关予以取消。

接入单位除具备上述条件外,还要向互联单位主管机关或者主管单位提交接入单位申请书和接入网络可行性报告。互联单位主管机关或者主管单位应当在收到接入单位申请书后 20 个工作日内,将审批意见以书面形式通知申请单位。

（四）安全责任

《计算机信息网络国际联网管理暂行规定》及其实施办法规定,国际联网出入口信道提供单位、互联单位和接入单位应当建立相应的网络管理中心,依照法律和国家有关规定加强对本单位及其用户的管理,做好网络信息安全管理工作,确保为用户提供良好、安全的服务。互联单位与接入单位应当负责本单位及其用户有关国际联网的技术培训和管理教育工作。

互联单位、接入单位和用户应当遵守国家有关法律、行政法规,严格执行国家安全保密制度；不得利用国际联网从事危害国家安全、泄露国家秘密等违法犯罪活动；不得制作、查阅、复制和传播妨碍社会治安和淫秽色情等有害信息；发现有害信息应当及时向有关主管部门报告,并采取有效措施,不得使其扩散。

用户应当服从接入单位的管理,遵守用户守则；不得擅自进入未经许可的计算机系统篡改他人信息；不得在网上散发恶意信息,冒用他人名义发出信息,侵犯他人隐私；不得制造、传播计算机病毒及从事其他侵犯网络和他人合法权益的活动。用户有权获得接入单位提供的各项服务；有义务缴纳相关费用。

国际联网出入口信道提供单位、互联单位和接入单位应当保存与其服务相关的所有信息资料；在工业和信息化部相关主管司局进行检查时,应当及时提供有关信息资料。国际联网出入口信道提供单位、互联单位每年二月份向有关主管机关提交上一年度有关网络运行、业务发展、组织管理的报告。

三、国际联网安全保护制度

为了加强对计算机信息网络国际联网的安全保护,维护公共秩序和社会稳定,根据《计算机信息系统安全保护条例》《计算机信息网络国际联网管理暂行规定》和其他法律法规的规定,经国务院批准,公安部发布了《计算机信息网络国际联网管理安全保护管理办法》,对计算机信息网络国际联网安全保护管理做了详细的规定。

(一) 主管机关及其安全监督职责

1. 国际联网安全保护的主管机关

公安部计算机管理监察机构负责计算机信息网络国际联网的安全管理工作,应当保护计算机信息网络国际联网的公共安全,维护国际联网业务的单位和个人的合法权益和公众利益。省、自治区、直辖市公安厅(局),地(市)、县(市)公安局,应当有相应机构负责国际联网的安全保护管理工作。

2. 主管机关的安全监督职责

公安机关计算机管理监察机构应当掌握互联单位、接入单位和用户的备案情况,建立备案档案,进行备案统计,并按照国家有关规定逐级上报。

公安机关计算机管理监察机构应当督促互联单位、接入单位及有关用户建立、健全安全保护管理制度。监督、检查网络安全保护管理以及技术培训措施的落实情况。在组织安全检查时,有关单位应当派人参加。对安全检查中发现的问题,公安机关计算机管理监察机构应当提出改进意见,作出详细记录,存档备案。

公安机关计算机管理监察机构发现含有禁止任何单位和个人制作、复制、查阅和传播信息内容的地址、目录或者服务器时,应当停止有关单位关闭或者删除。

公安机关计算机管理监察机构应当负责追踪和查处通过计算机信息网络的违法行为和针对计算机信息网络的犯罪案件,对危害国家安全、泄露国家秘密、侵犯合法权益以及侵犯用户的通信自由和通信秘密的违法犯罪行为,应当按照国家有关规定移送有关部门或者司法机关处理。

(二) 安全保护责任

从事国际联网业务的单位和个人应当接受公安机关的安全监督、检查和指导,如实向公安机关提供有关安全保护的信息、资料及数据文件,协助公安机关查处通过国际联网的计算机信息网络的违法犯罪行为。

国际联网出入口信道提供单位、互联单位的主管部门或者主管单位,应当依照法律和国家有关规定负责国际出入口信道、所属互联网络的安全保护管理工作。

互联单位、接入单位及使用计算机信息网络国际联网的法人和其他组织应当履行下列安全保护职责:

(1) 负责本网络的安全保护管理工作,建立健全安全保护管理制度;

(2) 落实安全保护技术措施,保障本网络的运行安全和信息安全;

(3) 负责对本网络用户的安全教育和培训;

(4) 对委托发布信息的单位和个人进行登记,并对所提供的信息内容按照《计算机信息网络国际联网管理安全保护管理办法》第 5 条进行审核;

(5) 建立计算机信息网络电子公告系统的用户登记和信息管理制度;

(6) 发现有《计算机信息网络国际联网管理安全保护管理办法》第 4 条、第 5 条、第 6 条、第 7 条所列情形之一的,应当保留有关原始记录,并在 24 小时内向当地公安机关报告;

(7)按照国家有关规定,删除本网络中含有《计算机信息网络国际联网管理安全保护管理办法》第5条内容的地址、目录或者关闭服务器。

用户在接入单位办理入网手续时,应当填写用户备案表。备案表由公安部监制。

互联单位、接入单位、使用计算机信息网络国际联网的法人和其他组织(包括跨省、自治区、直辖市联网的单位和所属的分支机构),应当自网络正式联通之日起30日内,到所在地的省、自治区、直辖市人民政府公安机关指定的受理机关办理备案手续。以上单位应当负责将接入本网络的接入单位和用户情况报当地公安机关备案,并及时报告本网络中接入单位和用户的变更情况。

使用公用账号的注册者应当加强对公用账号的管理,建立账号使用登记制度。用户账号不得转借、转让。涉及国家事务、经济建设、国防建设、尖端科学技术等重要领域的单位办理备案手续时,应当出具其行政主管部门的审批证明。前款所列单位的计算机信息网络与国际联网,应当采取相应的安全保护措施。

 小贴士

《互联网安全保护技术措施规定》

为加强和规范互联网安全技术防范工作,保障互联网网络安全和信息安全,促进互联网健康、有序发展,维护国家安全、社会秩序和公共利益,我国根据《计算机信息网络国际联网安全保护管理办法》,制定了《互联网安全保护技术措施规定》,自2006年1月1日起实施。

第三节 网络安全法律规定

网络安全是指通过采取必要措施,防范对网络的攻击、侵入、干扰、破坏和非法使用以及意外事故,使网络处于稳定可靠运行的状态,以及保障网络数据的完整性、保密性、可用性的能力。《电子商务法》第五条概括性规定了电子商务经营者从事经营活动要履行网络安全与个人信息保护等方面的义务,并接受政府和社会的监督;我国具体规范网络安全的法律是2017年6月1日起实施的《网络安全法》,这是我国保障包括电子商务在内的网络安全基本法,是我国对包括电子商务在内的网络空间治理的第一部法律。

一、网络安全基本原则

(一)网络空间主权原则

制定《网络安全法》的目的是保障网络安全,维护网络空间主权和国家安全、社会公共利益,保护公民、法人和其他组织的合法权益,促进经济社会信息化健康发展。

在中国境内建设、运营、维护和使用网络,以及网络安全的监督管理,适用《网络安全法》。国家采取措施,监测、防御、处置来源于中国境内外的网络安全风险和威胁,保护关键信息基础设施免受攻击、侵入、干扰和破坏,依法惩治网络违法犯罪活动,维护网络空间安全和秩序。

(二) 网络安全与信息化发展并重的原则

国家遵循积极利用、科学发展、依法管理、确保安全的方针,推进网络基础设施建设和互联互通,鼓励网络技术创新和应用,支持培养网络安全人才,建立健全网络安全保障体系,提高网络安全保护能力。

国家制定并不断完善网络安全战略,明确保障网络安全的基本要求和主要目标,提出重点领域的网络安全政策、工作任务和措施。

国家采取措施,监测、防御、处置来源于中国境内外的网络安全风险和威胁,保护关键信息基础设施免受攻击、侵入、干扰和破坏,依法惩治网络违法犯罪活动,维护网络空间安全和秩序。

(三) 共同治理原则

1. 全社会共同参与

国家倡导诚实守信、健康文明的网络行为,推动传播社会主义核心价值观,采取措施提高全社会的网络安全意识和水平,形成全社会共同参与促进网络安全的良好环境。网络空间安全仅仅依靠政府是无法实现的,需要政府、企业、社会组织、技术社群和公民等网络利益相关者的共同参与。

2. 构建多边、民主、透明的网络治理体系

国家积极开展网络空间治理、网络技术研发和标准制定、打击网络违法犯罪等方面的国际交流与合作,推动构建和平、安全、开放、合作的网络空间,建立多边、民主、透明的网络治理体系。

3. 国家网信部门负责统筹协调网络安全工作和相关监督管理工作

国家网信部门负责统筹协调网络安全工作和相关监督管理工作。国务院电信主管部门、公安部门和其他有关机关依照本法和有关法律、行政法规的规定,在各自职责范围内负责网络安全保护和监督管理工作。县级以上地方人民政府有关部门的网络安全保护和监督管理职责按照国家有关规定确定。

4. 网络运营者应承担相应社会责任

网络运营者开展经营和服务活动,必须遵守法律、行政法规,尊重社会公德,遵守商业道德,诚实信用,履行网络安全保护义务,接受政府和社会的监督,承担社会责任。建设、运营网络或者通过网络提供服务,应当采取技术措施和其他必要措施,保障网络安全、稳定运行,有效应对网络安全事件,防范网络违法犯罪活动,维护网络数据的完整性、保密性和可用性。

5. 行业自律

网络相关行业组织按照章程,加强行业自律,制定网络安全行为规范,指导会员加强网络安全保护,提高网络安全保护水平,促进行业健康发展。

6. 任何个人和组织对危害网络安全的行为有权向相关部门举报

任何个人和组织有权对危害网络安全的行为向网信、电信、公安等部门举报。收到举报的部门应当及时依法作出处理;不属于本部门职责的,应当及时移送有权处理的部门。

有关部门应当对举报人的相关信息予以保密,保护举报人的合法权益。

(四)保障网络信息依法有序自由流动原则

国家保护公民、法人和其他组织依法使用网络的权利,促进网络接入普及,提升网络服务水平,为社会提供安全、便利的网络服务,保障网络信息依法有序自由流动。

任何个人和组织使用网络应当遵守宪法法律,遵守公共秩序,尊重社会公德,不得危害网络安全,不得利用网络从事危害国家安全、荣誉和利益、煽动颠覆国家政权、推翻社会主义制度、煽动分裂国家、破坏国家统一、宣扬恐怖主义、极端主义、宣扬民族仇恨、民族歧视、传播暴力、淫秽色情信息、编造、传播虚假信息扰乱经济秩序和社会秩序,以及侵害他人名誉、隐私、知识产权和其他合法权益等活动。

(五)未成年人网络环境特别保护原则

国家支持研究开发有利于未成年人健康成长的网络产品和服务,依法惩治利用网络从事危害未成年人身心健康的活动,为未成年人提供安全、健康的网络环境。

二、网络运行安全规定

(一)一般规定

1. 国家实行网络安全等级保护制度

网络运营者应当按照网络安全等级保护制度的要求,履行下列安全保护义务,保障网络免受干扰、破坏或者未经授权的访问,防止网络数据泄露或者被窃取、篡改。

(1)制定内部安全管理制度和操作规程,确定网络安全负责人,落实网络安全保护责任;

(2)采取防范计算机病毒和网络攻击、网络侵入等危害网络安全行为的技术措施;

(3)采取监测、记录网络运行状态、网络安全事件的技术措施,并按照规定留存相关的网络日志不少于六个月;

(4)采取数据分类、重要数据备份和加密等措施;

(5)法律、行政法规规定的其他义务。

2. 网络产品、服务应当符合相关国家标准的强制性要求

网络产品、服务的提供者不得设置恶意程序;发现其网络产品、服务存在安全缺陷、漏洞等风险时,应当立即采取补救措施,按照规定及时告知用户并向有关主管部门报告。

网络产品、服务的提供者应当为其产品、服务持续提供安全维护;在规定或者当事人约定的期限内,不得终止提供安全维护。

网络产品、服务具有收集用户信息功能的,其提供者应当向用户明示并取得同意;涉及用户个人信息的,还应当遵守《网络安全法》和有关法律、行政法规关于个人信息保护的规定。

3. 网络关键设备和网络安全专用产品应当认证或检测合格

网络关键设备和网络安全专用产品应当按照相关国家标准的强制性要求,由具备资格的机构安全认证合格或者安全检测符合要求后,方可销售或者提供。国家网信部门会同国务院有关部门制定、公布网络关键设备和网络安全专用产品目录,并推动安全认证和安全检测结果互认,避免重复认证、检测。

4. 实名认证

网络运营者为用户办理网络接入、域名注册服务,办理固定电话、移动电话等入网手续,或者为用户提供信息发布、即时通信等服务,在与用户签订协议或者确认提供服务时,应当要求用户提供真实身份信息。用户不提供真实身份信息的,网络运营者不得为其提供相关服务。

国家实施网络可信身份战略,支持研究开发安全、方便的电子身份认证技术,推动不同电子身份认证之间的互认。

5. 网络运营者应当制定网络安全事件应急预案

网络运营者应当制定网络安全事件应急预案,及时处置系统漏洞、计算机病毒、网络攻击、网络侵入等安全风险;在发生危害网络安全的事件时,立即启动应急预案,采取相应的补救措施,并按照规定向有关主管部门报告。

6. 严禁危害网络安全的行为

任何个人和组织不得从事非法侵入他人网络、干扰他人网络正常功能、窃取网络数据等危害网络安全的活动;不得提供专门用于从事侵入网络、干扰网络正常功能及防护措施、窃取网络数据等危害网络安全活动的程序、工具;明知他人从事危害网络安全的活动的,不得为其提供技术支持、广告推广、支付结算等帮助。

7. 网络运营者对维护国家安全和侦查犯罪应予以协助

网络运营者应当为公安机关、国家安全机关依法维护国家安全和侦查犯罪的活动提供技术支持和协助。

网信部门和有关部门在履行网络安全保护职责中获取的信息,只能用于维护网络安全的需要,不得用于其他用途。

8. 网络安全风险预警

开展网络安全认证、检测、风险评估等活动,向社会发布系统漏洞、计算机病毒、网络攻击、网络侵入等网络安全信息,应当遵守国家有关规定。

国家支持网络运营者之间在网络安全信息收集、分析、通报和应急处置等方面进行合作,提高网络运营者的安全保障能力。有关行业组织建立健全本行业的网络安全保护规范和协作机制,加强对网络安全风险的分析评估,定期向会员进行风险警示,支持、协助会员应对网络安全风险。

(二)关键信息基础设施的运行安全规定

1. 关键信息基础设施的范围

国家对公共通信和信息服务、能源、交通、水利、金融、公共服务、电子政务等重要行业和领域,以及其他一旦遭到破坏、丧失功能或者数据泄露,可能严重危害国家安全、国计民生、公共利益的关键信息基础设施,在网络安全等级保护制度的基础上,实行重点保护。关键信息基础设施的具体范围和安全保护办法由国务院制定。国家鼓励关键信息基础设施以外的网络运营者自愿参与关键信息基础设施保护体系。

按照国务院规定的职责分工,负责关键信息基础设施安全保护工作的部门分别编制并组织实施本行业、本领域的关键信息基础设施安全规划,指导和监督关键信息基础设施运行安全保护工作。建设关键信息基础设施应当确保其具有支持业务稳定、持续运行的性能,并保证安全技术措施同步规划、同步建设、同步使用。

2. 安全保护义务

关键信息基础设施的运营者除遵守国家网络安全等级保护制度外,还应当履行下列安全保护义务:

(1) 设置专门安全管理机构和安全管理负责人,并对该负责人和关键岗位的人员进行安全背景审查;

(2) 定期对从业人员进行网络安全教育、技术培训和技能考核;

(3) 对重要系统和数据库进行容灾备份;

(4) 制定网络安全事件应急预案,并定期进行演练;

(5) 法律、行政法规规定的其他义务。

3. 接受国家安全审查

关键信息基础设施的运营者采购网络产品和服务,可能影响国家安全的,应当通过国家网信部门会同国务院有关部门组织的国家安全审查。

 小贴士

《网络安全审查办法》

为了确保关键信息基础设施供应链安全,维护国家安全,依据《国家安全法》《网络安全法》,制定了《网络安全审查办法》,自2020年6月1日起实施。关键信息基础设施运营者采购网络产品和服务,影响或可能影响国家安全的,应当按照《网络安全审查办法》进行网络安全审查。

4. 保密义务与责任

关键信息基础设施的运营者采购网络产品和服务,应当按照规定与提供者签订安全保密协议,明确安全和保密义务与责任。

5. 个人信息和重要数据管理要求

关键信息基础设施的运营者在中国境内运营中收集和产生的个人信息和重要数据应当在境内存储。因业务需要,确需向境外提供的,应当按照国家网信部门会同国务院有关部门制定的办法进行安全评估;法律、行政法规另有规定的,依照其规定。

 小贴士

个 人 信 息

《网络安全法》第七十六条规定:个人信息,是指以电子或者其他方式记录的能够单独或者与其他信息结合识别自然人个人身份的各种信息,包括但不限于自然人的姓名、出生日期、身份证件号码、个人生物识别信息、住址、电话号码等。

6. 风险检测评估

关键信息基础设施的运营者应当自行或者委托网络安全服务机构对其网络的安全性和可能存在的风险每年至少进行一次检测评估,并将检测评估情况和改进措施报送相关负责关键信息基础设施安全保护工作的部门。

(三) 国家网信部门对关键信息基础设施的安全保护职责

国家网信部门应当统筹协调有关部门对关键信息基础设施的安全保护采取下列措施:

(1) 对关键信息基础设施的安全风险进行抽查检测,提出改进措施,必要时可以委托网络安全服务机构对网络存在的安全风险进行检测评估;

(2) 定期组织关键信息基础设施的运营者进行网络安全应急演练,提高应对网络安全事件的水平和协同配合能力;

(3) 促进有关部门、关键信息基础设施的运营者以及有关研究机构、网络安全服务机构等之间的网络安全信息共享;

(4) 对网络安全事件的应急处置与网络功能的恢复等提供技术支持和协助。

三、网络信息安全规定

(一) 网络运营者的网络信息安全义务

网络运营者应当对其收集的用户信息严格保密,并建立健全用户信息保护制度。

网络运营者收集、使用个人信息,应当遵循合法、正当、必要的原则,公开收集、使用规则,明示收集、使用信息的目的、方式和范围,并经被收集者同意。网络运营者不得收集与其提供的服务无关的个人信息,不得违反法律、行政法规的规定和双方的约定收集、使用个人信息,并应当依照法律、行政法规的规定和与用户的约定,处理其保存的个人信息。

网络运营者不得泄露、篡改、毁损其收集的个人信息;未经被收集者同意,不得向他人提供个人信息。但是,经过处理无法识别特定个人且不能复原的除外。网络运营者应当采取技术措施和其他必要措施,确保其收集的个人信息安全,防止信息泄露、毁损、丢失。在发生或者可能发生个人信息泄露、毁损、丢失的情况时,应当立即采取补救措施,按照规定及时告知用户并向有关主管部门报告。

网络运营者应当加强对其用户发布的信息的管理,发现法律、行政法规禁止发布或者传输的信息的,应当立即停止传输该信息,采取消除等处置措施,防止信息扩散,保存有关记录,并向有关主管部门报告。

网络运营者应当建立网络信息安全投诉、举报制度,公布投诉、举报方式等信息,及时受理并处理有关网络信息安全的投诉和举报。网络运营者对网信部门和有关部门依法实施的监督检查应当予以配合。

个人发现网络运营者违反法律、行政法规的规定或者双方的约定收集、使用其个人信息的,有权要求网络运营者删除其个人信息;发现网络运营者收集、存储的其个人信息有错误的,有权要求网络运营者予以更正。网络运营者应当采取措施予以删除或者更正。

(二)个人和组织网络信息安全守法义务

任何个人和组织不得窃取或者以其他非法方式获取个人信息,不得非法出售或者非法向他人提供个人信息。

任何个人和组织应当对其使用网络的行为负责,不得设立用于实施诈骗,传授犯罪方法,制作或者销售违禁物品、管制物品等违法犯罪活动的网站、通信群组,不得利用网络发布涉及实施诈骗,制作或者销售违禁物品、管制物品以及其他违法犯罪活动的信息。

任何个人和组织发送的电子信息、提供的应用软件,不得设置恶意程序,不得含有法律、行政法规禁止发布或者传输的信息;电子信息发送服务提供者和应用软件下载服务提供者应当履行安全管理义务,知道其用户有前述规定行为的,应当停止提供服务,采取消除等处置措施,保存有关记录,并向有关主管部门报告。

(三)国家网信部门的信息安全监管职责

国家网信部门和有关部门依法履行网络信息安全监督管理职责,发现法律、行政法规禁止发布或者传输的信息的,应当要求网络运营者停止传输,采取消除等处置措施,保存有关记录;对来源于中国境外的上述信息,应当通知有关机构采取技术措施和其他必要措施阻断传播。

依法负有网络安全监督管理职责的部门及其工作人员,必须对在履行职责中知悉的个人信息、隐私和商业秘密严格保密,不得泄露、出售或者非法向他人提供。

四、监测预警与应急处置规定

(一)监测预警机制

国家建立网络安全监测预警和信息通报制度。国家网信部门应当统筹协调有关部门加强网络安全信息收集、分析和通报工作,按照规定统一发布网络安全监测预警信息。

负责关键信息基础设施安全保护工作的部门,应当建立健全本行业、本领域的网络安全监测预警和信息通报制度,并按照规定报送网络安全监测预警信息。

省级以上人民政府有关部门在履行网络安全监督管理职责过程中,发现网络存在较大安全风险或者发生安全事件的,可以按照规定的权限和程序对该网络的运营者的法定代表人或者主要负责人进行约谈。网络运营者应当按照要求采取措施,进行整改,消除隐患。

网络安全事件发生的风险增大时,省级以上人民政府有关部门应当按照规定的权限和程序,并根据网络安全风险的特点和可能造成的危害,采取下列措施:①要求有关部门、机构和人员及时收集、报告有关信息,加强对网络安全风险的监测;②组织有关部门、机构和专业人员,对网络安全风险信息进行分析评估,预测事件发生的可能性、影响范围和危害程度;③向社会发布网络安全风险预警,发布避免、减轻危害的措施。

(二)应急处置机制

国家网信部门协调有关部门建立健全网络安全风险评估和应急工作机制,制定网络安全事件应急预案,并定期组织演练。负责关键信息基础设施安全保护工作的部门应当制定本行业、本领域的网络安全事件应急预案,并定期组织演练。网络安全事件应急预案应当按照事件发生后的危害程度、影响范围等因素对网络安全事件进行分级,并规定相应的应急处置措施。

发生网络安全事件,应当立即启动网络安全事件应急预案,对网络安全事件进行调查和评估,要求网络运营者采取技术措施和其他必要措施,消除安全隐患,防止危害扩大,并及时向社会发布与公众有关的警示信息。

因网络安全事件,发生突发事件或者生产安全事故的,应当依照《突发事件应对法》《安全生产法》等有关法律、行政法规的规定处置。

因维护国家安全和社会公共秩序,处置重大突发社会安全事件的需要,经国务院决定或者批准,可以在特定区域对网络通信采取限制等临时措施。

第四节　网络交易安全法律规定

《电子商务法》部分规定较为宏观,在实践中需要进一步细化。为了规范网络交易活动,维护网络交易秩序,保障网络交易各方主体合法权益,促进数字经济持续健康发展,国家市场监督管理总局出台《网络交易监督管理办法》,自 2021 年 5 月 1 日起施行。

一、《网络交易监督管理办法》的适用范围

在中国境内,通过互联网等信息网络(以下简称通过网络)销售商品或者提供服务的经营活动,以及在网络社交、网络直播等信息网络活动中销售商品或者提供服务的经营活动,适用《网络交易监督管理办法》。

《网络交易监督管理办法》所称网络交易经营者、网络交易平台经营者、平台内经营者的含义,对应类似于《电子商务法》所称的电子商务经营者、电子商务平台经营者、平台内经营者,此部分内容在第二章有介绍,在此不再赘述。

二、基本原则

1. 网络交易经营者应遵循的原则

网络交易经营者从事经营活动,应当遵循自愿、平等、公平、诚信原则,遵守法律、法规、规章和商业道德、公序良俗,公平参与市场竞争,认真履行法定义务,积极承担主体责任,接受社会各界监督。

2. 网络交易监督管理原则

网络交易监督管理坚持鼓励创新、包容审慎、严守底线、线上线下一体化监管的原则。国家市场监督管理总局负责组织指导全国网络交易监督管理工作。县级以上地方市场监督管理部门负责本行政区域内的网络交易监督管理工作。

3. 构建网络交易市场治理体系

市场监督管理部门引导网络交易经营者、网络交易行业组织、消费者组织、消费者共同参与网络交易市场治理,推动完善多元参与、有效协同、规范有序的网络交易市场治理

体系。

三、网络交易经营者应遵循的规定

(一) 一般规定

1. 网络社交、网络直播等网络服务提供者和平台经营者应遵守的义务

网络社交、网络直播等网络服务提供者为经营者提供网络经营场所、商品浏览、订单生成、在线支付等网络交易平台服务的，应当依法履行网络交易平台经营者的义务。通过上述网络交易平台服务开展网络交易活动的经营者，应当依法履行平台内经营者的义务。

2. 网络交易经营者应当依法办理市场主体登记

网络交易经营者应当依法办理市场主体登记，在第二章有介绍，在此不再赘述。但《网络交易监督管理办法》对便民劳务活动和零星小额交易活动两类免于登记情形进行了具体界定。

(1) 个人通过网络从事保洁、洗涤、缝纫、理发、搬家、配制钥匙、管道疏通、家电家具修理修配等依法无须取得许可的便民劳务活动，依照《电子商务法》第10条的规定不需要进行登记。

(2) 个人从事网络交易活动，年交易额累计不超过10万元的，依照《电子商务法》第10条的规定不需要进行登记。同一经营者在同一平台或者不同平台开设多家网店的，各网店交易额合并计算。个人从事的零星小额交易须依法取得行政许可的，应当依法办理市场主体登记。

3. 平台内经营者经营场所登记规定

平台内经营者经营场所登记规定，在第二章有介绍，在此不再赘述。

4. 网络交易经营者应合法合规经营

网络交易经营者销售的商品或者提供的服务应当符合保障人身、财产安全的要求和环境保护要求，不得销售或者提供法律、行政法规禁止交易，损害国家利益和社会公共利益，违背公序良俗的商品或者服务。

5. 网络交易经营者应当亮照经营

网络交易经营者应当在其网站首页或者从事经营活动的主页面显著位置，持续公示经营者主体信息或者该信息的链接标识。鼓励网络交易经营者链接到国家市场监督管理总局电子营业执照亮照系统，公示其营业执照信息。

已经办理市场主体登记的网络交易经营者应当如实公示下列营业执照信息以及与其经营业务有关的行政许可等信息，或者该信息的链接标识：

(1) 企业应当公示其营业执照登载的统一社会信用代码、名称、企业类型、法定代表人(负责人)、住所、注册资本(出资额)等信息；

(2) 个体工商户应当公示其营业执照登载的统一社会信用代码、名称、经营者姓名、经营场所、组成形式等信息；

(3) 农民专业合作社、农民专业合作社联合社应当公示其营业执照登载的统一社会信用代码、名称、法定代表人、住所、成员出资总额等信息。

依照《电子商务法》第 10 条规定,不需要进行登记的经营者应当根据自身实际经营活动类型,如实公示以下自我声明以及实际经营地址、联系方式等信息,或者该信息的链接标识:
(1) 个人销售自产农副产品,依法不需要办理市场主体登记;
(2) 个人销售家庭手工业产品,依法不需要办理市场主体登记;
(3) 个人利用自己的技能从事依法无须取得许可的便民劳务活动,依法不需要办理市场主体登记;
(4) 个人从事零星小额交易活动,依法不需要办理市场主体登记。
网络交易经营者公示的信息发生变更的,应当在十个工作日内完成更新公示。

6. 网络交易经营者应依法合规收集、使用消费者个人信息

网络交易经营者收集、使用消费者个人信息,应当遵循合法、正当、必要的原则,明示收集、使用信息的目的、方式和范围,并经消费者同意。网络交易经营者收集、使用消费者个人信息,应当公开其收集、使用规则,不得违反法律、法规的规定和双方的约定收集、使用信息。

网络交易经营者不得采用一次概括授权、默认授权、与其他授权捆绑、停止安装使用等方式,强迫或者变相强迫消费者同意收集、使用与经营活动无直接关系的信息。收集、使用个人生物特征、医疗健康、金融账户、个人行踪等敏感信息的,应当逐项征得消费者同意。

网络交易经营者及其工作人员应当对收集的个人信息严格保密,除依法配合监管执法活动外,未经被收集者授权同意,不得向包括关联方在内的任何第三方提供。

7. 网络交易经营者不得实施不正当竞争行为

网络交易经营者不得违反《反不正当竞争法》等规定,实施扰乱市场竞争秩序,损害其他经营者或者消费者合法权益的不正当竞争行为。

网络交易经营者不得以下列方式作虚假或者引人误解的商业宣传,欺骗、误导消费者:
(1) 虚构交易、编造用户评价;
(2) 采用误导性展示等方式,将好评前置、差评后置,或者不显著区分不同商品或者服务的评价等;
(3) 采用谎称现货、虚构预订、虚假抢购等方式进行虚假营销;
(4) 虚构点击量、关注度等流量数据,以及虚构点赞、打赏等交易互动数据。

网络交易经营者不得实施混淆行为,引人误认为是他人商品、服务或者与他人存在特定联系。

网络交易经营者不得编造、传播虚假信息或者误导性信息,损害竞争对手的商业信誉、商品声誉。

8. 网络交易经营者应保障消费者的知情权和选择权

网络交易经营者应当全面、真实、准确、及时地披露商品或者服务信息,保障消费者的知情权和选择权。

(1) 网络交易经营者未经消费者同意或者请求,不得向其发送商业性信息。网络交易经营者发送商业性信息时,应当明示其真实身份和联系方式,并向消费者提供显著、简便、免费的拒绝继续接收的方式。消费者明确表示拒绝的,应当立即停止发送,不得更换

名义后再次发送。

（2）网络交易经营者以直接捆绑或者提供多种可选项方式向消费者搭售商品或者服务的,应当以显著方式提醒消费者注意。提供多种可选项方式的,不得将搭售商品或者服务的任何选项设定为消费者默认同意,不得将消费者以往交易中选择的选项在后续独立交易中设定为消费者默认选择。

（3）网络交易经营者采取自动展期、自动续费等方式提供服务的,应当在消费者接受服务前和自动展期、自动续费等日期前五日以显著方式提请消费者注意,由消费者自主选择；在服务期间内应当为消费者提供显著、简便的随时取消或者变更的选项,并不得收取不合理费用。

（4）消费者评价中包含法律、行政法规、规章禁止发布或者传输的信息的,网络交易经营者可以依法予以技术处理。

（5）通过网络社交、网络直播等网络服务开展网络交易活动的网络交易经营者,应当以显著方式展示商品或者服务及其实际经营主体、售后服务等信息,或者上述信息的链接标识。网络直播服务提供者对网络交易活动的直播视频保存时间自直播结束之日起不少于三年。

（6）网络交易经营者应当按照国家市场监督管理总局及其授权的省级市场监督管理部门的要求,提供特定时段、特定品类、特定区域的商品或者服务的价格、销量、销售额等数据信息。

（7）网络交易经营者向消费者提供商品或者服务使用格式条款、通知、声明等的,应当以显著方式提请消费者注意与消费者有重大利害关系的内容,并按照消费者的要求予以说明,不得作出含有下列内容的规定：

① 免除或者部分免除网络交易经营者对其所提供的商品或者服务应当承担的修理、重作、更换、退货、补足商品数量、退还货款和服务费用、赔偿损失等责任；

② 排除或者限制消费者提出修理、更换、退货、赔偿损失以及获得违约金和其他合理赔偿的权利；

③ 排除或者限制消费者依法投诉、举报、请求调解、申请仲裁、提起诉讼的权利；

④ 排除或者限制消费者依法变更或者解除合同的权利；

⑤ 规定网络交易经营者单方享有解释权或者最终解释权；

⑥ 其他对消费者不公平、不合理的规定。

9. 网络交易经营者自行终止网络交易活动前应提前公示

网络交易经营者自行终止从事网络交易活动的,应当提前三十日在其网站首页或者从事经营活动的主页面显著位置持续公示终止网络交易活动公告等有关信息,并采取合理、必要、及时的措施保障消费者和相关经营者的合法权益。

（二）网络交易平台经营者应履行的义务

1. 要求进入平台的经营者提交其真实信息

网络交易平台经营者应当要求申请进入平台销售商品或者提供服务的经营者提交其身份、地址、联系方式、行政许可等真实信息,进行核验、登记,建立登记档案,并至少每六个月核验更新一次。网络交易平台经营者应当对未办理市场主体登记的平台内经营者进行动态监测,对年交易额超过规定额度的,及时提醒其依法办理市场主体登记。

2. 向市场监督管理部门报送信息

网络交易平台经营者应当依照法律、行政法规的规定,向市场监督管理部门报送有关信息。网络交易平台经营者应当分别于每年1月和7月向住所地省级市场监督管理部门报送平台内经营者的下列身份信息:

(1) 已办理市场主体登记的平台内经营者的名称(姓名)、统一社会信用代码、实际经营地址、联系方式、网店名称以及网址链接等信息。

(2) 未办理市场主体登记的平台内经营者的姓名、身份证件号码、实际经营地址、联系方式、网店名称以及网址链接、属于依法不需要办理市场主体登记的具体情形的自我声明等信息;其中,对超过本办法第八条第三款规定额度的平台内经营者进行特别标示。

鼓励网络交易平台经营者与市场监督管理部门建立开放数据接口等形式的自动化信息报送机制。

3. 监督、检查、协助平台内经营者信息公示

(1) 提供技术支持

网络交易平台经营者应当为平台内经营者依法履行信息公示义务提供技术支持。平台内经营者公示的信息发生变更的,应当在三个工作日内将变更情况报送平台,平台应当在七个工作日内进行核验,完成更新公示。

(2) 区分标记经营者是否办理市场主体登记

网络交易平台经营者应当以显著方式区分标记已办理市场主体登记的经营者和未办理市场主体登记的经营者,确保消费者能够清晰辨认。

(3) 检查监控平台内经营者及其发布的商品或者服务信息

网络交易平台经营者应当对平台内经营者及其发布的商品或者服务信息建立检查监控制度。网络交易平台经营者发现平台内的商品或者服务信息有违反市场监督管理法律、法规、规章,损害国家利益和社会公共利益,违背公序良俗的,应当依法采取必要的处置措施,保存有关记录,并向平台住所地县级以上市场监督管理部门报告。

(4) 对平台内经营者违法行为的处理措施予以公示

网络交易平台经营者依据法律、法规、规章的规定或者平台服务协议和交易规则对平台内经营者违法行为采取警示、暂停或者终止服务等处理措施的,应当自决定作出处理措施之日起一个工作日内予以公示,载明平台内经营者的网店名称、违法行为、处理措施等信息。警示、暂停服务等短期处理措施的相关信息应当持续公示至处理措施实施期满之日止。

4. 资料保存

网络交易平台经营者修改平台服务协议和交易规则的,应当完整保存修改后的版本生效之日前三年的全部历史版本,并保证经营者和消费者能够便利、完整地阅览和下载。

网络交易平台经营者对平台内经营者身份信息的保存时间自其退出平台之日起不少于三年;对商品或者服务信息、支付记录、物流快递、退换货以及售后等交易信息的保存时间自交易完成之日起不少于三年。法律、行政法规另有规定的,依照其规定。

5. 不得利用平台优势干涉平台内经营者自主经营

网络交易平台经营者不得违反《电子商务法》第35条的规定，对平台内经营者在平台内的交易、交易价格以及与其他经营者的交易等进行不合理限制或者附加不合理条件，干涉平台内经营者的自主经营。具体包括：

（1）通过搜索降权、下架商品、限制经营、屏蔽店铺、提高服务收费等方式，禁止或者限制平台内经营者自主选择在多个平台开展经营活动，或者利用不正当手段限制其仅在特定平台开展经营活动；

（2）禁止或者限制平台内经营者自主选择快递物流等交易辅助服务提供者；

（3）其他干涉平台内经营者自主经营的行为。

此外，县级以上地方市场监督管理部门承担对网络交易活动的监督管理职责，对违法者予以行政处罚，在此不再赘述。

案例9.1　北京首例！售假商家被判赔京东商城百万违约金

【思考题】

1. 电子商务安全的内容是什么？
2. 主要的电子商务安全隐患是什么？电子商务安全的监督管理机构有哪些？
3. 网络交易安全的原则是什么？
4. 为了保持网络交易安全，网络交易经营者应遵循哪些规定？

第十章

电子商务争议解决机制

【学习要点及目标】

1. 掌握商事争议管辖权的规则；
2. 了解电子商务争议的解决方式；
3. 掌握法律责任的概念、种类；
4. 了解电子商务活动的法律责任及其特点。

电子商务活动中发生的民事争议，当事人可以通过协商、第三方调解解决，或者选择仲裁、诉讼等方式解决，与传统民事争议解决机制无异。但是，电子商务争议的管辖权和违法电子商务行为应当承担的法律责任有其特殊性。电子商务突破了传统商务交易的时空界限，交易双方互不见面，交易的地点灵活，这就使电子商务纠纷案件管辖权的确定成为各国都面临的新问题。明确电子商务争议管辖权和电子商务中的法律责任，对于解决电子商务纠纷、促进电子商务活动的健康发展具有十分重要的意义。

第一节　电子商务争议管辖权概述

一、管辖权概述

（一）管辖权的概念

管辖权的概念有广义和狭义两种理解。

广义的管辖权是从国际法的角度而言的国家管辖权。国家管辖权是指国家通过立法、司法和行政等手段对特定的人、物、事进行管理和处置的权力，是国家固有的、根本性权力之一，是国家主权的直接体现。狭义的管辖权是从国内法的角度而言的司法管辖权，是指一国法院系统内部不同级别、不同地区的法院受理案件的权限，解决的是纠纷当事人应该向哪一个法院提起诉讼的程序问题，一般是由国内诉讼法具体规定的。

在国际上，各国依据不同的原则确定管辖权的范围，形成以下几种管辖权。

1. 属地管辖权

属地管辖权又称为地域管辖权、领土管辖权，是根据地域确定管辖范围的管辖权，指国家对主权范围内一切不享有特权和豁免权的人、物、事都有权进行管辖。国家主权范围包括领土、领空、领水，以及根据国际惯例确定的流动领土范围，即通常是国际确定的船舶和航空器的范围。

2. 属人管辖权

属人管辖权又分为公民管辖权和居民管辖权,是指一国根据人的范围来确定管辖范围的管辖权。根据国籍来确定对人的管辖范围的,称为公民管辖权;根据在本国的居住状况来确定对人的管辖范围的称为居民管辖权。根据属人管辖权,凡是被一国确定为管辖范围的人应当接受本国的管辖,而无论该人是否处于该国的地域范围内。

3. 保护性管辖权

保护性管辖权是指一国为了保护本国的利益以及本国国民的利益而行使的管辖权。根据保护性管辖权,当本国利益或国民的利益受到侵害时,无论该种侵害行为是否发生在本土主权范围内,该国政府都可以行使管辖权。

因为保护性管辖权强调本国政府针对域外发生的侵害本国或本国国民利益的行为的管辖权,会涉及别国主权的行使,因此,并不是在所有的领域都可以行使保护管辖权,它通常是指国家对在本国领土范围外,凡有危害该国国家安全、领土完整、政治独立以及其他重大政治、经济利益等罪行的外国人进行管辖的权利。

4. 普遍性管辖权

普遍性管辖权是指依据普遍性原则确定的管辖权。普遍性原则又称世界性原则,以保护各国的共同利益为标准,不论犯罪人的国籍、犯罪地点在哪一个国家的领域内,只要发生国际条约所规定的侵害各国共同利益的犯罪,就可以对其实施逮捕并有权根据本国刑法加以处罚。它是主权国家对任何人、在任何地域从事的严重危害国际社会利益的国际罪行进行管辖的权利。

> **小贴士**
>
> 各国为了充分保护本国的利益,通常同时根据几种原则来确定本国的管辖权,同时行使几种管辖权。例如大部分国家在税收上同时行使属地管辖权和属人管辖权;很多国家在刑法上根据自身需要而同时行使多种管辖权,如我国《刑法》同时规定四种管辖权。只有极少数国家或地区在某些领域选择行使形式单一管辖权。

(二)确定国际民事诉讼管辖权的意义

在国际民事诉讼中,管辖权是指依据国际条约和国内法对特定的涉外民商事案件行使审判的权限和资格,解决一国根据何种原则、规则来确定国内法院有无审理涉外民事案件的权限问题。从根本上说,一国法院对某一具体的涉外民事案件进行管辖是各国行使国家主权的一种具体方式,是该国享有的国际法意义上的管辖权的体现。

此外,由于各国法律规定及处理法律问题的程序不同,同一案件由不同国家管辖可能会产生不同的法律后果,因此,管辖权问题直接关系到案件的审理结果,进而对诉讼当事人的利益也具有重要影响。

(三)确立国际民事诉讼管辖权的原则

国际民事诉讼案件的管辖权究竟应如何确定,长期以来都是由各国的国内法和国际私法加以规定的,通常的原则主要有几种。

1. 地域管辖原则

地域管辖原则是指在确定某一具体案件应当由哪一国的法院管辖时,应该把地域作为确定管辖权的基础。在确定地域管辖时通常依据当事人住所地、被告人出现地、行为发生地和标的物所在地等。

(1) 当事人住所地

住所是当事人固定的居住场所,包括原告住所地和被告住所地。有的国家,如中国、德国、日本、奥地利、希腊、泰国等基本上采用以被告住所地确定管辖权的原则。有的国家,如以英国和美国为代表的普通法系的国家则以当事人住所地(原告住所地、被告住所地)为确定管辖权的原则。

(2) 被告人出现地

只要起诉时被告在本国境内,能够被送达起诉书和传票,本国法院就有管辖权。普通法系的国家大多采用此原则。

(3) 行为发生地

根据行为发生地确定管辖权是以构成法律关系的法律行为作为对象,主要用来解决因行为方式而产生的管辖权冲突问题。行为发生地通常包括合同的缔结地、合同的履行地、侵权行为的发生地、侵权行为的结果地、婚姻关系的缔结地等。

(4) 标的物所在地

根据标的物所在地确定管辖权,是以民商事法律关系中标的物所在地作为确定管辖权的出发点。这是解决有关因物权而发生的民商事纠纷中适用的首要原则。

2. 国籍管辖原则

国籍管辖原则是指把当事人(原告、被告均可)的国籍作为确定法院管辖权的基础。国籍是法律关系主体隶属于一个国家的一种法律资格,是其享有该国法律管辖和保护的依据。在现代社会中,自然人、法人以及航空器、船舶等都具有自己的国籍,国籍成为这些法律关系主体或重要标的物和有关国家建立管辖关系的重要连接点。

3. 意思自治原则

各国都规定意思自治原则是调整民事法律关系的重要原则,不论在国内民事法律关系上,还是国际法律关系上,各国都有把当事人的选择作为确定管辖权依据的规定,这是一项重要的确立管辖权的原则,一般用于解决涉外合同关系。

二、电子商务争议对传统管辖权提出的新问题

传统法律领域确定管辖权时需要存在一个相对稳定、明确的关联因素,如当事人的国籍、住所地、经常居住地、合同签订地、合同履行地以及财产所在地等。但是,在网络环境下的电子商务活动中,大量的活动在虚拟的网络空间完成,上述因素与交易的关联性越来越弱,甚至无法确定其关联关系,这就使传统的确定管辖权的原则在适用于网络空间发生的纠纷时遇到困难。

1. 网络位置与某一国家的地理位置没有必然联系

网络环境下,大量的交易主体在相互不知道对方物理位置的情况下进行交易,电子商

务活动主体可以在任何能够连接互联网的地点——"位置"完成电子商务活动,其活动与某一国家或地区的联系丧失,因此,没有必要将其在网络上的"位置"与某一特定国家或地区的法律领域建立必要的联系。

2. 信息来源地具有不确定性

互联网经常使用高速缓冲器,使以后对某一网址的访问能够节省时间。为更好地进行信息传输,互联网服务器甚至可以将经常访问的网址中的资料部分或全部复制并存储下来,这一过程对于提高网速非常重要。但是互联网用户不会知道由缓冲器储存的信息和最初信息之间的差别,分辨不出所显示的信息是来自信息的实际来源地还是缓冲存储器。

3. 超链接使网址具有多样性

互联网的一个实用价值是超链接,即允许不同网址不论位置而相互连接,这使得网络环境下的电子商务活动可能出现多个不同的链接点。当一个网址位于某法院的管辖范围内时,其链接的第二个网址却不一定位于该法院的管辖范围内。因此,多链接以及多地域范围内链接的存在也是确定网络环境下管辖权的障碍。

在现实世界的不同地域,人们在跨越国界时可以清楚地知道各地域法律的不同,也较容易在不同的法律环境下遵守当地的法律。但是,网络无地理界限的特性使现实世界中的领土疆域在网络中不具备任何功能,因此,人们不能把物理空间中已经发展成熟形成完整体系的有关管辖权的法律制度直接照搬到网络空间中。为使网络空间中的纠纷得到公平的解决,各国必须对现有的确立管辖权的规则进行适当修正、补充和发展,以适应电子商务的迅速发展。

三、网络争议管辖权的国际立法

为合理确定对网络纠纷的管辖权,协调各国的管辖权纠纷,国际社会做出很大努力,并取得一定成果,为各国解决网络管辖权问题提供了重要的参考依据。

(一) 欧盟的《布鲁塞尔规则》

欧盟调整国际管辖权纠纷的主要公约是《民商事案件管辖权和判决执行公约》(以下简称《布鲁塞尔公约》),确立了关于跨境交易中产生的管辖权争议规则。

小贴士

为应对网络对管辖权的冲击,2000年12月,欧盟通过了第44/2001(EC)号条例,取代了原有的《布鲁塞尔公约》(1968年),其总体框架、立法宗旨、调整范围、立法模式均与原有公约基本保持一致,未作原则性修改,内容上则主要是增加了电子商务消费合同纠纷案件的有关规定,成为电子商务条件下规范欧盟成员国之间民商事司法管辖制度的基础性法律。

2012年12月欧洲议会和欧洲理事会发布新修订的《关于民商事案件管辖权和判决执行公约的第1215/2012号(欧盟)条例》,此次修订与旧条例相比主要是废除了判决执行的先审查程序,有限地扩大了条例管辖权的范围,优化了平行诉讼的有关规定。

《布鲁塞尔公约》确立新的消费者合同的司法管辖制度，重申被告住所地管辖的原则，同时增加了有关消费者合同纠纷管辖的特别规则，即在消费者受广告和针对消费者的购买邀请而采取必要步骤在消费者居住地国订立合同的情况下，合同的司法管辖按照以下原则处理。

(1) 当消费者作为原告时，消费者可以选择在被告企业设立地签约国法院起诉，也可以选择在自己居住国法院起诉。

(2) 当消费者作为被告受到起诉时，只能由其居住国法院管辖。根据这一规定，从事电子商务的企业在同消费者发生合同纠纷时，势必面临在各成员国被起诉的局面，因此，《布鲁塞尔公约》区别了两种情况：

一是企业所从事的商业活动"直接指向消费者所居住的成员国"时，作为原告的消费者有权选择（本国）法院管辖；

二是企业可以证明其所从事的商业活动并非"直接指向"该消费者所居住的成员国时，消费者只能接受法定法院的管辖。

《布鲁塞尔公约》事实上采取的是消费者合同目的地国管辖原则，并作为传统的"原告就被告"管辖原则的特别规定，增加了在电子商务中对消费者的保护。

（二）海牙国际私法会议的进展

海牙国际私法会议从1997年起召开特别委员会，致力于解决由于互联网的出现而带来的管辖权问题，以及民商事国外判决的效力问题。1999年10月，海牙会议发布《有关管辖权及外国民商事判决问题的初步草案》（以下简称《海牙草案》），其目的在于：调和各国管辖权的规定，并限制在若干适格管辖法院提出诉讼，以避免多数的诉讼程序之可能及冲突的发生；简化并促进外国判决之承认与执行，在草案中提供可供遵守的规则。

《海牙草案》确立"禁止管辖权"（prohibited jurisdiction）。《海牙草案》第18条规定，被告的惯常居住地在某一缔约国时，如果在该国和争议之间不存在实质性联系（substantial connection），则该缔约国不得根据国内法适用管辖规则。

《海牙草案》第7条对消费者合同的管辖权做出规定：如果消费者所请求的是有关被告在消费者惯常居住地所在国的贸易或者专业活动，特别是经大众招揽商业之行为，并且消费者为了订立合同在该国采取了必要的措施时，就可以在该惯常居住地对商家提起诉讼。但是，商家只能在消费者惯常居住地对消费者提起诉讼。

2000年2月28日至3月1日，海牙国际私法会议在加拿大渥太华召开工作组会议，就电子商务对传统管辖权规则的影响展开讨论，议题主要针对电子合同。

2001年6月，海牙会议再次召开，但是大会对于解决消费者争议的问题仍然没有达成一致，表明国际社会对于网络管辖权的问题，尤其是对于消费者合同的管辖权的确定还存在较大分歧，这种分歧似乎并非短时期内可以解决的。

2003年1月、3月，海牙国际私法会议分别召开《法院选择协议公约》非正式工作组第二次和第三次会议，会后提交《法院选择协议公约工作组草案》，大大缩减了原管辖权公约的内容，仅以"法院选择协议"作为管辖的唯一基础。4月，"总务与政策"特委会就工作组草案能否作为管辖权公约下一步谈判的基础征求各国意见。在获得包括中国在内的多数国家的支持后,海牙国际私法会议于12月召开"法院选择协议公约第一次特委会会议",主要讨论工作组草案,对公约范围、法院选择协议的实质有效性等重大分歧达成妥协,基本上完成草案的一稿。

中国对上述公约的范围持灵活态度,但是反对在公约中规定政治性条款,强调公约的规定应平衡不同国家和法律制度的特点和关注。

《海牙草案》的制定已二十多年,各国对诸多问题的争执使公约的制定至今未能完成。

四、我国关于电子商务争议管辖权的法律制度

(一)我国关于电子商务争议管辖权的法律规定

我国《民事诉讼法》中关于管辖的一般原则和具体规定也是在网络环境下确定管辖权时应当遵循的重要依据。

《最高人民法院〈关于审理涉及计算机网络著作权纠纷案件适用法律若干问题的解释〉》规定:"网络著作权侵权纠纷案件由侵权行为地或者被告住所地人民法院管辖。侵权行为地避开实施被诉侵权行为的网络服务器、计算机终端等设备所在地,难以确定侵权行为地和被告住所地的,原告发现侵权内容的计算机终端等设备所在地可以视为侵权行为地。"

《最高人民法院〈关于审理计算机网络域名民事纠纷案件适用法律若干问题的解释〉》对涉及域名的案件管辖权作出规定:"涉及域名的侵权纠纷案件,由侵权行为地或者被告住所地的中级人民法院管辖。对难以确定侵权行为地和被告住所地的,原告发现该域名的计算机终端等设备所在地可以视为侵权行为地。"

从现行的法律规定看,在侵权纠纷领域,法院依然采取侵权行为地或者被告住所地人民法院管辖;对难以确定侵权行为地和被告住所地的,原告发现侵权内容(或域名的)计算机终端等设备所在地可以视为侵权行为地,也就是说,如果原告在某一地点(并不限于原告住所地或营业地)接入了该网址,发现侵权内容,就可以在该地起诉被告。

《民事诉讼法》第23条规定,因合同纠纷提起的诉讼,由被告住所地或者合同履行地人民法院管辖。《最高人民法院关于适用〈中华人民共和国民事诉讼法〉的解释》第20条规定:"以信息网络方式订立的买卖合同,通过信息网络方式交付标的的,以买受人住所地为合同履行地;通过其他方式交付标的的,收货地为合同履行地。合同对履行地有约定的,从其约定。"

案例10.1 网络购物合同纠纷案管辖权

(二)我国涉外电子商务民事诉讼的管辖

电子商务争议更容易发生涉外因素。我国确定网络争议国际管辖权的主要法律依据

是《民事诉讼法》等相关法律法规和司法解释中关于涉外民事案件管辖权的规定,这些规定当然适用于包含涉外因素的电子商务争议诉讼。以下作简要介绍。

1. 关于涉外民事诉讼的法律适用

《民事诉讼法》第 260 条规定:"中华人民共和国缔结或者参加的国际条约同本法有不同规定的,适用该国际条约的规定,但中华人民共和国声明保留的条款除外。"

2. 关于涉外民事诉讼的管辖

《民事诉讼法》第 265 条规定:"因合同纠纷或者其他财产权益纠纷,对在中华人民共和国领域内没有住所的被告提起的诉讼,如果合同在中华人民共和国领域内签订或者履行,或者诉讼标的物在中华人民共和国领域内,或者被告在中华人民共和国领域内有可供扣押的财产,或者被告在中华人民共和国领域内设有代表机构,可以由合同签订地、合同履行地、诉讼标的物所在地、可供扣押财产所在地、侵权行为地或者代表机构住所地人民法院管辖。"

案例 10.2　BY.O 诉豫商集团有限公司服务合同纠纷管辖权异议案

第二节　电子商务争议的解决方式

《电子商务法》规定,国家鼓励电子商务各方主体建立电子商务在线争议解决机制。电子商务第三方平台可以建立争议解决机制,制定并公示争议解决规则,公平、公正地解决当事人的争议。当事人对通过第三方平台争议解决机制做出的处理决定有异议的,可以依法提请仲裁或者提起诉讼。平台内经营者与第三方平台发生争议,平台内经营者一方人数众多并有共同请求的,可以推选代表人参加协商、调解、仲裁、诉讼活动。国家推动建立与不同国家、地区之间的跨境电子商务争议解决机制。

电子商务活动当事人之间发生争议的,可以通过协商和解,请求消费者组织、行业协会或者其他依法成立的调解组织调解,也可以通过电商平台或消费者协会调解解决,向有关部门投诉,提请仲裁机构仲裁,或者向人民法院提起诉讼等方式解决。下面简要介绍仲裁和诉讼解决方式。

一、仲裁

(一)仲裁的概念及特征

仲裁是指双方当事人在争议发生前或者争议发生后,达成协议,自愿将争议提交给仲裁委员会作出裁决,对该裁决争议双方有义务执行,从而解决争议的一种方式。

根据《仲裁法》的规定,仲裁具有以下五个特征。

1. 提交仲裁以双方当事人自愿为前提

当事人采用仲裁方式解决纠纷,应当双方自愿,达成仲裁协议。没有仲裁协议,一方申请仲裁的,仲裁委员会不予受理。组成审理案件的仲裁庭的仲裁员应当由当事人协议选定。

2. 仲裁的争议一般是当事人之间发生的合同纠纷

电子商务合同纠纷属于仲裁的范围。

3. 仲裁必须遵循法定的程序

仲裁活动应当依照仲裁法和仲裁机构的仲裁规则进行。

4. 仲裁实行一裁终局制

仲裁裁决作出后,除裁决被人民法院依法裁定撤销或者不予执行的情形外,当事人不得就同一纠纷再申请仲裁或者向人民法院起诉。

5. 仲裁裁决对当事人具有约束力

一方当事人如不履行仲裁裁决事项,另一方当事人可以向人民法院申请强制执行。

(二)仲裁法的适用范围

依据《仲裁法》第2条的规定,平等主体的公民、法人和其他组织之间发生的合同纠纷和其他财产权益纠纷,可以仲裁。

(三)仲裁委员会

仲裁委员会可以在直辖市或省、自治区人民政府所在地的市设立,也可以根据需要在其他设区的市设立,不按行政区划层层设立。仲裁委员会由上述规定的市的人民政府组织有关部门和商会统一组建。仲裁委员会应当按照《仲裁法》第13条的规定聘任仲裁员,仲裁委员会按照不同专业设仲裁员名册。

仲裁委员会独立于行政机关,与行政机关没有隶属关系。仲裁委员会之间也没有隶属关系。仲裁不实行级别管辖和地域管辖。

(四)仲裁协议

仲裁协议是指双方当事人愿意把他们之间将来可能发生或者业已发生的争议提交仲裁解决的协议。申请仲裁和提起诉讼不同,起诉权是公民和法人均享有的民事权利,只需当事人一方的意思表示就能够提起诉讼。申请仲裁的前提是达成仲裁协议,需要双方协商一致才能请求仲裁,同时放弃诉讼权利。

仲裁协议有两种形式:

(1) 合同中订立的仲裁条款;

(2) 以其他书面方式在纠纷发生前或者纠纷发生后达成的请求仲裁的协议。

仲裁协议应当具有下列内容:请求仲裁的意思表示;仲裁事项;选定的仲裁委员会。

仲裁协议的法律效力可分为对当事人的法律效力、对仲裁机构的法律效力和对法院的法律效力。仲裁协议一旦有效成立,当事人就承担了不得就特定事项向法院起诉的义务;有效的仲裁协议是仲裁机构受理争议案件的依据,没有仲裁协议,一方申请仲裁的,仲裁委员会不予受理;仲裁协议对法院具有排除其司法管辖的效力。当事人达成仲裁协议,一方向人民法院起诉的,人民法院不予受理,但仲裁协议无效的除外。

(五)仲裁程序

1. 当事人提出仲裁申请

当事人申请仲裁应当符合下列条件:

(1)有仲裁协议;

(2)有具体的仲裁请求和事实、理由;

(3)属于仲裁委员会的受理范围。

2. 仲裁委员会受理案件

(1)受理与不受理的通知

仲裁委员会收到仲裁申请书之日起5日内,认为符合受理条件的,应当受理,并通知当事人;认为不符合受理条件的,应当书面通知当事人不予受理,并说明理由。

(2)有关文件的送达

仲裁委员会受理仲裁申请后,应当在《仲裁法》规定的期限内将仲裁规则、仲裁员名册送达申请人,并将仲裁申请书副本和仲裁规则、仲裁员名册送达被申请人。

(3)被申请人提交答辩书

被申请人收到仲裁申请书副本后,应当在仲裁规则规定的期限内向仲裁委员会提交答辩书。仲裁委员会收到答辩书后,应当在《仲裁法》规定的期限内将答辩书副本送达申请人。被申请人未提交答辩书的,不影响仲裁程序的进行。

3. 组成仲裁庭

(1)仲裁庭的组成

仲裁庭可以由3名仲裁员或者1名仲裁员组成。由3名仲裁员组成的,设首席仲裁员。依照《仲裁法》第31条和各仲裁委员会的《仲裁规则》选任仲裁员组成仲裁庭,仲裁庭组成后,仲裁委员会应当将仲裁庭的组成情况书面通知当事人。

(2)仲裁员的回避

仲裁员有法定情形的,必须回避,当事人也有权提出回避申请。仲裁员是否回避,由仲裁委员会主任决定;仲裁委员会主任担任仲裁员时,由仲裁委员会集体决定。

4. 开庭

(1)仲裁庭应当开庭审理案件

当事人协议不开庭的,仲裁庭可以根据仲裁申请书、答辩书以及其他材料作出裁决。在处理纠纷时,为了维护当事人的信誉,保护其商业秘密和有利于纠纷的解决,仲裁不公开进行;当事人协议公开的,可以公开进行,但涉及国家秘密的除外。

(2)证据与鉴定

当事人应当对自己的主张提供证据,仲裁庭认为有必要收集的证据,可以自行收集。证据应当在开庭时出示,当事人可以质证。在证据可能灭失或者以后难以取得的情况下,当事人可以申请证据保全。当事人申请证据保全的,仲裁委员会应当将当事人的申请提交证据所在地的基层人民法院。仲裁庭对专门性问题认为需要鉴定的,可以交由当事人约定的监督部门鉴定,也可以由仲裁庭指定的鉴定部门鉴定。

(3) 辩论

当事人在仲裁过程中有权进行辩论。辩论终结时,首席仲裁员或者独任仲裁员应当征询当事人的最后意见。仲裁庭应当将开庭情况记入笔录。笔录由仲裁员、记录人员、当事人和其他仲裁参与人签名或者盖章。

(4) 当事人自行和解

当事人申请仲裁后,可以自行和解。达成和解协议的,可以请求仲裁庭根据和解协议作出裁决书,也可以撤回仲裁申请。当事人达成和解协议,撤回仲裁申请后反悔的,可以根据仲裁协议申请仲裁。

(5) 调解

仲裁庭在作出裁决前可以先行调解。当事人自愿调解的,仲裁庭应当调解;调解不成的,应当及时作出裁决。调解达成协议的,仲裁庭应当制作调解书或者根据协议的结果制作裁决书。调解书与裁决书具有同等法律效力。调解书经双方当事人签收后,即发生法律效力。在调解书签收前当事人反悔的,仲裁庭应当及时作出裁决。

5. 裁决

裁决应当按照多数仲裁员的意见作出,少数仲裁员的不同意见可以记入笔录。仲裁不能形成多数意见时,裁决应当按照首席仲裁员的意见作出。当仲裁庭仲裁纠纷时,若其中一部分事实已经清楚,可以就该部分先行裁决。

6. 仲裁中的财产保全

一方当事人因另一方当事人的行为或者其他原因可能使裁决不能执行或者难以执行的,可以申请财产保全。当事人申请财产保全的,仲裁委员会应当将当事人的申请依照《民事诉讼法》的有关规定提出。申请有错误的,申请人应当赔偿被申请人因财产保全所遭受的损失。

(六) 申请撤销裁决

当事人可以依据《仲裁法》第 58 条的规定申请撤销裁决,当事人申请撤销裁决的,应当自收到裁决书之日起 6 个月内向人民法院提出。人民法院经组成合议庭审查核实裁决有《仲裁法》第 58 条的规定情形之一的或认定该裁定违背社会公共利益的,应当裁定撤销,人民法院应当在受理撤销裁决申请之日起 2 个月内作出撤销裁决或者驳回申请的裁定。

(七) 仲裁裁决的执行

1. **裁决的履行**

当事人应当履行裁决。一方当事人不履行的,另一方当事人可以依照《民事诉讼法》的有关规定向人民法院申请执行。受申请的人民法院应当执行。

2. **不予执行的裁决**

被申请人提出证据证明裁决有《民事诉讼法》第 237 条第二款规定情形之一的,经人民法院组成合议庭审查核实,由人民法院裁决不予执行。

3．裁决的中止执行

一方当事人申请执行裁决，另一方当事人申请撤销裁决的，人民法院应当裁定中止执行。人民法院裁定撤销裁决的，应当裁定终结执行。撤销裁决的申请被裁定驳回的，人民法院应当恢复执行。

（八）涉外仲裁

涉外仲裁是当事人根据他们之间签订的仲裁协议，自愿将国际经济贸易中发生的争议或海事争议提交选定的仲裁机构，由该机构按照一定的程序作出裁决的活动。涉外仲裁遵循的基本原则是独立自主原则、平等互利原则、参照国际惯例原则，我国《仲裁法》第七章对涉外仲裁作了特别规定，该法第65条规定，涉外经济贸易、运输和海事中发生的纠纷，适用第七章的规定。该章没有规定的，适用《仲裁法》的其他有关规定。

对于涉外仲裁裁决的执行，一方当事人不履行的，另一方当事人可以根据中国法律的规定向中国法院申请执行；如果被执行人或其财产不在中国领域内的，另一方当事人可以根据1958年《承认及执行外国仲裁裁决公约》或者中国缔结或参加的其他国际条约，向有管辖权的外国法院申请承认和执行。

二、民事诉讼

民事诉讼是指人民法院在民事争议当事人及其他诉讼参与人的参加下，依法审理并裁决民事纠纷案件所进行的活动。

（一）诉讼管辖

民事诉讼管辖指各级人民法院之间以及不同地区的同级人民法院之间，受理第一审民事案件的分工和权限。主要有地域管辖和级别管辖。

1．地域管辖

地域管辖是指确定同级人民法院之间在各自管辖的地域内审理第一审民事案件的分工和权限。它又分为一般地域管辖和特殊地域管辖。

一般地域管辖是以被告住所地为依据来确定案件的管辖法院，即实行"原告就被告原则"，民事诉讼由被告住所地人民法院管辖，被告住所地与经常居住地不一致的，由经常居住地人民法院管辖。对被监禁的人提起的民事诉讼，由原告住所地人民法院管辖，原告住所地与经常居住地不一致的，由原告经常居住地人民法院管辖。

特殊地域管辖是以诉讼标的所在地或引起法律关系发生、变更、消灭的法律事实所在地为依据确定管辖。适用特殊管辖的主要有以下几种情况：

（1）因合同纠纷引起的诉讼，由被告住所地或合同履行地人民法院管辖；

（2）因保险合同纠纷提起的诉讼，由被告住所地或保险标的物所在地人民法院管辖；

（3）因票据纠纷提起的诉讼，由票据支付地或被告住所地人民法院管辖；

（4）因铁路、公路、水上和航空事故请求损害赔偿提起的诉讼，由事故发生地或车辆、船舶最先到达地及航空器最先降落地或被告住所地人民法院管辖；

（5）因不动产纠纷提起的诉讼由不动产所在地法院管辖。

2. 级别管辖

级别管辖是根据案件的性质、影响范围来划分不同级别的人民法院受理第一审民事案件的分工和权限。我国人民法院分为四级，即基层人民法院、中级人民法院、高级人民法院和最高人民法院，此外还有专门人民法院，即军事法院、海事法院和铁路运输法院，以上法院的分级设置，构成了我国法院的体制。

基层人民法院原则上管辖第一审案件；中级人民法院管辖在本辖区有重大影响的案件、重大涉外案件及由最高人民法院确定由中级人民法院管辖的案件；高级人民法院管辖在辖区有重大影响的第一审案件；最高人民法院管辖在全国有重大影响的案件以及认为应当由其审理的案件。

（二）诉讼参加人

诉讼参加人包括当事人和诉讼代理人。

（1）当事人，指自然人、法人和其他组织因民事权益发生争议或受到损害，以自己的名义进行诉讼，并受人民法院调解或裁判约束的利害关系人。当事人包括原告、被告、共同诉讼人、诉讼中的第三人等。

（2）诉讼代理人，指以被代理人的名义，在代理权限范围内，为了维护被代理人的合法权益而进行诉讼的人。代理人包括法定代理人、指定代理人、委托代理人等。

（三）诉讼时效

诉讼时效是指权利人不在法定期间内行使权利而失去法律保护的制度。《民法典》规定，向人民法院请求保护民事权利的诉讼时效期间为 3 年。法律另有规定的，依照其规定。诉讼时效期间自权利人知道或者应当知道权利受到损害之日起计算。法律另有规定的，依照其规定。但是，自权利受到损害之日起超过 20 年的，人民法院不予保护，有特殊情况的，人民法院可以根据权利人的申请决定延长。

诉讼时效期间届满的，义务人可以提出不履行义务的抗辩。诉讼时效期间届满后，义务人同意履行的，不得以诉讼时效期间届满为由抗辩；义务人已经自愿履行的，不得请求返还。

（四）审判程序

根据《民事诉讼法》的规定，我国实行两审终审制，当事人不服第一审人民法院判决、裁定的，有权向上一级人民法院提起上诉。当事人在法定期限内依法提起上诉的，原审判决和裁定不发生法律效力。二审判决、裁定是终审判决、裁定。

当事人对已经发生法律效力的判决、裁定认为有错误的，可以向上一级人民法院申请再审；当事人一方人数众多或者当事人双方为公民的案件，也可以向原审人民法院申请再审。当事人申请再审的，不停止判决、裁定的执行。是否再审由受理申请的人民法院决定。

各级人民法院院长对本院已经发生法律效力的判决、裁定、调解书，发现确有错误，认为需要再审的，应当提交审判委员会讨论决定。最高人民法院对地方各级人民法院已经发生法律效力的判决、裁定、调解书，上级人民法院对下级人民法院已经发生法律效力的判决、裁定、调解书,发现确有错误的,有权提审或者指令下级人民法院再审。

(五)执行程序

申请执行的期间为 2 年,从法律文书规定履行期间的最后 1 日起计算;法律文书规定分期履行的,从规定的每次履行期间的最后 1 日起计算;法律文书未规定履行期间的,从法律文书生效之日起计算。

第三节 电子商务有关主体的法律责任

一、法律责任概述

(一)法律责任的概念与特征

法律责任是指行为人由于实施的行为违反法律义务或者侵犯法定权利所应承担的不利的法律后果。

法律责任具有以下特征:

1. 法律责任以存在法定义务或者侵犯法定权利的行为为前提

法律责任与违法行为有不可分割的联系,没有违法行为就没有法律责任。存在违法行为是承担法律责任的事实根据。

2. 法律责任以有关的法律规定为依据

违法行为人是否承担法律责任、承担什么法律责任,以及承担法律责任的方式等都以法律规定为依据。法律规定是违法行为主体承担法律责任的法律依据。

3. 法律责任的认定和追究应通过法定程序

法律责任的认定和追究属于法的适用活动,是国家专门机关及其授权组织的专门活动,为了保证法律适用的严肃性、权威性,保障当事人的合法权益,法律责任的认定和追究必须由国家专门机关通过法定程序进行。

4. 法律责任以国家强制力作为实现的保证

对违法行为追究法律责任是保证法的实施的重要措施。法律责任必须以国家强制力作为实现的保证,即当事人实施了违法行为就必须根据法律规定承担相应的法律责任。

(二)法律责任的种类

从不同的角度可以对法律责任做出不同的分类。

1. 根据违法责任人主观上有无过错将法律责任分为过错责任和无过错责任

(1)过错责任

过错责任是指以行为人主观上存在过错为必要条件的法律责任。行为人有过错才承担责任,没有过错就不承担责任。

(2)无过错责任

无过错责任是不以行为人主观存在过错为必要条件的法律责任。

我国民事法律责任中既有过错责任也有无过错责任,以过错责任为一般原则。法律规定的如特殊侵权、违约责任等特殊情形下则适用无过错责任,即无论违法行为人是否存在过错都应当承担相应的法律责任。

 小贴士

过　　错

过错包括故意和过失两种情况。故意是指行为人明知自己的行为会造成危害社会的结果而希望或者放任这种结果发生的主观心理状态。过失是指行为人应当预见到自己的行为会发生危害社会的结果,因为疏忽大意没有预见到,或者虽然预见到但是轻信能够避免的主观心理状态。

2. 根据行为人违反的法律性质将法律责任分为民事法律责任、行政法律责任和刑事法律责任

（1）民事法律责任

民事法律责任又称民事责任,是民事主体违反民事义务时应承担的法律后果。民事法律责任具有以下几个法律特征：

① 民事法律责任是平等主体之间承担的法律责任,民事法律责任的这一特征决定了大部分民事法律责任只具有补偿性而不具有惩罚性；

② 民事法律责任以民事义务为基础,民事主体不履行民事义务,就应当承担民事法律责任；

③ 民事法律责任也具有强制性,民事纠纷发生后,双方当事人可以协商解决,如果双方协商不成,可以通过诉讼方式解决,判决和执行由国家强制力保证；

④ 承担民事法律责任的方式具有多样性；

⑤ 民事法律责任适用不同的归责原则,包括过错责任原则和无过错责任原则。

小贴士

民事责任主要是财产责任,包括返还财产、赔偿损失、修理、更换、恢复原状、减少价金等具有财产价值内容的责任承担方式,也包括停止侵害、消除影响、赔礼道歉、标明身份等具有精神内容的责任承担方式。

（2）行政法律责任

行政法律责任是行为人违反行政管理法律规定,由行政机关在职权范围内依法对行为人采取的制裁措施。

行政法律责任具有以下几个方面的特征：

① 行政法律责任基于行政法律关系而发生；

② 行政法律责任追究机关及追究程序具有多样性；

③ 行政法律责任种类具有多样性。

行政法律责任种类包括行政处罚和行政处分。行政处罚是对行政相对人的违法行为的一种制裁措施,包括警告、通报批评、罚款、没收违法所得、没收非法财物,暂扣许可证件、降低资质等级、吊销许可证件,限制开展生产经营活动、责令停产停业、责令关闭、限制从业、行政拘留等针对行政相对人的行政处罚措施。行政处分是对行政机关工作人员的违法失职行为、尚未构成犯罪的行为处以的纪律处分,包括警告、记过、降级、降职、撤职、开除等。

(3) 刑事法律责任

刑事法律责任,又称刑事责任,是行为人违反刑事法律的规定、应当受刑罚制裁的行为(即犯罪)的法律后果,表现为对犯罪分子判处的刑罚。

> **小贴士**
>
> 我国《刑法》规定的刑罚有主刑和附加刑两大类:主刑包括管制、拘役、有期徒刑、无期徒刑、死刑;附加刑包括罚金、剥夺政治权利、没收财产以及对外国人适用的驱逐出境。

刑事法律责任具有以下特征:

① 刑事法律责任仅适用于犯罪分子。根据《刑法》规定的"罪刑法定原则",刑法措施仅适用于犯罪分子,对于仅违反其他法律规定而没有违反《刑法》的主体不适用刑罚。

② 刑事法律责任是最严厉的法律责任。刑事法律责任是我国法律体系中最严厉的法律责任,刑罚是最严厉的制裁措施,不仅剥夺犯罪分子的财产权利,而且剥夺人身自由,甚至可以剥夺其生命。

③ 刑罚只能由人民法院适用。刑罚只能由人民法院代表国家依照法定程序适用,其他任何机关、团体和个人都无权适用刑罚。

二、电子商务活动中的法律责任

(一) 电子商务活动中的法律责任概述

电子商务活动中的法律责任是指参与电子商务经营的相关主体在其电子商务经营活动或者为电子商务经营活动提供服务的活动中依法所应承担的法律责任。电子商务活动中的法律责任具有以下特征。

1. 电子商务活动中的法律责任属于经营者的责任

这里的经营者属于广义上的概念,既包括通过电子商务活动销售商品或提供服务的"商家",也包括为电子商务活动提供有关的支持服务的网络经营商、技术提供商、广告服务商以及从事有关认证服务的主体。

电子商务中的"商家"在提供商品或者服务的过程中应依据有关法律向消费者承担经营者责任,如商品或服务存在质量瑕疵的责任以及侵权责任等;电子商务中的其他主体在为电子商务提供有关的支持和辅助服务的同时,也要依据有关法律承担法律责任,例如违约责任、违反保密义务的责任、侵权责任等。

2. 电子商务活动中法律责任的主体具有多样性

电子商务活动具有复杂性,既有从事商务经营活动的主体,如商品销售主体和服务提供主体,也有为电子商务提供支持和中介服务的其他经营主体,如电信运营商、网络服务提供商、银行、广告发布和代理机构等。

3. 电子商务活动中法律责任具有多样性和复杂性

电子商务活动的复杂性、电子商务主体的多样性,都决定了电子商务活动中法律责任的多样性,存在着不同主体基于不同经营活动而产生的不同法律责任,例如商品经营者的产品责任和网络运营主体的运营责任,以及网络广告发布主体、网络广告代理主体、支持中介主体、技术支持主体、电信运营主体等主体基于不同活动产生的法律责任同时存在。并且这些主体的法律责任在某些情况下可能发生连锁反应,使电子商务活动中的法律责任承担具有复杂性。

电子商务对于技术的依赖使得对于某些主体的法律责任认定也变得十分复杂:责任主体的确定、证据的保全、过错认定等问题都是判定电子商务法律责任中的难题。此外,在电子商务活动中,各种类型的法律责任如民事法律责任、行政法律责任和刑事法律责任同时存在,这也是电子商务活动中的法律责任多样性的体现。

4. 电子商务活动中法律责任涉及的法律依据具有复杂性

传统的法律领域已经有了相对成熟的法律体系,因此,相关领域处理法律责任问题的法律依据明确具体,例如合同法为合同订立、履行以及履行之后的法律责任提供了较为具体和完备的法律依据。但是,在电子商务领域中,还没有产生成熟的规范体系,对于相关法律责任的承担需要到有关的法律领域寻找法律依据,或者在现行的、还不太完善的规章体系中寻找处理依据,这增加了电子商务活动中法律责任认定的复杂性。

(二) 电子商务中法律责任的种类

1. 电子商务中的民事责任

电子商务中的民事责任包括违约责任和侵权责任。

电子商务活动中存在大量的交易合同,因此,交易主体之间基于合同产生的违约责任以及缔约过失责任是电子商务活动中民事责任的重要责任类型。

电子商务主体因为电子商务活动或者与电子商务相关的活动而发生侵权行为,例如商品的提供主体侵犯了消费者的知情权、选择权,广告主体未经权利人许可使用他人的肖像或者艺术作品等侵犯权利主体的肖像权或者著作权等。

2. 电子商务中的行政责任

电子商务中的行政责任是指电子商务主体违反有关法律法规而被行政管理机关予以处罚的法律责任。随着我国规范电子商务活动的法律法规的日渐完善,电子商务主体应当遵循的管理性规定越来越多,例如提供电子邮件服务的管理规定、利用互联网提供电子公告服务的管理规定等。电子商务主体违反管理性规定的,依法接受行政管理机关的行政制裁,承担行政法律责任。

3. 电子商务中的刑事责任

电子商务主体违反我国《刑法》规定的,应按照《刑法》规定承担刑事责任。目前,利用互联网诈骗、侵犯他人隐私权及知识产权等违法行为已经大量出现,如果违法行为具备了《刑法》所规定的犯罪构成要件,则依法追究违法行为人的刑事法律责任。

典型的有非法侵入计算机信息系统罪,非法获取计算机信息系统数据、非法控制计算机信息系统罪,提供侵入、非法控制计算机信息系统程序、工具罪,破坏计算机信息系统罪,拒不履行信息网络安全管理义务罪,非法利用信息网络罪,帮助信息网络犯罪活动罪,侵犯公民个人信息罪等。

三、我国相关法律中对电子商务活动法律责任的规定

(一)《电子商务法》规定的法律责任

1. 电子商务经营者需承担的法律责任

(1) 电子商务经营者销售商品或者提供服务,不履行合同义务或者履行合同义务不符合约定,或者造成他人损害的,依法承担相应的违约责任或侵权责任。

(2) 电子商务经营者违反规定,未取得相关行政许可从事经营活动,或者销售、提供法律、行政法规禁止交易的商品、服务,或者不依法履行信息提供义务,电子商务平台经营者违法采取集中交易方式进行交易,或者进行标准化合约交易的,依照有关法律、行政法规的规定处罚。

(3) 电子商务经营者违反规定,有下列行为之一的,由市场监督管理部门责令限期改正,可以处 1 万元以下的罚款:

① 未在首页显著位置公示营业执照信息、行政许可信息、属于不需要办理市场主体登记情形等信息,或者上述信息的链接标识的;

② 未在首页显著位置持续公示终止电子商务的有关信息的;

③ 未明示用户信息查询、更正、删除以及用户注销的方式、程序,或者对用户信息查询、更正、删除以及用户注销设置不合理条件的。

电子商务平台经营者对违反前述规定的平台内经营者未采取必要措施的,由市场监督管理部门责令限期改正,可以处 2 万元以上 10 万元以下的罚款。

(4) 电子商务经营者根据消费者的兴趣爱好、消费习惯等特征向其提供商品或者服务的搜索结果的,未同时向该消费者提供不针对其个人特征的选项,以尊重和平等保护消费者合法权益,或者违法搭售商品、服务的,由市场监督管理部门责令限期改正,没收违法所得,可以并处 5 万元以上 20 万元以下的罚款;情节严重的,并处 20 万元以上 50 万元以下的罚款。

(5) 电子商务经营者未向消费者明示押金退还的方式、程序,对押金退还设置不合理条件,或者不及时退还押金的,由有关主管部门责令限期改正,可以处 5 万元以上 20 万元以下的罚款;情节严重的,处 20 万元以上 50 万元以下的罚款。

(6) 电子商务经营者违反法律、行政法规有关个人信息保护的规定,或者不履行网络安全保障义务的,依照《网络安全法》等法律、行政法规的规定处罚。

(7) 电子商务经营者销售的商品或者提供的服务不符合保障人身、财产安全的要求,实施虚假或者引人误解的商业宣传等不正当竞争行为,滥用市场支配地位,或者实施侵犯知识产权、侵害消费者权益等行为的,依照消费者权益保护法、反不正当竞争法、反垄断法等有关法律的规定处罚。

2. 电子商务平台经营者需承担的法律责任

(1) 电子商务平台经营者有下列行为之一的,由有关主管部门责令限期改正;逾期不改正的,处 2 万元以上 10 万元以下的罚款;情节严重的,责令停业整顿,并处 10 万元以上 50 万元以下的罚款:

① 不依法履行核验、登记义务的;
② 不依法向市场监督管理部门、税务部门报送有关信息的;
③ 不依法对违法情形采取必要的处置措施,或者未向有关主管部门报告的;
④ 不依法履行商品和服务信息、交易信息保存义务的。

(2) 电子商务平台经营者违反规定,有下列行为之一的,由市场监督管理部门责令限期改正,可以处 2 万元以上 10 万元以下的罚款;情节严重的,处 10 万元以上 50 万元以下的罚款:

① 未在首页显著位置持续公示平台服务协议、交易规则信息或者上述信息的链接标识的;
② 修改交易规则未在首页显著位置公开征求意见,未按照规定的时间提前公示修改内容,或者阻止平台内经营者退出的;
③ 未以显著方式区分标记自营业务和平台内经营者开展的业务的;
④ 未为消费者提供对平台内销售的商品或者提供的服务进行评价的途径,或者擅自删除消费者的评价的;
⑤ 电子商务平台经营者违反规定,对竞价排名的商品或者服务未显著标明"广告"的,依照《广告法》的规定处罚。

(3) 电子商务平台经营者违反规定,对平台内经营者在平台内的交易、交易价格或者与其他经营者的交易等进行不合理限制或者附加不合理条件,或者向平台内经营者收取不合理费用的,由市场监督管理部门责令限期改正,可以处 5 万元以上 50 万元以下的罚款;情节严重的,处 50 万元以上 200 万元以下的罚款。

(4) 电子商务平台经营者对平台内经营者侵害消费者合法权益行为未采取必要措施,或者对平台内经营者未尽到资质资格审核义务,或者对消费者未尽到安全保障义务的,由市场监督管理部门责令限期改正,可以处 5 万元以上 50 万元以下的罚款;情节严重的,责令停业整顿,并处 50 万元以上 200 万元以下的罚款。

(5) 电子商务平台经营者对平台内经营者实施侵犯知识产权行为未依法采取必要措施的,由有关知识产权行政部门责令限期改正;逾期不改正的,处 5 万元以上 50 万元以下的罚款;情节严重的,处 50 万元以上 200 万元以下的罚款。

(二)《网络安全法》规定的法律责任

(1) 违反规定,有下列行为之一的,由有关主管部门责令改正,给予警告;拒不改正或者导致危害网络安全等后果的,处 5 万元以上 50 万元以下罚款,对直接负责的主管人员处 1 万元以上 10 万元以下罚款:

① 设置恶意程序的;
② 对其产品、服务存在的安全缺陷、漏洞等风险未立即采取补救措施,或者未按照规定及时告知用户并向有关主管部门报告的;
③ 擅自终止为其产品、服务提供安全维护的。

(2) 网络运营者违反规定,未要求用户提供真实身份信息,或者对不提供真实身份信息的用户提供相关服务的,由有关主管部门责令改正;拒不改正或者情节严重的,处 5 万元以上 50 万元以下罚款,并可以由有关主管部门责令暂停相关业务、停业整顿、关闭网站、吊销相关业务许可证或者吊销营业执照,对直接负责的主管人员和其他直接责任人员处 1 万元以上 10 万元以下罚款。

(3) 违反规定,开展网络安全认证、检测、风险评估等活动,或者向社会发布系统漏洞、计算机病毒、网络攻击、网络侵入等网络安全信息的,由有关主管部门责令改正,给予警告;拒不改正或者情节严重的,处 1 万元以上 10 万元以下罚款,并可以由有关主管部门责令暂停相关业务、停业整顿、关闭网站、吊销相关业务许可证或者吊销营业执照,对直接负责的主管人员和其他直接责任人员处 5000 元以上 5 万元以下罚款。

(4) 违反规定,从事危害网络安全的活动,或者提供专门用于从事危害网络安全活动的程序、工具,或者为他人从事危害网络安全的活动提供技术支持、广告推广、支付结算等帮助,尚不构成犯罪的,由公安机关没收违法所得,处 5 日以下拘留,可以并处 5 万元以上 50 万元以下罚款;情节较重的,处 5 日以上 15 日以下拘留,可以并处 10 万元以上 100 万元以下罚款。单位有前述行为的,由公安机关没收违法所得,处 10 万元以上 100 万元以下罚款,并对直接负责的主管人员和其他直接责任人员依照前款规定处罚。违反前述规定,受到治安管理处罚的人员,5 年内不得从事网络安全管理和网络运营关键岗位的工作;受到刑事处罚的人员,终身不得从事网络安全管理和网络运营关键岗位的工作。

(5) 网络运营者、网络产品或者服务的提供者违反规定,侵害个人信息依法得到保护的权利的,由有关主管部门责令改正,可以根据情节单处或者并处警告、没收违法所得、处违法所得 1 倍以上 10 倍以下罚款,没有违法所得的,处 100 万元以下罚款,对直接负责的主管人员和其他直接责任人员处 1 万元以上 10 万元以下罚款;情节严重的,并可以责令暂停相关业务、停业整顿、关闭网站、吊销相关业务许可证或者吊销营业执照。窃取或者以其他非法方式获取、非法出售或者非法向他人提供个人信息,尚不构成犯罪的,由公安机关没收违法所得,并处违法所得 1 倍以上 10 倍以下罚款;没有违法所得的,处 100 万元以下罚款。

(6) 关键信息基础设施的运营者违反规定,使用未经安全审查或者安全审查未通过的网络产品或者服务的,由有关主管部门责令停止使用,处采购金额 1 倍以上 10 倍以下罚款;对直接负责的主管人员和其他直接责任人员处 1 万元以上 10 万元以下罚款。

(7) 关键信息基础设施的运营者违反规定,在境外存储网络数据,或者向境外提供网络数据的,由有关主管部门责令改正,给予警告,没收违法所得,处 5 万元以上 50 万元以下罚款,并可以责令暂停相关业务、停业整顿、关闭网站、吊销相关业务许可证或者吊销营业执照;对直接负责的主管人员和其他直接责任人员处 1 万元以上 10 万元以下罚款。

(8) 违反规定,设立用于实施违法犯罪活动的网站、通信群组,或者利用网络发布涉及实施违法犯罪活动的信息,尚不构成犯罪的,由公安机关处 5 日以下拘留,可以并处 1 万元以上 10 万元以下罚款;情节较重的,处 5 日以上 15 日以下拘留,可以并处 5 万元以上 50 万元以下罚款。关闭用于实施违法犯罪活动的网站、通信群组。单位有前述行为的,由公安机关处 10 万元以上 50 万元以下罚款,并对直接负责的主管人员和其他直接责任人员依照前款规定处罚。

(9) 网络运营者对法律、行政法规禁止发布或者传输的信息未停止传输、采取消除等处置措施、保存有关记录的,由有关主管部门责令改正,给予警告,没收违法所得;拒不改正或者情节严重的,处 10 万元以上 50 万元以下罚款,并可以责令暂停相关业务、停业整顿、关闭网站、吊销相关业务许可证或者吊销营业执照,对直接负责的主管人员和其他直接责任人员处 1 万元以上 10 万元以下罚款。电子信息发送服务提供者、应用软件下载服务提供者,不依法履行安全管理义务的,依照前述规定处罚。

(10) 网络运营者违反规定,有下列行为之一的,由有关主管部门责令改正;拒不改正或者情节严重的,处 5 万元以上 50 万元以下罚款,对直接负责的主管人员和其他直接责任人员,处 1 万元以上 10 万元以下罚款:

① 不按照有关部门的要求对法律、行政法规禁止发布或者传输的信息采取停止传输、消除等处置措施的;

② 拒绝、阻碍有关部门依法实施的监督检查的;

③ 拒不向公安机关、国家安全机关提供技术支持和协助的。

(11) 发布或者传输法律、行政法规禁止发布或者传输的信息的,依照有关法律、行政法规的规定处罚。

(12) 境外的机构、组织、个人从事攻击、侵入、干扰、破坏等危害中华人民共和国的关键信息基础设施的活动,造成严重后果的,依法追究法律责任;国务院公安部门和有关部门并可以决定对该机构、组织、个人采取冻结财产或者其他必要的制裁措施。

(三)《全国人民代表大会常务委员会关于维护互联网安全的决定》规定的法律责任

1. 维护互联网运行安全的规定

《决定》规定,为了保障互联网的运行安全,对有下列行为之一,构成犯罪的,依照刑法有关规定追究刑事责任:

(1) 侵入国家事务、国防建设、尖端科学技术领域的计算机信息系统;

(2) 故意制作、传播计算机病毒等破坏性程序,攻击计算机系统及通信网络,致使计算机系统及通信网络遭受损害;

(3) 违反国家规定,擅自中断计算机网络或者通信服务,造成计算机网络或者通信系统不能正常运行。

2. 维护国家安全和社会稳定的规定

为了维护国家安全和社会稳定,对有下列行为之一,构成犯罪的,依照刑法有关规定追究刑事责任:

(1) 利用互联网造谣、诽谤或者发表、传播其他有害信息,煽动颠覆国家政权、推翻社会主义制度,或者煽动分裂国家、破坏国家统一;

(2) 通过互联网窃取、泄露国家秘密、情报或者军事秘密;

(3) 利用互联网煽动民族仇恨、民族歧视,破坏民族团结;

(4) 利用互联网组织邪教组织、联络邪教组织成员,破坏国家法律、行政法规实施。

3. 维护市场经济秩序和社会管理秩序的规定

为了维护社会主义市场经济秩序和社会管理秩序,对有下列行为之一,构成犯罪的,依照刑法有关规定追究刑事责任:

(1) 利用互联网销售伪劣产品或者对商品、服务作虚假宣传；
(2) 利用互联网损害他人商业信誉和商品声誉；
(3) 利用互联网侵犯他人知识产权；
(4) 利用互联网编造并传播影响证券、期货交易或者其他扰乱金融秩序的虚假信息；
(5) 在互联网上建立淫秽网站、网页，提供淫秽站点链接服务，或者传播淫秽书刊、影片、音像、图片。

4. 保护社会主体合法权利的规定

为了保护个人、法人和其他组织的人身、财产等合法权利，对有下列行为之一，构成犯罪的，依照刑法有关规定追究刑事责任：
(1) 利用互联网侮辱他人或者捏造事实诽谤他人；
(2) 非法截获、篡改、删除他人电子邮件或者其他数据资料，侵犯公民通信自由和通信秘密；
(3) 利用互联网进行盗窃、诈骗、敲诈勒索。

5. 其他规定

利用互联网实施前述所列行为以外的其他行为，构成犯罪的，依照刑法有关规定追究刑事责任。利用互联网实施违法行为，违反社会治安管理，尚不构成犯罪的，由公安机关依照《治安管理处罚法》予以处罚；违反其他法律、行政法规，尚不构成犯罪的，由有关行政管理部门依法给予行政处罚；对直接负责的主管人员和其他直接责任人员，依法给予行政处分或者纪律处分。利用互联网侵犯他人合法权益，构成民事侵权的，依法承担民事责任。

(四)《互联网信息服务管理办法》规定的法律责任

互联网信息服务是指通过互联网向上网用户提供信息的服务活动。互联网信息服务分为经营性和非经营性两类。经营性互联网信息服务，是指通过互联网向上网用户有偿提供信息或者网页制作等服务活动。非经营性互联网信息服务，是指通过互联网向上网用户无偿提供具有公开性、共享性信息的服务活动。

根据国务院《互联网信息服务管理办法》(以下简称《管理办法》)的规定，国家对经营性互联网信息服务实行许可制度，对非经营性互联网信息服务实行备案制度，未取得许可或者未履行备案手续的，不得从事互联网信息服务。另外，从事新闻、出版、教育、医疗保健、药品和医疗器械等互联网信息服务，依照法律、行政法规以及国家有关规定须经有关主管部门审核同意，在申请经营许可或者履行备案手续前，应当依法经有关主管部门审核同意。

《管理办法》对于信息服务过程中的法律责任主要有以下规定。
(1) 违反《管理办法》的规定，未取得经营许可证，擅自从事经营性互联网信息服务，或者超出许可的项目提供服务的，由省、自治区、直辖市电信管理机构责令限期改正，有违法所得的，没收违法所得，处违法所得3倍以上5倍以下的罚款；没有违法所得或者违法所得不足5万元的，处10万元以上100万元以下的罚款；情节严重的，责令关闭网站。

违反《管理办法》的规定，未履行备案手续，擅自从事非经营性互联网信息服务，或者超出备案的项目提供服务的,由省、自治区、直辖市电信管理机构责令限期改正;拒不改正,责令关闭网站。

(2) 违反规定,制作、复制、发布、传播《管理办法》第 15 条所列内容之一的信息,构成犯罪的,依法追究刑事责任;尚不构成犯罪的,由公安机关、国家安全机关依照《治安管理处罚法》《计算机信息网络国际联网安全保护管理办法》等有关法律、行政法规的规定予以处罚;对经营性互联网信息服务提供者,并由发证机关责令停业整顿直至吊销经营许可证,通知企业登记机关;对非经营性互联网信息服务提供者,并由备案机关责令暂时关闭网站直至关闭网站。

(3) 从事新闻、出版以及电子公告等服务项目的互联网信息服务提供者,应当记录提供的信息内容及其发布时间、互联网地址或者域名;互联网接入服务提供者应当记录上网用户的上网时间、用户账号、互联网地址或者域名、主叫电话号码等信息。

互联网信息服务提供者和互联网接入服务提供者的记录备份应当保存 60 日,并在国家有关机关依法查询时予以提供。有关信息服务提供者未履行规定的以上义务的,由省、自治区、直辖市电信管理机构责令改正;情节严重的,责令停业整顿或者暂时关闭网站。

(4) 互联网服务信息提供者在其业务活动中违反其他法律法规的,由新闻、出版、教育、卫生、药品监督管理、工商行政管理等有关主管部门在各自职责范围内依法对互联网信息内容实施监督管理,对违法行为依法作出处罚。

(5) 电信管理机构和其他有关主管部门及其工作人员玩忽职守、滥用职权、徇私舞弊,疏于对互联网信息服务的监督管理,造成严重后果,构成犯罪的,依法追究刑事责任;尚不构成犯罪的,对直接负责的主管人员和其他直接责任人员依法给予降级、撤职直至开除的行政处分。

(五)《电子认证服务管理办法》规定的法律责任

电子认证服务,是指为电子签名相关各方提供真实性、可靠性验证的活动。电子认证服务提供者,是指为需要第三方认证的电子签名提供认证服务的机构(以下称为"电子认证服务机构")。

 小贴士

现行的《电子认证服务管理办法》是我国工业和信息化部于 2009 年 2 月 4 日通过,自 2009 年 3 月 31 日起实施的,专门用于规范在中国境内设立的电子认证服务机构和为电子签名提供的电子认证服务,规定了电子认证服务机构的设立条件、申请程序、信息发布以及变更、延续登记等,还规定了电子认证服务的内容,电子认证服务机构应当履行的义务,电子认证服务的暂停、终止,电子签名认证证书等。

《电子认证服务管理办法》中有关法律责任的规定主要有以下几个方面:

(1) 电子认证服务机构向工业和信息化部隐瞒有关情况、提供虚假材料或者拒绝提供反映其活动的真实材料的,由工业和信息化部依据职权责令改正,并处警告或者 5000 元以上 1 万元以下罚款。

(2) 工业和信息化部和省、自治区和直辖市的信息产业主管部门的工作人员不依法履行监督管理职责的,由工业和信息化部或者省、自治区和直辖市的信息产业主管部门依据职权视情节轻重,分别给予警告、记过、记大过、降级、撤职、开除的行政处分;构成犯罪的,依法追究刑事责任。

(3) 电子认证服务机构在《电子认证服务许可证》的有效期内变更公司名称、住所、注册资本、法定代表人、类型、股东以及股东的出资方式、出资额、出资时间等事项的,在向公司登记机关申请变更登记前应当报工业和信息化部同意。电子认证服务机构违反该规定的,由工业和信息化部依据职权责令限期改正,处以警告,可以并处1万元以下的罚款。

(4) 电子认证服务机构应当按照工业和信息化部公布的《电子认证业务规则规范》的要求,制定本机构的电子认证业务规则和相应的证书策略,在提供电子认证服务前予以公布,向工业和信息化部备案。电子认证服务机构违反该规定的,由工业和信息化部依据职权责令限期改正,处以警告,可以并处1万元以下的罚款。

(5) 电子认证服务机构有根据工业和信息化部的安排承接其他机构开展的电子认证服务业务的义务。电子认证服务机构违反该规定的,由工业和信息化部依据职权责令限期改正,处以警告,可以并处1万元以下的罚款。

(6) 取得电子认证服务许可的电子认证服务机构,在电子认证服务许可的有效期内不得降低其设立时所应当具备的条件。电子认证服务机构违反上述规定的,由工业和信息化部依据职权责令限期改正,处以3万元以下罚款,并将上述情况向社会公告。

除以上规范性文件以外,其他一些专门性法律法规中也规定了相关电子商务主体的法律责任,如《电子签名法》《软件产品管理办法》中对有关主体的法律责任的规定等。

【思考题】

1. 试述确定网络争议案件管辖权所面临的问题。
2. 简述我国涉外民事争议案件的管辖原则。
3. 讨论我国对确定网络管辖权所面临的问题应当采取的措施。
4. 试述电子商务法律责任的特点和种类。

参 考 文 献

1. 严晓红.电子商务法律法规[M].2版.北京:清华大学出版社,2010.
2. 王丹.电子商务法律实务[M].上海:上海交通大学出版社,2013.
3. 李俊平.电子商务纠纷案例与实务[M].北京:清华大学出版社,2015.
4. 李晓秋.电子商务法案例评析[M].北京:对外经济贸易大学出版社,2015.
5. 李双元.电子商务法若干问题研究[M].武汉:武汉大学出版社,2016.
6. 杨坚争.电子商务法教程[M].北京:高等教育出版社,2016.
7. 徐海明.中国电子商务法律问题研究[M].北京:北京理工大学出版社,2017.
8. 郭鹏.电子商务法[M].北京:北京大学出版社,2017.
9. 中国国际经济贸易仲裁委员会.涉"一带一路"国家仲裁案例[M].北京:法律出版社,2019.
10. 张玉卿.国际商事合同通则2016[M].北京:中国商务出版社,2019.
11. 高云.民法典时代合同实务指南[M].北京:法律出版社,2020.
12. 王永钊.电子商务法律法规[M].2版.上海:华东师范大学出版社,2020.
13. 董学立.中国动产担保物权法编纂研究[M].北京:法律出版社,2020.
14. 杨立新.《中华人民共和国民法典·合同编》释义[M].北京:人民出版社,2020.
15. 杜月秋,孙政.民法典条文对照与重点解读[M].北京:法律出版社,2020.
16. 景光强.以物抵债疑难法律问题精释[M].北京:中国法制出版社,2020.
17. 中国审判理论研究会民事审判理论专业委员会.民法典合同编条文理解与司法适用[M].北京:法律出版社,2020.
18. 最高人民法院民法典贯彻实施工作领导小组.《中华人民共和国民法典》合同编理解与适用[M].北京:人民法院出版社,2020.
19. 国家法官学院,最高人民法院司法案例研究院.中国法院2020年度案例合同纠纷[M].北京:中国法制出版社,2020.
20. 朱广新,谢鸿飞.民法典评注:合同编 通则[M].北京:中国法制出版社,2020.
21. 温希波.电子商务法——法律法规与案例分析[M].北京:人民邮电出版社,2021.
22. 广东省律师协会.典型海事海商案例汇编[M].北京:法律出版社,2021.

教师服务

感谢您选用清华大学出版社的教材！为了更好地服务教学，我们为授课教师提供本书的教学辅助资源，以及本学科重点教材信息。请您扫码获取。

》 教辅获取

本书教辅资源，授课教师扫码获取

》 样书赠送

电子商务类重点教材，教师扫码获取样书

 清华大学出版社

E-mail：tupfuwu@163.com
电话：010-83470332 / 83470142
地址：北京市海淀区双清路学研大厦B座509

网址：https://www.tup.com.cn/
传真：8610-83470107
邮编：100084